뒤집어보는 경제

회계부정

이야기

뒤집어보는 경제
회계부정
이야기

최명수(한국경제신문 기자) 지음

굿인포메이션

'회계부정 불감증'이란 병이 있다. 회계장부 조작을 일종의 '필요악' 정도로 생각하는 증상이다. 1970년대와 1980년대 성장 위주의 개발경제시대의 악습 중 하나로 꼽힌다. 이제 개발경제시대는 끝났지만 아직까지도 아무런 죄의식 없이 "경영실적이 좋으면 누이 좋고 매부 좋은 것 아니냐"는 생각을 가진 기업인이 많다. 하물며 일부 오너 경영인들은 "내 회사 돈을 내 마음대로 쓰는데…"라는 구시대적 발상을 떨쳐버리지 못한다. 상장회사 3곳 중 1곳이 분식회계를 일삼았다는 통계(2001년 금융감독원의 감리결과 분석)가 이같은 사실을 뒷받침한다. 각종 제도를 개선했다고 하지만 회계부정 불감증의 뿌리는 너무나 깊다.

계획된 부정이든 한순간의 오류든 그로 인해 생산된 그릇된 회계정보는 결과적으로 시장 전체에 커다란 피해를 준다. 회계정보가 시장에서 형성되는 주식값과 채권값에 큰 영향을 미치기 때문이다. 결국 회계부정은 그 충격파가 엄청나게 큰 '시장에 대한 사기행위'다. 실제로 한보철강과 기아자동차, 대우사태 등 일련의 회계부정 사건이 시장을 위태롭게 만들었고 아직도 우리 경제를 옥죄고 있다.

21세기를 맞이한 현재까지도 시장에선 "기업이 부도난다고 해도 오너는 큰 돈을 챙기더라"는 말이 나돈다. "부도난 기업을 실사해 보면 자산의 50% 가량이 부실자산, 즉 장부조작의 결과"라는 회계전문가들의 이야기는 아직까지 우리 기업에 짙게 깔려 있는 회계부정 불감증을 그대로 드러내고 있다.

2003년 우리는 개발경제시대를 지나 시장경제시대로 들어섰다. 회계부정이 '필요악' 이었던 시대는 이미 지났으며 회계부정은 분명 '청산해야 할 죄악' 이다. 회계부정은 시장에 대한 사기행위다. 그 사기행위는 시장에 의해 심판받아야 한다. 불법적으로 장부를 조작했다면 형사책임뿐 아니라 피해를 입은 많은 투자자나 채권자의 손해도 책임져야한다. 또한 시장의 참여자이자 주체인 투자자와 채권자도 더이상 회계부정을 용납해서는 안 된다. 회계제도가 만들어낸 산물, '자본주의의 꽃' 이라 불리는 증권시장이 속고 속이는 투기판이 되어서야 되겠는가.

이 책은 "시장에 대한 사기행위는 시장이 심판해야 한다"는 단순한 명제에서 출발한다. 회계부정이란 무엇이고 그로 인한 영향은 어떤 것이며, 시장의 주체들은 어떻게 대응해야 하느냐에 대해 주로 다루었다. 분식회계나 부실감사에 대한 기본적인 개념은 물론 회계법인의 현황과 부실감사와 관련된 판례 등을 함께 실었다. 오랜 기간 동안 회계분야를 취재해 온 필자의 경험담도 곁들였다. 거짓 회계를 믿고 투자했다가 손해를 본 소액주주나 거짓 재무제표를 믿고 돈을 빌려줬다가 대출금을 회수하지 못한 금융회사 등이 참고할 만한 내용들이 많이 담겨 있다.

이 책은 그동안 연세대학교 상남경영원 고급기업분석가 과정에서 '부실감사와 손해배상' 이라는 제목으로 필자가 강연했던 내용을 가급적 알기 쉽게 보완해서 썼다. 회계분야를 취재하고 기사를 쓰는 동안 경영학·회계학과 교수, 학생들의 문의가 많았으나 일일이 성실한 답장을 하지 못했다. 이 책이 간접적으로나마 그들의 문의에 대한 답이 될 수 있을 것이다.

이 책이 작게는 소액주주의 권익을 보호하는 운동에, 크게는 기업의 투명경영에 일익을 담당하기를 기대한다. 분식회계나 부실감사로 피해를 본 증권투자자 등 소액주주나 은행 등 채권·금융회사가 실무적으로 활용할 수 있기를 바란다. 더불어 이 책이 기업의 분식회계와 회계법인의 부실감사 행위에 경종을 울려 사회적으로 더이상 회계부정 사태가 나오지 않기를 바라 마지 않는다.

자료수집에 한계가 있어 군데군데 부족한 부분이 많았다. 그러나 이번 작업은 회계부정과 그에 대한 대응방법, 부실감사와 손해배상이라는 테마로선 첫 책이라는 데 의미를 두고 싶다. 미흡한 부분을 일일이 지적해 주고 손질해 준 출판사측의 노고에 고마움을 전한다

이 책은 한국언론재단의 연구저술 지원을 받아 펴낸 것임을 밝힌다. 책을 내는 데 도움을 주신 김일섭 이화여대 부총장과 김주영 한누리법무법인 변호사, 그리고 이름을 밝히기 꺼려한 많은 회계사에게도 감사드린다.

2003년 6월

최명수

2부 회계법인 바로알기

3부 회계부정 판례 들춰보기

4부 전세계를 휩쓴 회계부정의 회오리

들어가며❶
회계부정이란 무엇인가

회계부정 = 분식회계 + 부실감사

'회계부정(Accounting Fraud)'을 영문 그대로 번역하면 말 그대로 '회계사기'다. 분식회계와 부실감사를 통틀어 회계부정이라고 말하는 것이다. 과거에는 분식회계를 말뜻 그대로 윈도 드레싱(Window Dressing)이라고 표현했다. 그러나 최근에는 미국에서도 분식회계를 어카운팅 프로드(Accounting Fraud)라고 표현하고 있다. 분칠회계, 회계조작, 장부조작 등의 단순한 의미에서 회계정보 이용자를 상대로 한 '사기행위'로 정의된 것이다.

회계에는 부정과 오류가 있을 수 있다. 오류(Error)는 고의성이 없는 잘못을 말한다. 그러나 부정(Fraud)은 경영자와 종업원 또는 제3자의 고의적인 행위로 인해 재무제표가 사실과 다르게 표시된 것이다. 따라서 기업이 작성한 재무제표의 오류와 부정을 없애기 위해 공인회계사가 외부감사를 하는 것이다. 그 외부감사마저 부정이 개입됐다면 부실감사요 또다른 회계부정이 된다.

회계부정은 분식회계와 부실감사를 모두 포괄하는 개념이라고 보면 된다. 그렇다면 분식회계는 무엇이고 부실감사는 무엇인가.

분식회계는 기업이 일부러 잘못된 재무제표를 만드는 것이다. 이익을 부풀리거나 줄이기 위해 기업회계기준을 어기고 가짜 재부제표를 만드는 것을 말한다. 이 과정에서 장부조작은 필연적으로 이루어질 수밖에 없다.

부실감사는 엄격히 말해 전문가가 제 역할을 제대로 수행하지 못한 것(Malpractice)을 말한다. 회계사 등의 전문가가 정해진 절차에 따라 수행해야 할 임무를 게을리하거나 고의로 부정을 눈감아주는 것을 일컫는다. 이 부실감사는 회계감사기준과 회계감사준칙을 어긴 것이다.

종합해 보면 회계부정은 분식회계나 부실감사를 말하고, 분식회계는 기업회계기준을 어긴 것을, 부실감사는 회계감사기준과 감사준칙을 위반한 것이라고 보면 된다.

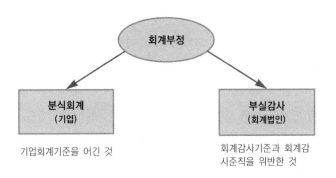

들어가며❷
그러면, 분식회계 · 부실감사란 무엇인가

분식회계란

그렇다면 부실감사와 분식회계란 무엇일까? 구체적으로 무엇을 말하는 것일까? 부실감사와 분식회계를 통칭해서 부실회계 또는 회계부정이라고 말하는데 무엇이 다른 것인가? 이같은 질문에 대한 해답을 찾아보자.

분식회계에 대한 정의는 여러가지다. 한마디로 요약하면 '일반적으로 인정되는 회계기준(GAAP : Generally Acceppted Accounting Principles)'을 어긴 것이 분식회계다. 그러나 일반적인 의미로는 '재무제표를 사실과 다르게 보고하여 이해관계자를 속이려는 경영자에 의한 고의적인 행위'를 일컫는다. '기업이 회사의 실적을 좋게 보이기 위해 고의로 자산이나 이익 등을 부풀려 재무제표를 작성하는 행위'를 말하기도 한다. 불황기에 회사의 신용도를 높여 주가를 유지하고 자금조달을 손쉽게 하기 위한 행위다.

반대로 세금을 덜 내거나 임금인상 요구를 회피하기 위해 이익을 적게 만드는 것을 '역분식(逆粉飾)'이라고 부른다. 대주주의 지분이 많은 회사의 경우 세금축소 또는 비자금 유출 등의 목적으로 간혹 역분식이 행해진다. 분식이든 역분식이든 기업이 재무제표를 고의적으로 조작했다는 점은 같다.

분식회계의 메커니즘

"분식회계 과정을 한마디로 말하자면 비용도 줄이고 부채도 줄이는 것이다."(S회계법인 K회계사)

복잡하게 여겨지는 분식회계도 알고 보면 단순하다. 비용을 줄이고, 매출액이나 수익을 늘리면 이익이 부풀어난다. 동시에 자산이 부풀어나고 부채를 숨겨야 할 순간이 생긴다. 물론 실제 업무에선 이같이 단순한 것만은 아니다. 그러나 대변과 차변이 동일하다는 복식부기의 원칙과 대차대조표, 손익계산서의 구조만 알면 분식회계의 메커니즘을 쉽게 파악할 수 있다.

A회사가 3년에 걸쳐 회계장부를 조작했다고 가정하자. 1차연도에 비용을 줄이거나 수익을 늘려서 1,000억원의 당기순이익을 냈다. 실제는 순이익이 이보다 적었을 것이다. 1차연도 당기순이익 1,000억원은 대차대조표상의 이익잉여금으로 쌓인다. 대변의 이익잉여금이 증가했으니 차변인 자산계정의 무엇인가가 그만큼 늘어나야 한다. 매출채권이나 받을어음 등 자산을 부풀릴 수밖에 없다.

2차연도에도 마찬가지로 장부를 조작해 손익계산서상 2,000억원의 당기순이익을 냈다고 치자. 대차대조표의 이익잉여금은 2,000억원 더 늘어나 자본계정이 부풀어나고 대변과 차변이 일치된다는 복식부기의 원칙에 따라 자산항목도 어느 항목인가가 부풀려졌을 것이다. 이렇게

〈분식회계의 메커니즘〉

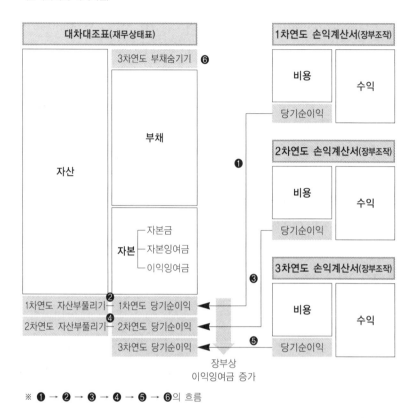

※ ❶ → ❷ → ❸ → ❹ → ❺ → ❻의 흐름

몇 년간 반복하다 보면 이익잉여금이 불어나 겉으로는 재무구조가 좋은 것처럼 보인다. 일단은 장부조작에 성공한 듯 싶다. 그러나 3차연도에는 더욱 심하게 장부를 조작해 3,000억원의 당기순이익을 냈다고 치자. 앞서 설명했듯이 이익잉여금이 3개년에 걸쳐 6,000억원이나 늘어난다. 2차연도까지는 자산 부풀리기로 대변과 차변을 똑같이 만들었지만 자산을 너무 부풀리다 보면 분식회계가 드러나게 마련이다. 아무리 봐도 회사재산이 뻔한데 터무니없이 많은 액수를 자산으로 적는다면 들통이

날 수밖에 없다.

그래서 분식회계의 마지막 수단이 바로 '부채 숨기기'다. 대차대조표상의 대변에 이익잉여금이 늘어난 것을 차변의 자산을 늘림으로써 대변과 차변을 똑같게 만들었지만 이제는 자산 부풀리기가 한계에 도달했으니 대변 내에 부채를 줄이는 방법을 쓰는 것이다. 이익잉여금이 늘어난 만큼 부채를 장부에 적게 써놓으면 대변과 차변이 똑같아진다.

물론 이같은 메커니즘은 그야말로 단순화, 도식화한 것에 불과하다. 실제로는 대차대조표 계정과 손익계산서 계정에 걸친 거래가 빈번하다. 또 매출채권 부풀리기와 이익 늘리기는 동시에 발생할 수밖에 없다. 어쨌든 분식회계를 자주한 기업일수록 마지막 방법으로 '부채 숨기기'를 택할 수밖에 없는 것은 분명한 사실이다. 부채 숨기기(부외부채)야 말로 분식회계의 절정이자 종착역이라는 이야기다.

부실감사와 감리

이와는 달리 부실감사는 회계감사기준(GAAS : Generally Accepted Auditing Standards)을 위반한 것이다. 회계법인이 감사를 허술하게 해 위와 같은 분식회계를 적발하지 못한 것이다.

가령 공인회계사가 재고조사를 허술하게 한다든지 입출금전표를 직접 확인하지 않은 것이 부실감사다. 회계정보 이용자가 주의해야 할 사항을 알고도 이를 주석이나 특기사항으로 적지 않는 것도 이에 해당된다. 기업이 분식회계를 했다는 의심이 드는데도 철저하고 충분한 감사를 하지 않은 경우도 부실감사에 해당된다. 한마디로 '엉터리 감사'다.

분식회계와 부실감사에 대한 감독 당국의 조사를 '감리'라고 한다. 우리나라는 금융감독원이 감리를 맡아오고 있다. 금감원은 회계법인의 부실감사를 위주로 감리를 해왔다. 주식회사의 외부감사에 관한 법률에 따라 감리를 하기 때문이다. 그러나 최근 들어 기업의 분식회계가 자주 석발됨에 따라 분식회계 위주로 조사가 이루어지고 있다. 분식회계는 기본적으로 공시위반으로 간주하고 증권거래법에 따라 처벌한다. 간혹 불공정거래 조사 차원에서 감리가 이루어지기도 한다. 분식회계를 이용한 주가조작의 경우가 그렇다.

분식회계나 부실감사는 '주식회사의 외부감사에 관한 법률'[외감법]에 따라 처벌된다. 외감법 제20조에는 감사보고서를 허위로 기재한 경우 3년 이하의 징역 또는 3,000만원 이하의 벌금을 내도록 되어 있다. 그런데 기업의 회계담당자가 가짜로 자료를 제시하거나 외부감사를 방해하면 2년 이하 징역 또는 2,000만원 이하의 벌금에 처하도록 되어 있다. 이 때문에 공인회계사들은 잘못된 자료를 내놓은 회사에 더 큰 벌을 줘야 한다며 이의를 제기하고 있다.

분식회계나 부실감사는 금융감독원의 감리→검찰 고발·통보·수사의뢰→검찰수사→형사처벌→민사소송의 순서로 처벌이 진행된다. 과거에는 금감원이 고발하지 않은 사안에 대해서는 검찰이 수사하지 않았으나 최근 검찰이 자체적으로 수사하는 분식회계 사건이 늘고 있는 추세이다.

| 감리 | → | '분식회계'와 '부실감사'에 대한 감독 당국(금융감독원)의 조사 |

〈최근 3년간 금융감독원의 감리결과 지적사항〉

기업회계기준 위반유형	2000년	2001년	2002년
1. 특수관계자와의 거래 등 주석 미기재	20	33	26
2. 재고자산 과대계상	22	4	8
3. 매출채권 과대계상	13	9	2
4. 유형자산 과대계상	9	6	7
5. 대손충당금 과소계상	12	3	5
6. 감가상각누계액 과소(대)계상	1	1	2
7. 퇴직급여충당금 과소계상	8	1	–
8. 자산·부채 과소(대)계상	16	3	6
9. 계정과목 분류오류	9	4	5
10. 매출액 과대계상	10	4	3
11. 이자비용(미지급비용) 과소(대)계상	4	3	2
12. 부외부채 미계상	5	2	4
13. 이자수익 과대계상	3	–	–
14. 외화환산관련 오류	4	1	1
15. 개발비 과대계상	7	1	1
16. 선급비용 과대계상	2	–	–
17. 장·단기대여금 과대계상	1	–	–
18. 유가증권매매익 과대계상	1	1	3
19. 유가증권평가손익 과대계상	–	5	–
20. 투자유가증권의 지분법 평가 미실시 및 평가오류 등	–	14	18
21. 매출원가 과소계상	4	1	2
22. 파생상품거래 회계처리 오류	6	1	–
23. 기타	16	5	5
합계	173	102	100

※ 자료: 금융감독원

들어가며❸
부실회계를 권하는 사회

거짓 회계정보의 파장, 일파만파

'상장사 지난해 1,000원어치 팔아 8원 남겼다'

'상장사 순익 전년대비 ○% 감소'

경제신문에서 흔히 볼 수 있는 기사제목이다. 12월에 결산하는 회사들이 주주총회를 하는 3월경에는 이같은 기사가 단골메뉴로 나온다. 상장사들의 감사보고서가 나오면 이를 토대로 기업의 수익성과 성장성 등의 흐름을 가늠하게 된다. 만약 많은 회사의 재무제표가 오류나 부정으로 작성됐다고 치자. 그렇게 되면 거짓 회계정보를 토대로 기사가 작성되고 경제의 흐름에 대한 지표까지 과장 또는 왜곡된다. 이는 거짓 회계정보가 주는 파장의 단면일 뿐이다.

거짓 회계정보가 미치는 구체적인 피해를 살펴보자. 우선 거짓 회계정보는 회계정보 이용자에게 많은 피해를 준다. 선의의 투자자에게 손실을 입히는 것이다. 수많은 주식투자자들은 상장기업분석 책자에 나오는 요약재무제표를 보고 투자를 한다. 장부조작으로 부풀려진 기업실적을 보고 주식을 산 투자자는 결국 주가하락으로 손해를 볼 수밖에 없다. 이 때문에 그릇된 회계정보는 직접적인 투자손실로 이어진다.

둘째, 회사의 채권자나 거래처에도 손해를 끼칠 수 있다. 채무상환능력이나 회사의 수익성, 성장성을 근거로 돈을 빌려주는 금융회사나, 물품이나 서비스를 제공하는 거래처들은 감사보고서로 거래상대방의 신용도를 파악하게 마련이다. 그런데 분식결산을 하면 금융회사나 거래처가 상대 회사의 신용도를 잘못 판단하게 되고 그 결과 부실채권이 양산된다.

셋째, 거짓 회계정보의 피해는 정보생산자인 회사와 종업원에게도

〈부실회계의 영향〉

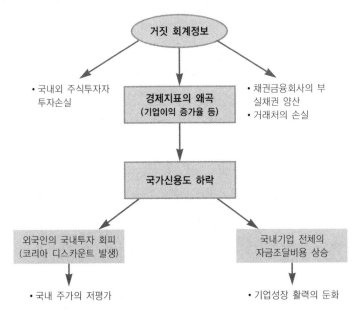

돌아간다. 부진한 경영실적과 악화된 재무상태를 은폐하면 할수록 회사를 회생불능의 늪으로 빠뜨리고 그 피해는 종업원들에게 돌아가 한순간에 직장을 잃게 되는 최악의 경우를 만든다.

넷째, 경제 전체의 신뢰도를 떨어뜨리는 결과를 불러온다. 기업실적은 물론 신용평가 결과에 대한 외국인투자자의 불신을 초래하고 결국 국가경제 전체가 신뢰성을 잃게 되는 것이다.

왜 거짓으로 만드는 걸까

그렇다면 회계정보가 왜곡되는 이유는 무엇일까. 부실회계를 부추겼던 원인은 무엇인지 살펴보자.

가장 근본적인 부실회계의 원인은 투명회계나 정확한 회계정보에 대한 진실한 사회적 수요가 없다는 점이다. 우리나라는 역사적으로 오너십이 강한 기업체제와 성장 위주의 개발경제체제 아래에서 회계정보에 대한 인식이 제대로 자리잡지 못했다. 한마디로 사회적 환경이 회계의 투명성과 정확성을 요구하지 않았다. 어느새 회계정보를 무시한 경제적 의사결정이 기업 내에 관행처럼 자리잡았다. 성장 위주의 기업경영을 하다 보니 이른바 '모험형 경영' 또는 '오너의 선호를 따르는 경영'이 되고, 그에 따라 회계정보가 중요하게 인식되지 않았던 게 사실이다.

또 하나의 원인은 분식회계로 인한 이익이 분식회계를 하는 데 드는 비용보다 크다는 점이다. 당장 기업실적을 유리하게 만들어 얻을 수 있는 이익이 큰 데 반해 분식회계가 적발되더라도 그 페널티가 미미했다. 게다가 감독 당국으로부터 분식회계를 지적받을 확률도 적었다.

회계정보 이용자인 금융회사도 분식회계의 원인제공자라는 지적을 면하기 어렵다. 기업에 돈을 빌려주는 금융회사가 분식회계를 부채질한 측면도 있다는 지적이다. 금융회사는 로비나 압력 등 다른 요인에 따라

결정된 대출을 정당화하기 위해 잘 포장된 재무제표를 만들라고 기업에 요구하곤 했다. 은행으로선 기업에 대출을 해주기로 했지만 그것을 부실여신으로 만들지 않기 위해 고심할 것이다. 그래서 '자본잠식은 되지 않아야 한다' '부채비율은 몇% 이하여야 한다' 는 등 기업에 대해 갖가지 주문을 하게 된다. 그러나 이같은 주문은 이익을 부풀려 재무제표를 좋게 만들라는 '보이지 않는 분식회계 압력' 이라고 보아야 할 것이다.

보이지 않는 분식회계 압력

기업에 대한 '보이지 않는 분식회계 압력' 은 금융회사만 행사해 온 것은 아니다. 소액주주도 부실회계의 원인제공에 일익을 담당해 온 측면이 있다. 그때그때 주가등락에 일희일비하는 소액주주들이 '부실 재무제표라도 좋으니 주가가 오르고 배당을 많이 받기만 하면 그만' 이라는 인식을 갖고 있었던 게 사실이다. 이는 1989년 이후 주가가 폭락하자 '기업실적이야 어쨌든 주가는 오르거나 최소한 하락하지 않아야 한다' 는 일종의 패배의식이 소액주주에게 뿌리깊게 자리잡은 탓이라는 분석도 있다.

또다른 회계정보 이용자인 정부 역시 부실회계의 원인제공에 한몫을 했다. 정부는 그동안 '기업이 세금을 잘 내고 있는가' 만 주시했지 정작 '회계정보의 품질' 에는 무관심했다는 것이다. 기업이 세금을 제대로 내지 않으면 아예 경리담당 임원을 불러내 언제까지 얼마의 세금을 내라고 '할당' 했던 모습이 비일비재했다. 여기에 사회적으로 그리고 현실적으로 존재했던 이른바 '비자금(秘資金)에 대한 수요' 가 부실회계를 부추겼음은 두말할 나위가 없다. 기업을 하다 보면 정관계에 로비를 해야 할 경우가 많았던 것이 우리나라의 현실이었다. 그 현실에 회계정보는 왜곡되고 만 것이다.

부실회계의 직접책임은 외부감사인

부실회계에 대한 직접적인 책임은 회계정보를 최종적으로 생산하는 회계법인이나 감사반 등 외부감사인에게 있다. 외부감사인은 기업이 작성한 재무제표가 기업회계기준에 맞게 작성됐는지 여부를 감사하기 때문이다.

외부감사인으로선 기업이 고객이다. 가급적 많은 고객을 확보해서 감사수임료(외부감사를 실시하고 받는 수수료)를 많이 받아 매출액을 올려야 한다. 그러다 보니 회계법인끼리 감사수임료 경쟁이 일어난다. 감사수임료를 더 싸게 받고, 거기에 경영컨설팅까지 해주고, 적절하게 분식회계를 하는 방법까지 '지도'해 주겠다며 고객확보전쟁에 나선다. 심지어 회계법인을 대상으로 "감사수임료를 두둑히 줄 테니 적정의견을 내

〈상장 · 코스닥등록기업의 결산월별 분포〉

(단위 : 개, %)

결산월	상장기업	코스닥등록기업
1	1(0.14)	–
3	69(10.12)	18(2.09)
4	–	1(0.12)
5	–	1(0.12)
6	18(2.63)	24(2.80)
8	–	1(0.12)
9	13(1.91)	8(0.93)
10	1(0.14)	3(0.35)
11	4(0.59)	–
12	576(84.46)	801(93.4)
합계	682	857

※ 2003년 2월말 현재 / 자료: 증권거래소, 코스닥증권시장

달라"며 의견매수(Opinion Shopping)에 나서는 기업까지 등장한다.

그러는 사이 회계법인이 자신들의 존재이유라고 내세우며 생명처럼 여기던 '감사인의 독립성'과 '감사인의 직업윤리'가 훼손되고 만다. 12월 결산법인이 감사대상 법인의 80% 이상을 차지하고 있다는 점도 부실회계를 대량으로 생산하게 만든다. 회계사들은 매년 2월이면 눈코 뜰 새 없이 바쁘다. 그러다 보니 대충대충 감사하고 엉터리 감사보고서가 나오기 일쑤다.

실종된 자율규제

회계정보를 감시하는 감독 또는 규제기관의 기능이 제대로 작동하지 못하는 것도 그동안 부실회계를 낳게 된 원인이다. 한국공인회계사회는 증권거래소나 코스닥증권시장에 상장 또는 등록되지 않은 기업들의 외부감사 감리(분식회계와 부실감사 여부에 대한 조사)와 자율규제 기능을 맡고 있다. 회계법인 관계자들은 "한국공인회계사회의 자율규제 기능이 실종된 지 오래"라고 털어놓는다.

금융감독원이 실시하는 감리와 제재의 강도도 미흡하다. 지난 2000년엔 증권거래소의 상장기업과 코스닥증권시장의 등록기업이 모두 합해 1,400여 개에 달했다. 그런데 이에 대한 감리인력이 한때 9명까지 줄어든 적이 있다. 이렇다 보니 감리 자체가 서면으로만 이루어지고 현장조사는 생각할 엄두를 못낸다. 결과적으로 부실감사에 대해 부실감리가 이루어질 수밖에 없다. 간혹 분식회계나 부실감사가 적발된다 하더라도 당기순이익에 미치는 영향이 적으면 가벼운 징계만 내리고 있다. 허술한 감리기능과 솜방망이 처벌이 부실회계를 만연시킬 수밖에 없는 환경을 만들었다는 이야기다.

회계품질에 대한 무관심이 부실을 낳는다

이밖에 대주주가 기업을 직접 경영하면서 회계정보를 독점하고 있는 점도 재무회계의 중요성을 감소시킨다. 게다가 그동안 정부의 주도로 기업회계기준이 수시로 변경되었고 그 결과 재무제표를 왜곡시키는 결과를 초래한 경우가 많다. 회계기준이 자꾸 바뀌니까 연도별 경영실적 또는 다른 회사와의 실적 비교가 되지 않는 것이다.

회계부정에 대한 제재조치에 대해 사회적 합의가 부족하고 사회 전체적으로 윤리의식이 낮다는 점도 부실회계의 환경으로 작용했다. 한마디로 회계정보의 생산자나 이용자, 감시자 모두가 회계품질에 대해서는 무관심했다는 점이 총체적 부실회계의 원인이 되었다.

〈부실회계의 원인〉

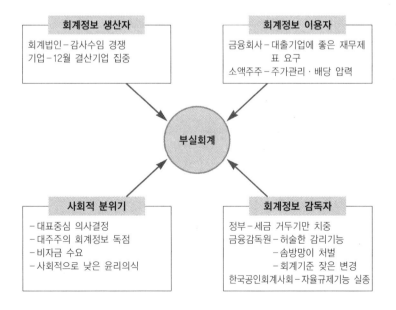

회계정보 생산자
회계법인 – 감사수임 경쟁
기업 – 12월 결산기업 집중

회계정보 이용자
금융회사 – 대출기업에 좋은 재무제표 요구
소액주주 – 주가관리 · 배당 압력

부실회계

사회적 분위기
- 대표중심 의사결정
- 대주주의 회계정보 독점
- 비자금 수요
- 사회적으로 낮은 윤리의식

회계정보 감독자
정부 – 세금 거두기만 치중
금융감독원 – 허술한 감리기능
- 솜방망이 처벌
- 회계기준 잦은 변경
한국공인회계사회 – 자율규제기능 실종

1부 회계부정으로 얼룩진 한국경제

1부 회계부정으로 얼룩진 한국경제

회계정보는 단순한 수치가 아니다. 기업의 경영 성적표이자 경제활동의 결과를 집약적으로 나타낸 지표이다. 회계에 문외한이라도 기업의 매출액과 순이익 등에 촉각을 곤두세우며 주식투자를 한다. 이 때문에 회계정보는 정확해야 한다. 회계법인이 기업에 대해 외부감사를 실시하는 이유가 바로 여기에 있다.

회계법인이 엉터리 감사를 한다면 그 결과가 어떨까? 그릇된 회계정보가 많은 투자자에게 뿌려질 것이고, 그에 따라 경영과 투자 등 모든 경제활동에서 판단착오를 유발할 것이다. 그 결과는 경영과 투자의 실패로 이어지기 십상이다.

모든 사람이 그릇된 회계정보를 올바른 정보라고 믿게 된다면 이 얼마나 불행한 일인가. 아니 불행을 넘어서 속고 속이는 세상이 되고 말 것이다. 기업의 거짓회계는 계속 확대재생산되고 이를 토대로 거품경제라는 비정상적인 경제구도로 이어진다. 한마디로 왜곡된 회계정보는 왜곡된 경제를 낳게 되는 것이다.

회계조작과 엉터리 감사의 충격파가 얼마나 큰가? 1부에서는 최근 경제신문을 도배질하고 있는 SK글로벌의 분식회계 사태로부터 시작해서 1990년대초 소형 가전기기업체 홍양의 부도사건까지 거슬러 올라가면서 거짓회계로 일그러진 우리 경제의 어두운 역사를 들여다볼 것이다. 한보철강과 기아자동차, 대우계열 12개 사의 29조원에 달하는 분식회계, 채권기관이 회계법인을 상대로 소송을 걸어 첫 승리를 일궈낸 삼우기술단 등 각종 회계부정 사건들의 면면과 내막을 그려보았다.

또한 거짓 회계나 엉터리 감사와 관련된 법정공방이 어떻게 이루어졌는지도 살펴보았다. 이제 2003년 3월 11일 전격 발표된 SK글로벌의 분식회계 사건부터 들여다보자.

1 SK글로벌, 뒤늦은 철퇴

발각된 비밀장부

"아니, 이게 뭐야, 비밀장부잖아!"

2003년 2월 17일 SK 구조조정본부. 최 회장의 사무실을 압수수색하던 검찰은 깜짝 놀랄 만한 비밀보고서를 발견했다. SK글로벌의 분식회계 혐의가 담긴 문서다. 최 회장의 사무실에서 발견된 내부 비밀보고서엔 SK글로벌의 분식회계 규모와 수법이 상세히 기록되어 있었다. 검찰은 이를 근거로 관련 회계장부가 보관된 장소를 추적했다. 추적 결과인지 제보에 따른 것인지 정확하지 않지만 SK측이 서울 삼청동 SK글로벌 연수원으로 급하게 회계장부를 옮겨놓은 사실을 알게 됐다. 결국 검찰은 회계장부를 압수수색해 수천억원에 달하는 SK글로벌의 분식회계를 적발한 것이다.

증권가에선 검찰의 압수수색을 두고 여러가지 추측이 난무했다. 최태원 회장의 사촌형제(창업주의 아들)들이 SK계열사 몇 개를 달라고 했는데 최 회장이 거부해 검찰에 투서를 보냈다는 설, 과거 유공과 한국이동통신 등 SK 내부 파벌싸움의 결과라는 설 등이 돌았다. 사실을 확인할 수는 없지만 SK글로벌의 분식회계만큼은 정확한 사실로 밝혀졌다.

분식회계 측면에서 보면 SK측의 회계처리는 두 가지 문제점을 갖고 있다. 첫번째가 주석사항 미기재. 지난 JP모건과의 파생상품거래로 인한 손실위험을 재무제표상 주석으로 자세하게 설명하지 않은 것이 이에 해당된다. 또다른 문제점은 엄청난 손실을 제대로 반영했느냐이다. SK글로벌이 2002년 10월 1,078억원이라는 엄청난 손해를 보면서 JP모건이 갖고 있던 SK증권 주식을 되사들인 점이 문제가 됐다. SK글로벌이 그 엄청난 손실을 감수할 수 있을 정도로 여유자금이 많은지 검찰로선 의심스러울 수밖에 없었을 것이다.

잘못된 만남…SK와 JP모건

"SK증권에 검찰이 들이닥쳤다는데." (S팀장)

"정말! 왜 덮쳤지?" (필자)

"SK증권 직원들 이야기로는 불법소프트웨어 단속이라는데…."
(S팀장)

"그게 말이 되나, 그러면 여의도 인근 증권사를 다 단속해야지."
(필자)

"글쎄 무슨 일인지 감이 잡히지 않네." (S팀장)

2003년 2월 17일. 제16대 대통령이 취임하기 일주일 전이었다. 필자는 점심시간에 모 증권사 S팀장을 만났다. 이런 대화를 나누고 난 뒤 오후 늦게야 검찰이 SK 구조조정본부를 압수수색했다는 소식이 들렸다.

문제가 된 것은 1999년 JP모건과 SK증권, SK글로벌 간의 토탈리턴스왑(Total Return Swap) 등 파생상품거래였다. 시민단체인 참여연대가

2003년 1월 고발한 사건이었다. SK그룹은 당시 퇴출위기에 몰렸던 SK 증권을 살리기 위해 JP모건에게 SK증권 유상증자에 참여해 줄 것을 요구했다. 그렇게 하면 금융비용 등을 더해 유상신주를 일정기간 후 되사 주겠다는 이면계약을 맺은 것이다.

실제로 2002년 10월 SK글로벌은 SK증권주식을 JP모건으로부터 사들였다. 팔았던 주식을 되사는 이면계약상 옵션이 이행된 것이다. 이 복잡한 파생상품거래를 통해 SK글로벌은 1,078억원의 손실을 입었다. 그만큼 주주들에게 손해를 끼친 것이다. 게다가 주석사항 미기재와 분식회계 의혹까지 부풀었던 터였다. 급기야 2002년 12월 13일 금융감독위원회가 SK증권을 징계했다. 이면계약 내용이 우발채무에 해당되는데 이를 공시하지 않았다며 과징금을 매긴 것이었다.

그로부터 2개월 후 SK사태는 최태원 회장에 대한 검찰의 소환수사로 번졌다. SK증권과 JP모건의 만남, 그것은 그룹 총수까지 도마에 오르는 결과를 낳았다. 분명 잘못된 만남이었다.

이면계약에 부당 내부거래까지

검찰은 2002년 12월말부터 최 회장과 SKC&C, SK케미칼과의 부당 내부거래 혐의를 포착했다. 그때부터 내사에 착수했다. 그러던 터에 참여연대가 2003년 1월 8일 최 회장 등 3명을 배임혐의로 검찰에 고발했다. 당연히 검찰의 수사망은 더욱 넓어졌다. 이면계약뿐 아니라 부당 내부거래와 분식회계 혐의까지 광범위하게 퍼져갔다.

검찰이 확인한 최태원 SK 회장과 SK계열사 간 부당 내부거래를 살펴보면, 최 회장은 자신이 보유한 워커힐호텔 지분 48.21%를 SKC&C에 40.70%, SK글로벌에 7.51%를 실제가치보다 비싸게 넘긴 것으로 조사됐다. 이 때문에 최 회장은 2,000억원대의 배임혐의를 받았다. 실제로 지난 2002년 3월말 최 회장은 자신이 보유한 워커힐호텔 주식 60만 주 (7.51%)를 실제가치보다 비싼 주당 4만원씩에 SK글로벌에 넘겼다. 이로 인해 SK글로벌은 243억원의 손실을 입었다. 이 손실을 숨기기 위해 회계장부를 조작했을 가능성이 있다는 것이 검찰의 시각이었다.

최태원 회장은 SKC&C에도 워커힐호텔 주식을 팔았다. 이번에는 주식스왑(맞교환) 방식이었다. 최 회장은 2002년 3월말 보유중인 워커힐호텔 주식 325만 주(40.7%)를 SKC&C에 주당 4만495원에 팔았다. 대신 SKC&C가 갖고 있던 SK(주) 주식 646만 주(5.08%)를 주당 2만400원에 사들였다. 이를 통해 최 회장은 SK(주)의 지분을 5.20%로 늘리며 최대

〈SK그룹 이면계약 의혹〉

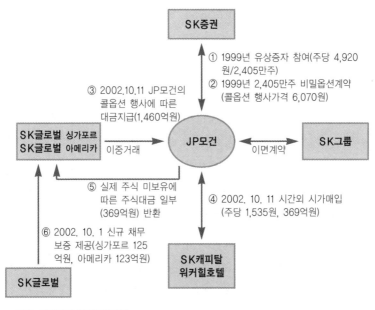

※ 자료: 참여연대 경제개혁센터

주주가 됐다.

이 과정에서 최 회장이 보유한 워커힐호텔 주식의 주당 가격이 SK(주)보다 두 배나 높게 산정됐다. 그러나 실제로는 SK(주)가 워커힐호텔보다 주당순자산이 38% 가량 높은 것으로 나타났다. 2001년 SK(주)의 주당순이익은 790원이었고 주당순자산은 4만3,801원, 그러나 워커힐호텔의 주당순이익은 550원이었고 주당순자산도 3만1,682원이었다.

워커힐호텔은 비상장주식이고 SK(주)는 상장주식이다. 현행 회계기준에는 비상장주식은 합리적으로 평가하도록 하고 있을 뿐 가격 산정방식은 제시하지 않고 있다. 그러나 장외에서도 거래되지 않아 가격을 알기 힘든 비상장주식의 경우 상속증여세법에 따라 주당순자산을 가치로 산정하도록 하고 있다. 다만 최대주주와 특수관계인이 50% 이상의 지분을 보유한 경우 주당순자산에 30%를 할증할 수 있도록 하고 있다.

SK측은 이 점을 들어 최 회장과 SKC&C 간의 거래는 부당 내부거래가 아니라 정당한 거래라고 주장했다. 워커힐호텔 주식은 대주주 프리미엄이 붙어 주당순자산에 비해 30% 할증된 반면 거래소에 상장된 SK(주)는 실제 주가(1만7,000원)에 경영권 프리미엄(20%)을 가산한 가격으로 주식교환이 이루어졌다는 게 SK측의 설명이다.

20년 동안 조작 또 조작

2003년 3월 11일, 검찰은 SK글로벌에 대한 수사결과를 발표했다. 놀랍게도 분식회계 규모는 1조5,587억원에 달했다. 그것도 20여 년에 걸친 장부조작이었음이 드러났다. 1970년대 중반 이후 수출드라이브 정책에 따라 외형성장을 추구해 오면서 부실이 발생했고, 해외투자 실패와 외환위기 등을 겪으면서 누적된 부실이 눈덩이처럼 커졌다는 것이 검찰의 설명이다.

SK가 그룹 차원에서 장부조작을 관리하기 시작한 것은 지난 1995년. 종합상사이기 때문에 수출을 많이 해야 했고, 그에 따라 매출 위주로 영업을 하던 SK글로벌의 부실규모가 위험수위를 넘어섰다. 그러자 그룹 전체의 신인도 하락을 우려해 그룹이 나선 것이다. 검찰은 최태원, 손길승 SK 회장과 김승정 SK글로벌 사장, 문덕규 SK글로벌 재무지원실장 등이 공모해서 분식회계를 저질렀다고 발표했다.

SK글로벌은 부채 숨기기 수법을 주로 썼다. 외부감사를 받기 위해 준비하던 2002년 1월경 주거래은행인 하나은행 명의로 채무잔액증명서를 위조해 1조1,881억원에 달하는 은행채무(외화외상매입금, 일명 Usance)를 없는 것처럼 처리했다. 이에 대해 검찰 관계자의 이야기를 들어보자.

"보통 회계법인이 기업의 부채를 확인하기 위해 은행에 채무잔액증명서를 요청한다. 그런데 하나은행은 채무잔액을 공란으로 비워둔 증명서를 SK글로벌에 보냈고, SK글로벌은 하나은행 주소지 우체국에 가서 채무잔액이 공란으로 비어 있는 증명서를 영화회계법인에 보냈다. 이는 사문서 위조죄에 해당될 수 있는 사안이다."(검찰 관계자 ○씨)

눈덩이처럼 불어난 부실

그렇다면 이 엄청난 부채를 왜 숨겼을까? 비자금으로 빼돌려 쓰기 위해서였을까? 아니면 매년 이익을 부풀린 결과 이익잉여금이 늘어나자 대차대조표의 균형을 맞추기 위해 부채를 숨겼을까? 정확한 해답은 아직 나오지 않았다. 검찰은 SK글로벌이 2001회계연도에 부채 1조1,881억원을 숨겼고 대차대조표상 이익잉여금 1조5,587억원을 부풀렸

〈SK그룹 사건일지〉

1999년 10월 14일, 11월 30일	SK증권, JP모건과 유상증자 참여계약
2002년 3월 26일, 3월 29일	최태원 회장, 워커힐호텔 주식과 SK(주) 주식 맞교환
2002년 10월	SK글로벌 해외법인, 옵션이행금 부담과정서 1,078억원 손실
2002년 12월 13일	금융감독위원회, SK증권에 이면계약 공시위반으로 과징금 부과
2002년 12월 18일	최태원 회장, 손실보전위해 400억원 사재출연 결정
2002년 12월말	검찰, 부당내부거래 혐의포착-내사착수
2003년 1월 8일	참여연대, 배임혐의로 최태원 회장 등 3명 검찰에 고발
2003년 2월 중순	검찰, 유승렬 전 SK구조조정본부장 등 임원 4명 소환
2003년 2월 15일	최태원 회장 등 17명 출국 금지
2003년 2월 17일	검찰, SK구조조정본부 등 4곳 압수수색
2003년 2월 19일	SK글로벌 문서보관소 등 2차 압수수색
2003년 2월 21일	검찰, 최태원 회장 소환
2003년 3월 5일	검찰, 손길승 회장 소환
2003년 3월 11일	검찰, SK글로벌 1조5,000억여 원 분식회계 발표 금융감독원 SK글로벌 분식회계 감리착수

다고 발표했다. 손익계산서에는 당기순손실 1,226억원을 적게 계상해 거짓 재무제표를 만들었다고 밝혔다.

뿐만 아니다. 가짜 외화 외상매출금(매출채권)도 1,498억원에 달했고, 부실자산 대손충당금 447억원을 비용으로 처리하지 않았으며, 해외 관계회사 지분법 평가손실 2,501억원을 손실로 반영하지 않아 결과적으로 투자유가증권을 과대평가했다. 여기에 무역업을 영위하는 종합상사로서 재고자산 비중이 너무 많을 경우 분식의 의심을 받을 것을 우려해 재고자산 670억원어치를 적게 계상했다.

검찰 발표결과만으로는 언뜻 이해가 되지 않을 수도 있다. 숱한 분식회계 수법이 나오고 각각의 수법이 어떻게 연결되는지 자세한 설명이 없기 때문이다. 이쯤에서 금융감독원 관계자의 설명을 들어보자.

"분식회계는 주로 이익부풀리기다. 손익계산서상의 비용을 줄이거나 수
익을 늘리면 이익이 늘어난다. 매년 이익을 늘리면 이익이 누적돼 대차대
조표상 이익잉여금이 증가한다. 대차대조표상에 차변과 대변이 일치해야
하므로 분식회계를 감추기 위해선 이익잉여금이 늘어난 만큼 자산을 늘리
거나 부채를 줄여야 한다. SK글로벌은 수십년 동안 이익을 부풀려 그 규
모가 1조5,587억원에 달했고 대차대조표상의 자본계정이 커지자 부채계
정을 누락시켜 차변과 대변을 맞추는 방식으로 분식회계를 숨겨왔다. 물론
이같은 장부처리는 동시에 이루어졌다."(금융감독원 S조사역)

결국 1조1,881억원의 부채 숨기기는 2001년 한해에 일어난 것이 아
니라 수십년 동안 누적된 결과라는 얘기다. 부풀린 이익잉여금 1조
5,587억원 역시 매년 당기순이익을 뻥튀기한 것이 누적된 금액이다. 그
밖에 가짜 외화외상매출채권(1,498억원), 대손충당금 미계상(447억원),

〈토탈리턴스왑(TRS: Total Return Swap)〉
대출 만기일이 되면 담보로 내준 주식과 빌려쓴 돈을 그대로 교환하는 거래를
말한다. 빌린 돈의 상환금액은 환율에 따라 달라지도록 돼 있는 거래방식이다. 지난
1997년초 JP모건과 SK증권이 토탈리턴스왑 계약을 맺었다. 당시 인도네시아 루피아 표
시채권에 투자했는데 그해 7월 태국 바트화가 폭락하면서 큰 손실을 입었다. JP모건은
1998년초 만기가 되자 당시 빌려간 돈을 달라고 요구했다. 이에 SK증권은 JP모건이 사
전에 위험을 알리지 않았다며 국내 법원에 채무이행 금지 가처분 신청을 냈고, JP모건
은 즉각 뉴욕 법원에 반대소송을 제기했다. 이후 SK증권과 JP모건은 1년 넘게 맞소송
을 벌이다 채무를 출자로 전환하는 조건으로 서로 소송을 취하했다.
대한종금도 1997년 CSFB로부터 토탈리턴스왑 방식으로 5,000만달러어치의 유가증권
을 맡기고 3,950만달러를 빌렸다. 그러나 대한종금이 1997년말 두 차례 영업정지 조치
를 받자 CSFB는 이 계약의 중도해지를 통보하고 담보주식 가격의 하락으로 입은 손해
약 1,000만달러를 현금으로 보상하라고 요구한 적이 있다. 결국 복잡한 파생상품거래를
이해하지 못한 국내기업이 외국기업에게 당한 케이스다.

재고자산 과소계상(670억원)은 2001회계연도에 발생한 것이고, 투자유가증권 과대계상(2,501억원)은 어느 연도에 발생했는지 확인이 안 된다는 것이 S조사역의 설명이다.

이렇게 시작된 SK글로벌의 분식회계 사태는 SK(주)의 경영권 문제로 비화되었다.

2 궁지에 몰린 영화회계법인

회계법인을 상대로 소송

"어떻게 하죠? 회계법인 하나가 또 흔들리겠어요."(K변호사)

검찰이 수사결과를 발표하자 SK글로벌과 SK계열 상장주식의 주가
는 폭락했다. 검찰 발표일인 2003년 3월 11일부터 14일까지 4일 연속
하한가를 쳤다. 3월 10일 6,130원이던 주가는 3,210원으로 거의 반토막
이 났다. 이후 소폭 반등했지만 소액주주와 외국인투자자들의 손실은
컸다. 손실금액을 따지면 수천억원에 달할 것이다. 이들은 변호사 사무
실로 전화를 걸어 피해를 구제받을 방법을 강구했다. 다음은 한누리법
무법인 김주영 변호사의 이야기.

"검찰이 SK그룹을 압수수색한 2월 17일 SK글로벌의 주가는 9,410원이
었다. 이후부터 계산해 계속된 하락세를 벗어난 3,210원의 차액 주당
6,200원을 손해배상받을 수 있다. SK글로벌에 남은 돈이 없을 것이므로

분식회계 혐의를 받고 있는 SK 임원과 외부감사를 맡은 영화회계법인을 상대로 소송을 걸면 된다."

"모르고 당했다"

물론 영화회계법인도 반론을 제시한다. 분식회계를 알고도 눈감아준 것이 아니라 전혀 모르고 당한 것이라는 얘기다. 기업이 조직적으로 공모해 회계장부를 조작하면 이를 적발해 내기란 현실적으로 힘들다고 주장한다. 회사와의 유착은 말도 안 되는 소리이며 회계감사준칙에 따라 철저히 감사했다고 강변하고 있다. 영화회계법인 파트너 C씨의 이야기를 들어보자.

"SK글로벌처럼 회사가 조직적으로 짜고 장부를 조작한 것을 과연 주어진 감사기준과 절차에 따라 발견할 수 있느냐는 것이 문제다. 회계감사를 할 때 모든 계정에 대해서는 고유위험이 있다. 회계감사가 전체 베이스가 아닌 테스트베이스로 이뤄지기 때문이다. 같은 회계법인이 10년 이상이나 감사를 맡아 회사와 유착관계가 있을 것이란 의혹이 제기되지만 말도 안 된다. 검찰조사에서도 회사와 공모 여부에 대해서는 혐의가 없는 것으로 밝혀졌다. 10년 이상 감사를 맡았지만 담당 파트너가 오래 하는 것이지 실제 감사를 담당하는 회계사들은 계속 바뀐다. 은행 채무잔액증명서 등을 체크하는 것은 1~2년차 주니어 회계사가 한다. 담당임원이 맡은 회사도 많은데 잔고조회서까지 하나하나 다 볼 수는 없는 것 아닌가. 만약 그렇게 해야 한다면 조직이 필요없는 것 아닌가."

그러나 회계감사는 모든 장부와 전표의 원본을 확인하는 것이 기본이며, 피감회사를 시키는 것이 아니라 회계사가 직접 해야 한다. 게다가 은행연합회의 '신용정보 PC통신망'에 개별기업의 모든 채무현황이 나와 있기 때문에 영화회계법인이 제대로 감사를 했더라면 분식회계를 발견할 수 있었을 것이라는 주장이 설득력을 얻고 있다.

금융감독원 관계자는 "대우사태 이후 회계법인이 은행연합회의 신용정보 PC통신망을 활용할 수 있도록 해 놓았다. 통신망이 아직 100% 완전하지는 않지만 회계법인이 감사할 때 참고할 수 있었을 것이다"라고 말했다. 어쨌든 SK글로벌 분식회계와 부실감사에 대한 논란은 계속될 것으로 보인다. 그것은 아마도 법정공방이 될 것이다.

〈신용정보 PC통신망〉

은행연합회가 운영하는 것으로 기업이나 개인의 대출, 보증 등 각종 신용정보를 실시간으로 조회할 수 있는 PC통신망이다. 1999년 9월 20일 개통돼 수백 개 금융회사가 이를 이용하고 있다. 이 통신망을 이용하면 금융회사가 기업에 대출해 줄 때 다른 은행의 대출은 얼마나 되는지, 보증은 얼마만큼 했는지 등에 대해 알아볼 수 있게 된다. 은행이나 농협, 보험사, 상호저축은행, 새마을금고, 신용협동조합, 여신전문금융사 등과 거래한 신용정보가 한꺼번에 집중돼 있기 때문이다.

신용정보 PC통신망의 정보는 매우 방대하다. 카드등록정보와 가계 및 개인당좌 개설상황 등 금융거래정보는 물론 담보, 지급보증, 시설대여 등 기업여신정보, 개인대출정보와 불량거래정보 등이 총망라된다. 1억원 이상 기업의 신용정보는 모든 금융기관이 공유하는 등 갈수록 정보량이 많아지고 있다. 일반인에게는 공개되지 않지만 회계법인은 매달 일정금액을 내면 신용정보 PC통신망을 조회할 수 있도록 돼 있다.

3 첫 비상벨, 흥양

상장기업 흥양의 부도

"뭐야! 흥양이 부도났다고…"

1991년 7월 15일, 증권감독원(현 금융감독원) 7층 기업등록국장실. K 국장의 머리가 쭈뼛해졌다. 상장회사인 흥양이 부도났다는 보고를 받았기 때문이다. 순간 K국장은 걱정이 앞섰다. 자신에게 돌아올 책임 때문이었다. 동시에 의아해졌다. '등록심사를 통과해 상장된 기업이 어떻게 부도가 날까. 요즘 증권거래소에 상장되기는 하늘의 별따기인데….' K 국장은 한동안 말을 잃었다.

소형TV, 카세트, 오디오 등 소형 가전기기 생산업체인 흥양은 1991년 7월 6일 회사채 40억원어치를 발행했다. 그런데도 흥양의 부도설이 증권가에 나돌았다. 사흘 뒤인 7월 9일 흥양은 부도설을 부인하는 공시를 냈다. 그러나 흥양은 버티지 못했다. 7월 15일 인천지방법원에 법정관리를 신청했던 것이다.

부도사실이 공시되자 소액주주들은 더욱 경악했다. "홍양이 부도났다는데 어떻게 된 거냐?"는 전화가 증권사 객장에 빗발쳤다. 증권사 직원은 고객들의 전화공세에 혼쭐이 났다. 그 당시만 해도 부도라는 게 흔치 않았다. IMF(국제통화기금) 관리체제 이후 상장·코스닥등록기업의 부도가 수도 없이 터졌던 것과는 상황이 달랐다. 증권거래소 상장은 증권감독원과 증권관리위원회의 엄격한 등록심사를 거쳐야 가능했다. 감독 당국이 재무안전성 등을 철저히 심사했기 때문에 부도날 것이란 예상은 누구도 하지 못했다. 특히 홍양의 주식을 갖고 있던 소액주주로선 청천벽력 같은 일이다.

소액주주들이 갖고 있던 홍양 주식은 하루아침에 휴지조각이 되고 말았다. 어렵게 모은 돈을 주식에 투자했던 만큼 실망감과 배신감도 컸다. 홍양의 소액주주 김정배, 손장식 씨 등 6명은 홍양의 법정관리가 결정된 뒤 1991년 12월 17일 손해배상 청구소송을 냈다. 회사가 망했기 때문에 소송상대는 홍양의 외부감사를 맡았던 경원합동회계사무소의 담당 회계사 2명(대표 박연순 씨와 외부감사 실무책임자 한승연 회계사)이었다.

회계사가 속여?

"아니 이게 뭐야! 법원실사 결과는 1990년에 87억3,900만원의 적자를 냈잖아! 감사보고서엔 5억4,400만원 흑자가 난 것으로 돼 있는데 이건 완전히 엉터리 감사잖아."(홍양 소액주주 김씨)

"그래, 이걸로 소송을 걸면 되겠네."(홍양 소액주주 손씨)

인천지방법원이 법정관리를 결정하기 위해 홍양을 실사(1991년 6월 말 기준)한 결과는 총부채가 802억원, 유동자산이 187억원이었다. 이미 홍양이 재고자산을 190억9,400만원이나 부풀린 것으로 드러난 터였다. 문제가 된 것은 홍양이 부도나기 직전인 1990회계연도 결산실적이다.

김씨 등은 홍양의 외부감사인 경원합동회계사무소가 5억4,400만원의 당기순이익을 냈다는 감사보고서를 제출한 것에 대해 이의를 제기했다. 홍양이 실제로는 87억3,900만원의 적자를 냈는데 경원합동회계사무소가 이를 알고도 흑자 재무제표를 발표했다는 것이 김씨 등의 주장이다. 김씨 등은 홍양의 1990년말 부채규모 역시 539억원이나 되는데 외부감사인은 411억원으로 허위 감사보고서를 제출했다고 지적했다.

김씨 등은 홍양이 흑자가 났다는 감사보고서를 믿고 주식을 샀는데 부도가 났으니 회계사들이 손해액을 배상해야 한다고 주장했다. 홍양이 재고자산을 부풀리고 부채를 실제보다 줄이는 방법으로 거짓 재무제표를 만들었다는 것을 알면서도 회계법인이 이를 묵인했다는 것이다. 이렇게 김씨 등 6명이 회계사 2명에게 청구한 손해배상액은 2억1,100만원이었다.

엉터리 감사에 대한 첫 소송

엉터리 감사를 심판해 달라며 제기된 첫 소송. 그 첫 재판은 지루하게 진행됐다. 1심 결과가 나온 것은 소송 후 약 1년 8개월 뒤인 1993년 2월 23일. 서울지방법원 서부지원 민사합의3부(재판장 김의열 부장판사)는 원고 일부승소 판결을 냈다. 일부승소였지만 소액주주가 부실감사와 관련된 재판에서 승리하기는 처음이었다. 법원은 선고공판에서 "피고측은 연대해서 원고 6명 중 김정배 씨 등 4명에 대해 주식 취득가격과 처분가격의 차액 7,325만원을 배상하라"고 판결했다.

판결문의 내용은 이렇다. "피고인 경원측은 홍양에 대한 감사에서 중요한 감사절차를 생략 또는 실시하지 않는 등 회계감사기준을 제대로 지키지 않았다. 홍양의 재무제표가 거짓으로 작성됐다는 사실을 알고도 회계처리가 '적정' 하다는 감사의견을 표시했다. 원고들이 엉터리 감사보고서의 기재내용에 따라 영향을 받은 가격에 주식을 매입함으로써 입게 된 손해를 피고측이 배상할 책임이 있다."

재판부는 그러나 원고 6명 가운데 이인근 씨 등 2명에 대해서는 손해배상 청구가 "이유없다"며 기각했다. 이씨 등은 다른 사람의 이름을 빌린 차명계좌로 흥양의 주식을 샀기 때문이다. 재판부는 이씨 등을 '선의의 투자자'로 볼 수 없다며 손해배상 청구 기각 이유를 밝혔다. 소액주주가 부실감사로 피해를 입었을 때 손해배상을 받을 수 있지만 '선의의 투자자'여야 한다는 조건을 단 셈이다. '선의의 투자자' 조건에 대해선 뒤에 자세히 살펴보자.

어쨌든 흥양의 판례는 당시까지 법에만 명문화됐고 사실상 사문화됐던 소액주주의 권리의식을 일깨워준 일대 사건이었다. 증권업계와 회계업계에 미친 파장도 어마어마했다. 당시 주식회사의 외부감사에 관한 법률과 증권거래법을 살펴보면, 유가증권신고서를 거짓으로 써냄으로써 주식을 사들인 사람에게 손해를 끼칠 경우 유가증권의 발행인(기업)과 외부감사를 맡은 공인회계사, 인수계약자(주간사 증권사)가 손해배상 책임이 있다고 명시되어 있었다. 그러나 이같은 조항이 적용된 판례는 흥양이 처음이었다.

고승덕 변호사의 당시 증언

한국 최초의 부실감사에 대한 손해배상 청구소송. 그 소송을 승소로 이끈 변호사는 고승덕 변호사다. 고 변호사는 흥양사건을 맡은 것을 계기로 증권시장과 인연을 맺게 됐다. 지금은 한국경제TV에 출연해 주식 강의를 진행할 정도로 '시장 친화적인 인물'로 잘 알려져 있다. 당시 변론을 맡았던 고 변호사의 말을 들어보자.

"홍양이 부도났고 분식회계가 드러났다는 소식을 A기자로부터 들었다. A기자와 이야기를 나누면서 공익 차원에서 소액주주의 권리를 보호해야 한다는 데 공감했다. 그래서 홍양의 주주명부를 입수한 뒤 소액주주를 모아 소송을 했다.

1심 판결에서 승소했지만 그 과정이 순탄치는 않았다. 소송하는 도중에도 전화로 협박과 공갈을 받기도 했다. 대부분 당신이 뭔데 미국에서 증권법 조금 공부한 것 가지고 공인회계사들을 죽이려 하느냐는 내용이었다. 아마도 공인회계사가 감사수임료를 받는 것에 비해 손해배상액수가 어마어마하게 크니까 그런 것 같다. 홍양사건은 2심에서도 원고가 승소했다. 그러나 대법원까지 가지는 않았다. 피고인 경원합동회계사무소측이 항고를 포기했다. 한국공인회계사회에서 항고하지 말라고 설득한 것으로 안다. 부실감사에 대한 첫 사례이므로 대법원 판례로 남게 되면 다른 공인회계사도 피해를 볼 수 있다고 생각했던 것 같다.

홍양 판례 이후 공인회계사의 사회적·법적 책임이 사회적 이슈로 대두됐다. 심포지엄이나 세미나도 자주 열렸다. 한국공인회계사회가 주최한 심포지엄에 내가 초청되기도 했다. 지금은 회계사들과 원만한 관계를 유지하고 있다."

'회계부정' 소송사상 첫 승리

홍양은 1991년 7월 부도 직후 관리대상종목으로 지정됐다. 이후 1992년 11월 법정관리를 거쳤으나 끝내 회생하지 못하고 1996년 상장폐지됐다.

그러나 홍양에 대한 서울지방법원의 판결은 소액주주들도 기업이나 회계법인의 불법행위로 인한 피해를 배상받을 수 있다는 '손해배상 청구권한'이 실질적으로 인정된 첫 케이스였다. 소액주주의 권리의식을 일깨워줌과 함께 부실감사에 대한 첫 비상경고의 벨이 울린 셈이다. 홍양은 부도났지만 그 판례는 이후 수십 차례 제기된 부실감사에 관한 손해배상 청구소송의 바이블처럼 활용되고 있다. 많은 변호사와 소송관계자들의 교과서가 된 것이다.

홍양은 또다른 판결사례도 남겼다. 1996년 4월 20일 대법원의 판례가 그것이다. 원고는 LG신용카드. 피고는 홍양의 임원으로 감사직을 맡았던 김석동 씨였다. 피고가 회사의 감사보고서를 거짓으로 작성했고, 이를 믿고 법인카드를 발급하고 지급보증을 해주었다는 게 LG신용카드의 주장이다. 그러다 홍양이 부도나자 손해배상을 청구한 것이다. 이미 원심에서 LG신용카드가 승소한 터였다. 대법원도 "김씨는 LG신용카드측에 1억원을 배상하라"는 원고승소 판결을 냈다. 이 판례는 회계법인뿐 아니라 기업의 감사 등 회계담당 임원들도 부실감사에 따른 책임을 져야 한다는 점을 강조한 사례이다.

〈홍양 사건일지〉

날짜	사건
1991년 7월 6일	홍양 회사채 40억원 발행
1991년 7월 9일	홍양 증권거래소에 부도설 부인공시
1991년 7월 15일	홍양 최종부도(증권거래소 공시) 홍양, 인천지방법원에 법정관리 신청
1991년 7월 18일	인천지방법원, 재산보전처분(채무동결)
1991년 7월 19일	증권거래소, 홍양을 관리종목에 편입
1991년 11월 23일	인천지방법원, 홍양 법정관리 결정
1991년 12월 17일	김정배, 손장식 씨 등 6명 서울지방법원에 손해배상 청구소송
1993년 2월 23일	서울지방법원 원고 일부승소 판결
1996년	홍양 상장폐지

4 엉터리 감사에 들이댄 법정의 칼날

커지는 회계법인의 배상책임

1991년 흥양의 사례 이후 회계법인에 대한 손해배상이 줄을 이었다. 공인회계사나 회계법인이 전문가로서 오류나 실수를 저질러 엉터리 회계감사를 했다면 그에 따른 손해배상 책임(Professional Liability)을 져야 한다는 주장이 거세졌다.

금융감독원이 파악한 바에 따르면 1991년부터 2002년까지 12년 동안 외부감사인을 상대로 한 손해배상 청구소송건수는 총 21건이다. 이는 회계법인이 제출한 사업보고서를 토대로 잡은 통계이다. 실제 소송건수는 이보다 더 많을 것으로 보인다. 대우계열사 부실감사에 대한 손해배상 청구소송이 금융감독원의 집계에는 잡혀 있지 않다는 점을 봐도 쉽게 짐작할 수 있다. 회계법인들이 자신을 상대로 한 소송건에 대해 보안을 유지하려는 노력을 보인다는 점을 감안하면 흥양과 비슷한 소송제기 건수는 수십 건에 다다를 것으로 추정된다.

홍양에 이은 두 번째 소송사례는 1992년 신정제지 사건이다. 당시 신정제지의 외부감사인인 영화회계법인 공인회계사 윤영채 씨가 피고였다. 신정제지의 부도는 홍양보다 더욱 황당한 사건이었다. 증권거래소 상장 직후에 부도가 났기 때문이다. 정말 어처구니없는 일이었다. 소액주주들이 휴지조각이 된 주식을 가만히 쳐다보고만 있을 리 없었다. 신정제지 주식에 투자했던 송계의 씨 등 소액투자자 3명은 윤씨 등을 상대로 6,000만원의 손해배상 청구소송을 제기했다. 법원은 원고 일부승소 판결을 냈다. 신정제지에 대해선 3부에서 자세히 살펴보자.

소액주주 - 6승1패의 전적

홍양, 신정제지에 이어 영원통신(1992년), 한국강관(1995년), 고려시멘트(1996년), 삼우기술단(1996년) 등의 감사보고서와 관련된 손해배상 청구소송이 잇따랐다. 소액투자자나 채권금융회사가 회계법인의 부실감사 때문에 주식투자 손실 또는 대출금을 상환받지 못하는 손실 등을 입었다며 손해배상 청구소송을 제기했다.

1997년엔 마이크로코리아·마이크로세라믹, 신정제지의 감사보고서가 또 한번 소송의 대상이 됐다. 1998년엔 금강피혁, 한국브레이크공업, 엔트 등 3건의 재무제표와 관련한 손해배상 청구소송이 제기됐다. 이어 1999년엔 2건(국제정공, 태홍피혁), 2000년에도 2건(제주은행, 동양종금), 2001년엔 씨에스디정보통신 1건이었다. 그러나 2002년엔 원양약품, 한빛·경남·평화은행, 씨에스디정보통신(2건), 골드콘정보통신 등 5건으로 늘어났다.

이들 소송은 대부분 재판이 진행중이다. 하지만 1심 또는 2심 재판결과를 보면 역시 손해배상 청구소송을 제기한 소액투자자나 채권금융회사가 승소(일부승소 포함)한 경우가 많다. 홍양, 신정제지, 한국강관, 삼우기술단, 마이크로코리아, 옌트 등이 1심 또는 2, 3심에서 원고가 승소 또는 일부 승소한 케이스다. 영원통신의 경우는 2심에서 피고가 승소한 뒤 원고와 피고 간 합의에 따라 소송이 취하됐다. 고려시멘트의 사례는 피고가 전부 승소해 원고가 대법원 상고를 포기함으로써 부실감사와 관련된 소액투자자의 유일한 완패사례로 꼽힌다.

결국 1심 이상 판결이 내려진 손해배상 청구소송에서 소액투자자나 채권금융기관은 6승1패의 전적을 기록한 셈이다. 물론 사례에 따라 다르겠지만 6승1패는 앞으로 비슷한 소송에서 소액주주들이 이길 확률을 드러낸 수치다. 반대로 공인회계사와 회계법인의 책임이 그만큼 크다는 점을 제시한 법원의 '심판수치'이기도 하다.

〈회계법인에 대한 손해배상 청구소송〉

(2002년 3월 현재)

피고 회계법인	소송 제기년	원고	회사	청구원인	청구금액 (백만원)	판결내용 (배상금액: 백만원)
박연순 등 2인(경원합동)	1991	김정배 등 6인	흥양	고의·과실분식회계 처리, 감사보고서 허위기재 및 누락	211	1심: 원고 일부승소(73) 2심: 피고 일부승소(46) 3심: 원심확정
윤영채 (영화회계법인)	1992	송계의 등 3인	신정 제지	손해배상 청구	60	1심: 원고 일부승소(46) 2심: 피고 패소 3심: 원심확정
산동회계법인 등 5인	1992	장세은 등 5인	영원 통신	손해배상 청구	87	1심: 원고 일부승소(45) 2심: 피고 승소 합의, 소송 취하
청운회계법인, 한국강관 증권감독원	1995	오성하 등 2인	한국 강관	분식결산 및 부실감 사로 인한 손해배상 청구	27	1심: 피고 일부패소(11) 2심: 피고 전부승소 3심: 원심파기, 서울지 법 합의부에 환송
삼덕회계법인	1996	홍덕근 등 3인	고려 시멘트	부실감사 분식결산 으로 인한 주식투자 손실 손해배상 청구	99	1심: 피고 전부승소 2심: 피고 전부승소, 대 법원상고 포기, 소 종결
두이·삼원 회계법인 소속 5인	1996	조선 생명	삼우 기술단	부실감사 믿고 한 대출금 미상환액 청 구	500	1심: 피고 패소 2심: 상고 진행중
동남·동신회계 법인 소속 4인 및 대주회계법인	1997	동양 종금	마이크로코 리아, 마이 크로세라믹	부실감사 보고서를 믿고 한 대출금 미 상환액 청구	2,261	1심: 원고 일부승소(73) 2심: 피고 일부승소(46) 3심: 원심확정
영화회계법인	1997	명제우	신정제지	손해배상 청구	21	원고 취하
세동회계법인	1998	박형진 외 8명	금강 피혁	손해배상 청구	–	소송 취하
세동회계법인	1998	한국브레 이크공업	한국브레 이크공업	손해배상 청구	2,000	1심: 진행중
송현회계법인	1998	장판석 외 24명	옌트	주주의 피해액에 대한 손해배상 청구	321	1심: 원고 승소 2심: 진행중 3심: 진행중
안진회계법인	1999	여현동 및 세양산업	국제 정공	손해배상 청구	50	1심: 승소 2심: 원고 항소
신우회계법인	1999	박수욱	태흥피혁	손해배상 청구	27	1심: 진행중

〈회계법인에 대한 손해배상 청구소송〉

(2002년 3월 현재)

피고 회계법인	소송 제기년	원고	회사	청구원인	청구금액 (백만원)	판결내용 (배상금액: 백만원)
안건회계법인	2000	소액주주	제주은행	손해배상 청구	1,580	1심: 진행중
삼일회계법인	2000	소액주주 16인	동양 종금	주식투자 손실 손해배상	180	1심: 진행중
안건회계법인	2001	소액주주	제주은행	손해배상 청구	–	1심: 진행중
서원회계법인	2001	이동선 외 1명	㈜씨에스 디정보통신	손해배상 청구	–	1심: 진행중
안건회계법인	2002	유한 양행	원양 약품	화의채무자의 자산 과소 계상	–	1차 답변제출
안진회계법인	2002	강경희 외 350명	한빛·경남· 평화은행	손해배상 청구	–	1심: 진행중
서원회계법인	2002	이형문 외 3명	㈜씨에스 디정보통신	손해배상 청구	–	1심: 진행중
서원회계법인	2002	윤창원 외 10명	㈜씨에스 디정보통신	손해배상 청구	–	1심: 진행중
삼경회계법인	2002	새턴창업투 자 외 34명	골드콘정보 통신㈜	손해배상 청구	–	2차 답변제출

※ 자료 : 금융감독원

5 회계법인이 소송대상이 되는 이유는

돈있는 회계법인이 배상해야지

지금까지 6승1패의 전적. 그것이 암시하는 바는 크다. 회계법인에 경종을 울린 것이며, 동시에 소액주주운동의 획을 긋는 것이기도 했다. 자의든 타의든 기업이 경영의 투명성을 높이는 계기도 됐다.

그렇다면 우리는 여기서 "왜 회계법인에 대한 손해배상 청구소송이 많이 제기됐을까? 정작 분식회계를 한 기업이나 기업의 회계담당자 또는 대표들을 상대로 손해배상을 청구할 수는 없을까?" 하는 의문을 갖게 된다. 이 물음에 대한 대답은 간단하다. 분식회계나 부실감사가 드러날 정도의 기업이면 대부분 부도났거나 망한 회사이다. 회사는 망하고, 대표는 돈을 챙겨 달아났거나 알거지가 됐을 것이다. 따라서 현실적으로 배상능력이 있는 회계법인에 손해배상 청구소송을 하는 게 당연하다는 이야기다.

실제로 주식투자자나 채권금융회사(제3자)가 회계부정에 대해 책임을 추궁하는 시점은 대개 회사가 망한 이후이다. 게다가 회계부정을 저지른 회사의 임원(이사나 감사)이 손해배상을 할 만한 자금력이 없는 경우가 많기 때문에 회사나 회사 임원을 상대로 소송이 제기되는 사례는 많지 않다. 따라서 손해배상 책임의 화살은 부실감사를 한 회계법인으로 돌아갈 수밖에 없다.

회계법인의 법적 책임

자금력이라는 현실적인 이유 말고도 법적인 이유도 있다. 분식회계와 부실감사를 '거짓공시'로 본다면 상법상 회사 임직원에게 거짓공시로 인한 책임을 지울 수 있다. 그런데 그 조건이 상당히 엄격하다. '악의나 중과실'을 입증해야 그 회사 임원에 대해 공시책임을 물을 수 있기 때문이다. 이해를 돕기 위해 이에 대한 법적인 견해를 담은 글을 살펴보자.

"원래 분식회계나 부실감사는 회사의 경영실적에 대한 공시책임에 관한 사항이기도 하다. '공시책임'이란 공시의무를 갖고 있는 회사가 회사의 재무사항 등 투자판단에 중요한 영향을 미치는 사항에 관하여 거짓 또는 부실한 공시를 할 경우에 발생한다. 가짜공시를 믿고 투자한 제3자에 대하여 회사가 손해배상 책임을 지는 것이 공시책임이다. 공시책임은 두 가지 영역에서 제기될 수 있다. 하나는 민법과 회사법(상법)상 이사 또는 감사가 제3자에 대해 책임을 지는 것이다. 또다른 영역은 증권거래법상 각종 발행시장 공시에 관한 책임과 상장된 이후 투자자에게 정기적으로 또는 수시로 제공되는 계속공시에 대한 부실공시 책임영역이 있다.

그러나 상법상 이사 또는 감사가 제3자에 대하여 책임지는 문제는 책임요건이 너무 엄격하다. 상법 제401조1항과 제414조2항에서는 '악의 또는 중과실'의 경우에만 공시책임을 지도록 돼 있다. 게다가 민법에 불법행위에 대한 손해배상 책임이 명시돼 있지만 불법행위를 원고가 입증해야 한다. 한마디로 민법과 상법만 적용할 경우 고의성이나 과실이 큰 경우라는 사실을 원고가 입증하지 못하면 분식회계를 일삼은 회사의 임원을 상대로 손해배상 청구소송을 할 수 없다는 이야기다. 여기에 현실적으로 제3자에 따른 책임추궁이 대개 회사가 망한 이후에 이루어지고 이사나 감사가 손해배상을 할 수 있는 자금력이 있다고 느껴지지 않기 때문에 실제 분식회계를 저지른 회사에 대한 소송제기 사례는 드물다."

— 이준섭, 「재무정보공시에 대한 외부감사인의 손해배상 책임」, 『상사법연구』 제17권 제2호, 1998

한마디로 분식회계를 저지른 기업 임원을 상대로 소송하는 것(민법, 상법 근거)보다는 엉터리 감사를 한 회계법인을 상대로 소송하는 것(증권거래법, 외감법 근거)이 법적으로 유리하다는 것이다.

이야기를 진전시켜 증권거래법을 살펴보자. 증권거래법 제197조에는 감사인의 손해배상 책임이 규정되어 있다. "선의의 투자자에 대한 감사인의 손해배상 책임은 〈주식회사의 외부감사에 관한 법률[외감법]〉 제17조2항 등을 준용한다"는 내용이다. 다시 외감법 제17조에는 거짓 감사보고서를 작성해 공시한 외부감사인은 이를 믿고 이용한 제3자에 대하여 손해배상 책임이 있다는 점을 분명히 하고 있다.

이뿐 아니다. 연결재무제표가 엉터리로 만들어졌다고 치자. 이럴 경우 자회사(종속회사)나 계열사(관계회사)를 회계감사한 회계법인이 중요한 사항을 빠뜨리거나 거짓으로 정보를 제공했다면 그 회계법인도 책임을 진다. 엉터리 연결감사 보고서를 믿고 이용한 제3자가 입은 손해배상은 잘못된 회계정보를 제공한 자회사의 외부감사인에게도 책임이 있

〈제3자에 대한 손해배상 관련 법조문〉

상법	제401조(제3자에 대한 책임) ① 이사가 악의 또는 중대한 과실로 인하여 그 임무를 해태한 때에는 그 이사는 제3자에 대하여 연대하여 손해를 배상할 책임이 있다. 제414조(감사의 책임) ① 감사가 그 임무를 해태한 때에는 그 감사는 회사에 대하여 연대하여 손해를 배상할 책임이 있다. ② 감사가 악의 또는 중대한 과실로 인하여 그 임무를 해태한 때에는 그 감사는 제3자에 대하여 연대하여 손해를 배상할 책임이 있다. ③ 감사가 회사 또는 제3자에 대하여 손해를 배상할 책임이 있는 경우에 이사도 그 책임이 있는 때에는 그 감사와 이사는 연대하여 배상할 책임이 있다.
증권거래법	제197조(감사인의 손해배상 책임) ① 선의의 투자자에 대한 감사인의 손해배상 책임은 주식회사의 외부감사에 관한 법률 제17조 제2항 내지 제7항의 규정을 준용한다.〈개정 1982.3.29, 1997.12.13〉 ② 제1항의 규정에 의한 손해배상액의 산정에 관하여는 제15조의 규정을 준용한다.〈개정 1982.3.29〉 ③ 削除〈1997.12.13〉
주식회사의 외부감사에 관한 법률	제17조 ② 감사인이 중요한 사항에 관하여 감사보고서에 기재하지 아니하거나 허위의 기재를 함으로써 이를 믿고 이용한 제3자에게 손해를 발생하게 한 경우에는 그 감사인은 제3자에 대하여 손해를 배상할 책임이 있다. 다만 연결재무제표 또는 결합재무제표에 대한 감사보고서에 중요한 사항을 기재하지 아니하거나 허위의 기재를 한 책임이 종속회사 관계회사 또는 계열회사의 감사인에게 있는 경우에는 당해 감사인은 이를 믿고 이용한 제3자에게 손해를 배상할 책임이 있다.〈개정 1993.12.31, 1998.1.8〉

다는 이야기다.

또 하나 특이한 점은 규모가 작은 합동회계사무소 또는 감사반이 외부감사인인 경우에는 그 회사에 대해 외부감사에 참여한 공인회계사 개인도 연대해서 손해를 배상할 책임을 진다는 것이다. 앞서 살펴본 홍양의 사례에서 홍양의 외부감사를 실시한 합동회계사무소의 대표와 담당 회계사에 대해 손해배상 청구소송이 이뤄진 것은 이같은 법적 근거에 따른 것이다. 현행 법체계에선 분식회계를 저지른 회사보다는 엉터리 감사를 한 회계법인을 상대로 소송을 제기하는 것이 투자자나 채권금융회사에게 더 유리하다는 결론이 나온다.

당신은 선의의 투자자인가

이제 감사인의 손해배상 책임은 명확해졌다. 그렇다면 문제는 감사인이 누구에 대해 손해배상 책임을 져야 하느냐이다. 〈증권거래법〉 제197조에 따르면 감사인에 대해 손해배상 청구를 할 수 있는 사람은 '선의의 투자자'다.

이때 선의의 투자자를 구별하는 기준은 '그 투자자가 투기성이 있는가'라는 점이 아니다. 투기성은 판단의 잣대가 될 수 없다. 자본시장에서 상장주식의 거래는 끊임없는 가격변동으로 인해 어느 정도 투기성이 있기 때문이다. 그렇다면 선의의 투자자를 어떻게 판단할 것인가. 그것은 투자에 이용한 정보가 엉터리 정보였음을 투자자가 이미 알고 투자했느냐, 아니면 모르고 투자했느냐의 여부이다. 만약 감사보고서가 거짓정보를 담고 있다는 사실을 투자자가 알고 이를 이용해 손해를 봤다면 그 투자자는 선의의 투자자가 아니라는 이야기다.

또 앞서 흥양의 판례에서 보듯이 차명계좌로 거래한 투자자 역시 선의의 투자자로 볼 수는 없다. 선의의 투자자란 감사보고서를 믿고 그것이 진실이라고 인식한 뒤 이를 이용해 그 회사의 주식 등을 거래함으로써 손해를 입은 투자자를 말한다고 볼 수 있다.

6 도둑놈 못 잡았다고 경찰을 처벌하나?

회계사들도 할말 있다

"고의가 아닌 오류였을 뿐이다. 기업이 마음먹고 회계법인을 속이고 분식회계를 했는데 그것을 발견하지 못했다고 회계법인이 형사처벌되고 그것도 모자라 민사상 손해배상 책임까지 져야 하는가!"

K회계사의 목에는 핏발이 섰다. 눈망울은 격분하는 모습이 역력했다. 울분을 삼키지 못해 호흡도 거칠었다. 대우계열사에 대한 분식회계와 부실감사에 대한 형사재판 심리. 그날을 앞두고 K회계사는 자신이 실시한 부실감사는 고의가 아닌 오류였다고 강변했다.

K회계사처럼 감사인의 의무와 책임, 그에 따른 손해배상 청구소송 등에 대해 회계사나 회계법인도 할말이 많을 것이다. 실제로 대우계열사의 분식회계가 드러나고 부실감사를 한 회계법인이 문을 닫게 되자 회계업계에선 이렇게 항변했다.

"회계법인이 외부감사 과정에서 기업의 분식회계를 찾아내지 못했다고 형사처벌을 하는 것은 경찰이 관내에 숨어 있는 도둑놈들을 모두 잡지 못했다고 처벌하는 것이나 마찬가지다. 평소에 도둑놈을 많이 잡았던 모범 경찰이 어쩌다 도둑 1명을 놓쳤다고 처벌하는 건 말이 안 된다."(S회계법인 K회계사)

뿐만 아니다. 회계감사기준에 따라 감사절차를 제대로 이행했는데도 기업의 장부조작을 찾아내지 못했다면 장부조작을 고의로 숨긴 기업의 잘못이지 회계법인의 잘못은 아니라는 논리도 내세운다. 설령 감사절차상 한국공인회계사회가 정한 회계감사준칙(1999년 2월27일 개정)을 어겼다고 하더라도 법에 의한 처벌은 위헌적 요소가 있다고 주장한다. 회계감사준칙은 법률이 아니므로 그것을 위반했다고 처벌하는 것은 죄형법정주의에 어긋난다는 지적이다.

그래도 감사인에게 책임 있다

이같은 주장을 근거로 대우중공업에 대한 부실감사와 관련해 손해배상 청구소송에 시달리고 있는 회계사 오씨 등은 서울지방법원에 위헌법률심판 제청을 신청했다. 오씨는 "부실감사를 한 회계사를 형사처벌하도록 한 외부감사법은 위헌"이라고 주장했다. 서울지방법원 형사합의21부(재판장 박용규 부장판사)는 2002년 9월 26일 오씨 등의 주장에 대해 "적용조항인 외감법 제20조 1항2호 등이 모호해 위헌소지가 있다"며 헌법재판소에 위헌심판을 제청했다. (이에 대해선 3장에서 자세히 다루겠다.)

이와 같은 논리대로라면 "회계기준을 어긴 것도 법을 어긴 것이 아니므로 처벌할 수 없지 않느냐?"는 의문이 생길 수 있다. 그러나 외감법이 아닌 현행 상법에는 회계기준에 대한 몇 가지 원칙이 담겨 있다. 따라서 분식회계에 대한 처벌은 죄형법정주의에 따라 정해져 있다고 볼 수 있다. 다만 부실감사 행위가 회계감사준칙을 어긴 것이지만 실질적으로 법을 위반한 것으로 보며, 그에 따른 형사처벌과 함께 감사인이 민사상 손해배상 책임까지 진다는 것이 지금까지의 추세이다.

발행시장으로 축소하려는 회계법인

"외국에선 회계법인의 부실감사에 대한 책임을 발행시장으로만 국한시키려는 경향을 보이고 있다. 우리나라도 이제 회계법인의 책임을 발행시장으로 제한해야 한다."(A회계법인 J회계사)

회계사들의 위헌법률심판 제기와 더불어 논란이 될 만한 부분이 바로 이것이다. 회계사들은 발행시장에선 기업에 대한 여러가지 정보가 없기 때문에 모든 투자정보를 사업보고서 또는 감사보고서에 의존한다는 점을 인정한다. 그러나 유통시장에서는 감사보고서뿐 아니라 증권회사 분석보고서 등 여러가지 다양한 정보가 있기 때문에 감사보고서만 믿고 주식투자를 했다고 보기 어렵다고 주장한다. 여기에 대해서는 법적인 논란이 있을 수 있다.

그러나 지금까지 판례에서는 감사보고서를 직접 보지 않았더라도 상장기업 분석책자의 요약재무제표 등을 보고 투자해도 감사보고서를 보고 투자한 것으로 간주하고 있다. 감사보고서가 매출액, 경상이익 등 경영실적을 확정해 보고하는 서류이기 때문이다.

그러나 앞으로 감사보고서가 아니라 증권회사의 분석보고서를 보고 투자했다면 그에 대한 손해배상 청구소송도 이루어져야 할 것으로 보인다. 물론 증권사 분석보고서가 감사보고서에 나온 수치를 토대로 작성됐다면 회계법인의 책임을 물을 수 있게 된다. 어쨌든 회계법인들은 자신들의 책임을 발행시장으로만 제한하려는 움직임을 보이고 있고 이에 대한 논란은 계속될 전망이다.

〈회계감사준칙〉

　　회계감사기준의 시행에 필요한 사항을 정한 세칙을 말한다. 회계감사준칙에는 회계감사의 기본 원칙과 필수적인 절차, 관련된 해설과 사례를 들어 설명한 자료로 구성돼 있다. 재무제표 감사의 목적과 일반원칙, 감사계약, 문서화, 부정과 오류, 법률과 제규정에 대한 고려, 감사계획, 감사의 중요성 원칙, 감사위험평가와 내부통제 등에 대해 서술해 놓았다. 또한 감사증거, 기초잔액 감사, 분석적 절차, 표본감사, 회계추정, 경영자 진술 등에 관한 구체적인 사항도 담고 있다.

회계감사준칙은 공인회계사가 감사업무를 수행할 때 지켜야 할 기본 원칙일 뿐 절대적인 원칙은 아니다. 공인회계사가 감사목적을 보다 효율적으로 달성할 필요가 있다고 판단되면 회계감사준칙과는 다르게 감사를 수행할 수 있으며, 그 타당성만 입증하면 된다. 회계감사준칙은 원칙일 뿐이며 구체적인 감사절차는 전문가적 판단과 상황에 따라 달라질 수 있다.

7 한보, 기아, 동아, 새한, 대우…
줄이은 버블파티

그해 겨울은 유난히도 추웠다

회계법인측의 주장대로 도둑놈의 이야기를 해보자. 도둑 잡는 경찰관의 의무와 책임이 아니라 실제 도둑의 범죄행위(분식회계) 말이다.

IMF(국제통화기금) 한파가 시작된 1997년으로 돌아가보자. 모든 사람이 "그해 겨울은 유난히도 추웠다"고 느꼈을 것이다. 왜 추웠을까. 한국의 버블경제가 최고조에 달했던 시기에서 IMF한파를 겪었기 때문이다. 그 버블이 어떻게 하루아침에 폭삭 사그라들어버렸는지 쉽게 알 수 있는 통계가 있다. 1997년 한해 동안 3개 기업이 5조원 이상의 분식회계를 한 것이 발견됐다. 한보철강이 6,920억원, 기아자동차가 3조원, 아시아자동차가 1조5,000억원의 순자산을 부풀렸다. 1997년 한해 동안 3개 기업에서만 5조원의 버블이 꺼진 것이다. 그러나 그것은 대형사건의 예고에 불과했다. 이어 1998년에는 동아건설이 7,140억원의 순자산을 부풀린 것으로 드러났다. 1999년에는 새한의 버블이 꺼져 워크아웃기

업으로 선정됐다. 2000년엔 대우계열사 12개 기업이 총 22조9,000억원
을 분식회계하는 초대형 회계부정 사건이 발생했다.

3년 새 40조원의 버블이 꺼지다

버블은 대우사태 이후에도 계속 꺼져갔다. 그것이 분식회계의 적발
이든 정당한 손실처리든 버블은 여기저기서 확인됐다. 2001년에는 현
대전자(현 하이닉스반도체)가 2000사업연도 재무제표에서 2조4,500억원
을 특별손실로 처리했다. 이에 따라 하이닉스반도체는 구조조정촉진법
의 적용을 받았고 채권단의 출자전환 과정 등에서 갖가지 갈등이 빚어
졌다. 현대건설도 같은 사업연도에 2조9,800억원의 특별손실을 장부에
올렸다. 이들 2개 사의 특별손실 처리를 두고 분식회계를 숨기기 위한
편법적인 회계처리라는 지적도 있다.

분식논란은 논외로 하더라도 1997년부터 2001년까지 굵직한 대형
사건만 따져도 40조원이 넘는 경제버블이 꺼진 셈이다. 성장일변도의
버블 열기가 급속히 냉각되니 유난히 추운 겨울일 수밖에 없다.

이같은 경제버블 때문에 발생하는 것이 '코리아 디스카운트(Korea
Discount)'이다. 한국기업은 분식회계 관행이 있어 주가를 제대로 평가

〈주요 분식회계 사건〉

기업	분식 규모	분식 회계연도
한보철강	6,920억원	1990~1996년
기아자동차	30,148억원	1991~1997년
아시아자동차	15,588억원	1991~1997년
동아건설	7,140억원	1997년
대우계열 12개사	229,000억원	1997~1998년

68

해 주기 어렵다는 것이다. 증권사 애널리스트들은 국내기업의 평균 PER(주가수익배율)이 낮다며 주가가 저평가됐다는 분석보고서를 낸다. 그러나 외국인 투자자들은 PER의 계산요소가 되는 이익 자체가 부풀려져 있다는 의구심을 갖고 한국시장에 접근한다.

거품빠진 기업에 들이대는 칼

어쨌든 경제버블이 꺼지면 감독 당국이 분식회계나 부실감사 여부를 조사한다. 조사 결과 혐의가 드러나면 그로 인한 손해배상 문제가 남게 된다. 당국이 기업이나 회계법인을 분식회계나 부실감사 혐의로 징계를 한 것은 그들의 잘못을 감독기관이 인정한 셈이다. 이럴 경우 소액주주나 채권금융회사는 손해배상을 요구하는 민사소송을 더욱 수월하게 제기할 수 있다. 당국이 인정한 명백한 위법행위에 대해 손해배상을 하는 것은 당연한 이치다.

〈코리아 디스카운트(Korea Discount)〉

국제 자본시장에서 한국이라는 이유만으로 한국 주식이 외국의 동종기업보다 헐값에 거래되는 현상을 말한다. 한국경제가 고속성장을 했음에도 그에 상응한 주가상승을 이루지 못한 이유가 바로 이 때문이다. 실제로 1992년 이후 10년 동안 한국의 명목 국내총생산(GDP) 성장률은 평균 9.8%에 달한다. 수치상으로는 10년 동안 한국경제는 2배 이상 성장한 셈이다. 그러나 종합주가지수는 고작 15% 안팎의 상승에 그쳤다. 주가가 경제성장을 정상적으로 반영하지 못한 것이다.

코리아 디스카운트가 발생하는 주요인 중 하나가 회계의 불투명성이다. 기업지배구조의 불투명성, 증시의 불공정행위, 부패, 한반도 정세, 정치불안 등도 코리아 디스카운트의 원인으로 꼽힌다.

코리아 디스카운트는 한국의 주가와 신용등급, 국가경쟁력, 부패지수 등이 한국과 비슷한 나라의 평균 주가수익비율(PER:주가/주당순이익)을 비교할 때 극명하게 나타난다. 세계경제포럼이 조사한 한국의 국가경쟁력은 28위(이하 2002년 기준)이다. 국제투명성위원회가 발표한 부패지수에서 한국은 91개국 가운데 42위를 기록했다. 이를 감안해 한국과 각종 리스크가 비슷한 나라의 평균 PER은 14.49배(대신경제연구소 조사)에 달한다. 그러나 한국주식의 평균 PER은 10.48배에 그쳤다. 주가가 주당순이익의 약 15배까지 올라야 정상적인데 10배에 머물고 있고, 그 차이인 5배가 코리아 디스카운트인 것이다.

8 삼성전자도 분식회계를 한다?

분식회계의 유형

이제 분식회계의 유형을 살펴보자. 분식유형을 분류하는 방법은 여러가지가 있다. 우선 앞서 살펴본 바와 같이 이익을 부풀리느냐 줄이느냐에 따라 분식, 역분식 등 크게 2가지로 나눌 수 있다. 보통 분식회계라고 하면 적자를 흑자로 둔갑시킨다든지 이익규모를 실제보다 부풀리는 것을 말한다. 그러나 세금(법인세)을 덜 내거나, 배당을 하지 않기 위해 흑자를 적자로, 또는 이익규모를 줄이는 경우도 있다.

이러한 분식회계 유형은 세부적으로는 6가지로 분류되기도 한다. 가짜수익 기록하기, 비용 줄이기, 각종 충당금과 준비금의 조작, 계속성의 변경, 관계회사 활용하기, 계정과목의 부당한 분류 등이다. 분식회계에 활용되는 계정 등을 중심으로 분류한 것이다. 그러나 6가지 분류는 일반적으로 많이 쓰이는 것은 아니다.

가장 일반적으로 쓰이는 것은 7가지 분식유형이다. 재고자산 부풀리기, 매출액 부풀리기, 이익 늘려잡기, 비용 줄여잡기, 부채 숨기기, 이익 줄이기(역분식), 비용 늘리기(역분식) 등이 그것이다. 물론 7가지 유형이 엄격하게 구분되는 것은 아니다. 계정과목의 속성상 2~3개 유형에 중복될 수도 있다. 그러나 분식결산이 어떻게 이루어지는지 유형별로 잘 보여주고 있다. 7가지 분류를 자세히 살펴보도록 하자.

분식유형1: 재고자산 부풀리기(가짜로 수익을 기록하기)

공인회계사 K씨가 몇년 전 D제분사를 외부감사했을 때 일이다. K씨는 회사 관계자와 재고조사를 갔다가 황당한 경험을 했다. 밀가루를 만들기 위해 야적장에 쌓아놓은 밀의 양을 대략 눈으로 살펴보았다. 회사 측이 제시한 재고수량과 비슷했다. 그런데 회계장부 입출고 내역을 뜯어보니 재고량이 부풀려졌다는 흔적이 역력했다. K씨는 회사측을 닦달했다. 회사측은 결국 야적장에 쌓아놓은 것은 겉부분만 밀이고 속내용은 모두 볏짚더미였다고 실토했다. D사는 실적을 부풀리려고 거짓으로 재고자산을 늘리려다 뒷덜미를 잡힌 것이다.

그렇다면 D사는 왜 재고자산을 부풀리려 했을까? 이유는 간단하다. 재고자산은 조작이 쉬워 이익을 조정하는 데 안성맞춤이기 때문이다. 재고자산을 과대계상하면 이미 팔린 제품의 매출원가가 낮아지게 된다. 매출액에서 매출원가를 빼면 매출총이익이 나온다. 따라서 매출원가가 낮아지면 당연히 이익이 늘어난다. 반대로 재고자산을 실제보다 줄여서 장부에 적으면 매출원가가 높아져 이익이 줄어든다.

재고자산은 이익조작이 쉽다는 점 말고도 분식위험에 가장 많이 노출된 항목이다. 우선 공인회계사가 외부감사를 하면서 재고자산 전체를 일일이 완벽하게 조사하는 것이 불가능하다. 또한 전수조사가 아닌 표본조사를 할 수밖에 없기 때문에 공인회계사를 속이기가 그만큼 쉽다.

게다가 재고자산은 원재료 구입과 제조, 판매, 현금화까지의 긴 과정을 거치는데, 현금화되기 전까지는 모든 과정이 회사 내부에서만 일어난다. 외부와의 거래를 입증하는 자료도 필요없다. 특히 재고품의 시장가격이 일정하지 않고 선입선출법, 후입선출법, 불량여부의 판단에 따라 재고자산 규모가 달라진다. 따라서 회사 내부에서 마음만 먹으면 얼마든지 재고자산 액수를 조정할 수 있다.

분식유형2: 매출액 부풀리기(수익을 앞당겨 실현하기)

컴퓨터 부품업체인 A회사의 사례를 보자. A사는 P전자에 키보드를 납품하는 업체이다. 매년 공급할 물량이 정해져 있다. 그런데 1998년 적자가 날 형편이었다. 조금만 더 팔면 흑자가 날 수 있는 상황이기에 K사장은 이리저리 흑자를 낼 궁리를 했다. 고민 끝에 1999년 1, 2월에 공급할 키보드를 미리 납품한 것처럼 장부를 꾸몄다. 결과는 매출액도 늘고 5억원 가량 흑자도 났다. 그러나 회계법인의 감사가 문제였다. 그래서 담당직원한테 "회계사가 매출확인서를 요구할지 모르니까 미리 만들라"고 지시했다. 매출전표를 조작한 것이다.

A회사처럼 팔리지도 않은 물건을 출고한 것처럼 꾸민 경우가 많다. 매출액을 부풀려 수익을 미리 앞당겨 실현하는 것이다. 이와 비슷하게 공급계약이 체결될지도 모르는 불확실한 상황에서 매출을 잡는 경우도 있다. 앞으로 제공해야 할 용역의무가 있음에도 미리 수익으로 기록하는 케이스도 이에 포함된다.

매출액, 특히 매출채권은 재고자산 다음으로 분식회계에 많이 쓰인다. 특히 특수관계자들을 이용한 매출 부풀리기가 흔하게 이루어지는데, 유통회사나 현지법인 같은 판매조직을 별도로 법인화한 경우 매출채권을 조작하기가 쉽다. 물건이 팔리지 않으면 판매조직에 떠넘기면

되기 때문이다. 거래처가 부도났는데도 아직까지 멀쩡하게 받을 돈(매출채권)이 있는 것처럼 장부에 기록하는 경우도 비일비재하다.

또 한가지 사례를 들어보자. 건설업체가 공사진행률을 고무줄처럼 늘려 매출을 늘리는 것이 대표적이다. 건설업체는 공사건별로 공사진행률에 따라 당해 회계연도의 매출액 규모가 결정되므로 진행률이 경영실적을 좌우하는 가장 중요한 요인이다. 그래서 A공사가 끝나기 전에 B공사를 수주하고 B공사의 공사진행률이 얼마 진전되지 않아도 진행률이 높은 것처럼 장부를 조작해 매출을 늘리곤 한다. 심지어 B를 수주만 해놓고 시작(착공)도 하지 않은 B공사의 공사진행률을 50% 정도로 잡아놓는 경우도 있다. 이렇게 되면 그만큼 매출액과 이익이 늘어난다. 그래서 건설업체의 회계를 '두발자전거'에 비유한다. A공사로 페달을 밟으면 또다른 B공사로 페달을 밟아야만 바퀴가 굴러간다. A공사만 매달려서는 자전거가 넘어질 게 뻔하다. 이 때문에 대부분의 건설업체들은 여러가지 공사를 펼쳐놓고 각각의 공사진행률을 조정해 매출액을 산출한다.

분식유형3 : 이익 늘려잡기(일시적으로 이익 부풀리기)

기아자동차의 경우 1991년부터 7년 동안 3조원에 달하는 손실을 축소시켰다. 매년 손실을 숨긴 결과 수차례 누적된 것이 3조원이다. 그만큼 실제 손익규모를 왜곡시킨 것이다. 영업이익과 경상이익, 특별이익의 구분을 어기는 것도 분식회계다. 회사의 재산을 처분하면서 차익이 난 것처럼 꾸민 경우도 있다. 심지어 빌려준 돈을 회수해 놓고 이를 이익으로 처리하는 케이스도 있다. 가령 외상매출금을 받았는데 외상매출금 장부에는 받을 돈이 있는 것처럼 그대로 두고 받은 돈을 이익으로 처리하는 경우를 생각해 보자. 이렇게 되면 받을 돈을 두 배로 처리하는 이중계산이 되므로 이익이 크게 늘어난다.

분식유형4 : 비용 줄여잡기(올해 비용을 다음 연도로 넘기기)

삼환상호신용금고는 2000년 6월 결산을 하면서 유가증권 평가손실 9억8,300만원을 손실로 처리하지 않았다. 그로 인해 당기순이익이 실제로는 5억5,300만원인데 15억3,600만원으로 늘어났다. 삼환상호신용금고는 유가증권 손실비용을 언젠가는 손실로 처리해야 한다. 그러나 그해에 손실처리를 하지 않으면 비용이 줄고 그만큼 이익이 늘어난다. 이 때문에 손실을 장부에 처리하지 않는 수법이 자주 쓰인다. 삼환금고는 이 때문에 지난 2002년 금융감독원으로부터 주의조치를 받았다.

감가상각방식이나 상각기간을 조작해 올해 비용을 내년으로 넘길 수도 있다. 이렇게 되면 당장 올해 실적은 개선될 수 있지만 내년 또는 그 다음해에 언젠가는 비용으로 처리해야 한다. 오래되서 쓸모없는 기계를 비싸게 평가해서 재고자산으로 기록해 놓은 경우도 이에 속한다. 진부화된 설비는 올해 손실처리하지 않았더라도 앞으로 손실로 처리해야만 한다. 자산을 취득할 때 비용으로 처리해야 할 돈을 자본화하는 경우도 이에 포함된다.

분식유형5 : 부채 숨기기(부외부채)

가장 악질적인 장부조작이다. 부외부채는 '분식의 절정판'이라고도 한다. 앞서 살펴본 (주)대우처럼 런던 현지법인을 통해 해외 금융회사로부터 돈을 빌려놓고도 이를 기재하지 않은 사례가 이에 해당된다. 대부분 기업들이 처음에는 매출액이나 재고자산을 부풀리지만 분식회계에 어느 정도 숙련(?)된 기업은 부채를 장부에 기록하지 않는 방법을 쓴다. 현금을 빌렸을 때 부채가 아닌 수익으로 기록한 경우나, 예상되는 부채나 우발채무를 기록하지 않는 것도 이런 유형이다.

부외부채가 발견된 기업은 오랫동안 장부조작을 한 것으로 의심할 필요가 있다. 장부조작으로 회계처리상 빈 곳이 크다면 돈을 빌려서라도 메워야 하기 때문이다. 이행해야 할 의무를 공시하지 않는 것도 넓은 의미의 부채 숨기기다.

분식유형6 : 이익 줄이기(올해 이익을 내년으로 넘기기-역분식)

이익을 줄이기 위해 올해 난 이익을 내년으로 넘기는 경우다. 매출수익을 미래로 넘기기 위해 매출 일부를 기록하지 않고 남겨두는 사례가 이에 속한다. 이렇게 되면 올해 이익이 줄어든다. 세금을 줄이거나 임금 인상을 하지 않기 위해 이런 방법을 쓸 수 있다.

분식유형7 : 비용 늘리기(내년의 비용을 올해에 처리하기-역분식)

이익이 너무 많이 날 때 내년에 써야 할 비용을 올해 써버리거나 천천히 상각해도 되는 감가상각비 등을 과다하게 비용처리하는 경우다. 세금을 적게 내기 위해서, 혹은 노동조합의 임금인상 압력을 약화시키기 위해서 이익을 줄일 필요가 있을 때 행해지는 수법이다.

삼성전자도 조작을?

감가상각비나 대손충당금을 조절하는 것도 빼놓을 수 없다. 놀랍게도 삼성전자는 이같은 방법을 통해 이익을 조절해 왔다고 전문가들은 말한다. 상장사 중 최대의 순이익을 내는 삼성전자는 자산과 관련된 회계처리방식을 1994년부터 1997년까지 4년 연속 변경했다. 지난 1997년에는 회계처리방식의 변경을 12월 31일에 공시했다. 너무나도 자주 회계처리방식을 바꾸니 투자자들이 잘 모르게 공시한 듯하다.

〈삼성전자의 회계처리방식 변경〉

회계연도	변경내용	변경사유
1994년	이연자산 상각방법 변경 (3년 균등 → 당기일시상각) 조감법상 특별상각 실시하지 않음	재무적 기초를 공고히 함 기업회계기준 변경
1995년	법인세법상 가속상각 실시	재무적 기초를 공고히 함
1996년	법인세법상 가속상각 실시하지 않음 외환환산손익의 자본조정 처리	기업환경의 중대한 변화 기업회계기준 변경
1997년	외환환산손익의 이연자산, 부채처리 유형자산의 내용연수 변경(12.31 공시)	기업회계기준 변경 합리적인 회계추정방법으로 변경
1998년	회계기준 변경내용 없음	

※ 자료: 삼성전자 1998년 사업보고서

삼성전자의 이익조절은 감가상각 내용연수를 바꾸는 방식이었다. 이익이 많이 나면 감가상각비를 많이 늘리고 이익이 적어지면 회계처리방식을 바꿔 감가상각비를 줄여 이익을 늘리는 수법이다. 물론 5년을 통틀은 전체 이익규모에는 영향이 없다. 그러나 1년 단위로 이익을 줄였다가 다음해에 이익이 적게 날 때에는 줄였던 이익을 다시 계상하는 방식으로 이익을 조작이 아닌 조정(?)을 해온 것이다.

하지만 이러한 삼성전자의 회계변경이 다분히 분식회계적 요소를 갖추고 있다고 지적한다. 물론 과거에는 삼성전자의 회계변경이 회계기준에 어긋나지 않았다. 한국회계연구원의 회계기준제정위원회는 회계변경 이후 3년 내에는 변경할 수 없도록 하는 방안을 검토한 적이 있다. 회계처리방식을 너무 자주 바꾸면 전년도와 실적을 비교하는 것이 의미가 없기 때문이다. 따라서 삼성전자의 4년 연속 회계변경은 회계기준을 어기지는 않았지만 조작적인 요소가 있다고 볼 수 있다.

삼성전자의 이익조정은 관계회사를 통해서도 이루어지고 있는 것으로 알려졌다. 가령 이익이 많이 나면 직원들을 동원해 호텔신라의 객실 이용률을 높이고, 관계회사의 회원권을 사들이는 등의 방법을 쓰기도 한다. 물론 그것이 회계기준을 어겼느냐 하는 것에 대해서는 논란이 있을 수 있다.

어쨌든 당장 회계기준을 위반하지 않았더라도 회계정책을 변경함에 따라 나타나는 효과는 분식회계와 같은 것이다. 회계정책을 자주 바꾸면 매년 경영실적을 동일한 기준으로 비교할 수 없다는 문제점이 있기 때문이다.

이밖에 분식회계기법으로 연구개발비 등 무형자산의 과대평가, 파생상품이나 건설공사에서 발생한 손실을 다음해로 넘기는 방법, 부당하게 회계변경을 하는 경우, 현금이나 유가증권, 기타자산을 유용하는 것 등을 들 수 있다.

9 거품을 걷어내니 앙상한 뼈대만…
기아, 아시아, 한보

예견된 거품, 기아자동차

1997년 7월 15일, 여름비가 부슬부슬 내리던 오후.

"기아자동차가 부도유예협약 대상기업에 선정됐습니다."

라디오 뉴스를 듣고 있던 기아자동차판매 K상무는 의외로 태연했다. 마음속으로 '올 것이 왔구나' 하며 오히려 담담한 표정이었다. K상무가 기아자동차의 분식회계를 감지한 것은 1994년.

"우리회사 분식결산액이 1조원쯤 된다지."(A상무)

"그게 정말 사실이야?"(K상무)

"자금부에서 장부조작 관련자료를 갖고 있다는 소문이 있어."

(A상무)

임원들 사이에서 회사가 분식회계를 하고 있다는 풍문이 돌았다. 영업을 담당하고 있던 K상무가 장부조작 여부를 확인할 수는 없었다. 그러나 결산실적을 보면 부풀려졌다는 느낌을 지울 수 없었다. 이듬해인

1995년부터 K상무는 언젠가는 회사가 부도날 수도 있다는 예감을 떨치지 못했던 것이다.

이유있는 부도예감

K상무가 기아자동차의 부도를 예감한 데는 이유가 있었다. 2가지 사건이 뇌리에 남아 있기 때문이었다.

첫 번째 사건이 1987년 이른바 '신·정사건'이다. 당시 이사 2명이 김선홍 회장에게 제멋대로 회계처리하는 결산의 문제점을 지적하면서 경영혁신을 요구했다. 이들은 1985년 9월 발족한 경영발전위원회의 문제점도 제기했다. 그러나 김 회장은 이들을 해임시켰다. 신·정사건이라는 명칭은 그때 김 회장에게 경영혁신을 요구한 신○○, 정○○ 이사의 성을 딴 것이다.

두 번째 사건은 1996년 또다른 경영혁신 노력이었다. 사원대표 15명이 김선홍 회장의 자택으로 찾아갔다. 경영개혁프로그램을 제시하고 김 회장과 장시간 토론을 벌여 어렵사리 김 회장의 응낙을 얻어냈다. 그러나 김 회장은 주모자인 모 부장을 계열사로 인사조치함으로써 약속을 무효화했다. 따라서 기아자동차 내부에서는 김 회장 퇴진운동이 벌어졌다. 당시 사원대표 15명 중 자금부 간부가 사전에 준비한 분식결산 근거서류(장부)를 이용해 김 회장에 대한 강제퇴진 압력수단으로 사용한다는 계획도 세워졌다.

이러한 두 차례의 경영혁신 노력이 수포로 돌아가자 언젠가는 분식의 거품이 꺼질지도 모른다는 K상무의 예감은 적중했다. 금융감독원의 특별감리에 관여한 한 회계사의 말을 들어보자. 이 회계사는 기아자동가 지금까지 한 차례만 흑자였을 뿐이라는 충격적인 소식을 전했다.

"기아자동차는 1944년 설립 이후 지금까지 단 1년만 흑자를 냈는데 줄곧 흑자로 장부를 조작했다. 최근 들어선 전산장부까지 조작하면서 분식결산을 한 것으로 확인됐다."(금융감독원 J회계사)

금감원이 기아자동차에 대한 특별감리 결과를 발표한 것은 1998년 12월 23일. 기아자동차가 1991년부터 1997년말까지 2조799억원의 매출

〈기아자동차 연혁〉

1944년	경성정공 설립(창업주 김철호 씨)
1952년	기아산업으로 개명 / '3000리호 자전거' 생산
1961년	오토바이 생산
1962년	삼륜차 출시
1971년	4륜 화물차 생산
1973년	기업공개 / 종업원지주제 실시
1973년	창업주 타계 / 장남 김상문 씨 경영권 승계
1974년	소하리 공장 준공 / 최초의 국민차 '브리사' 출시
1981년	김선홍 사장 취임 / 봉고 출시
1986년	프라이드 출시 / 기아특수강 인수
1988년	자동차 생산 100만 대 돌파
1990년	기아자동차로 개명
1995년	수출 100만 대 돌파
1997년	7월 15일 부도유예협약 대상 선정
1998년	4월 15일 법정관리 결정
1998년	8월 4일 90% 감자 후 증자(증자 후 자본금 1조5,000억원) 실시 발표
1998년	10월 21일 서울지방법원, 김선홍 씨에게 징역 7년 선고
1998년	12월 1일 현대, 기아자동차 지분 51% 인수
2000년	2월 16일 기아자동차, 법정관리 졸업

액을 부풀렸고, 이를 차입금을 포함한 9,201억원과 상계처리했다는 내용이다. 기아자동차의 장부조작을 모두 털어낸다면 1997년 실제 적자는 3조2,977억원이라는 것이 금감원의 설명이다. 재무제표에 나타난 적자는 3,829억원이므로 3조148억원이나 조작된 셈이다.

"장부조작에 50명의 직원 동원했다"

아시아자동차도 마찬가지다. 1991년부터 1997년까지 비용을 실제보다 적게 기재하고, 가짜로 할부수익을 늘려 1조5,588억원을 조작했던 것이다. 자산을 1조3,989억원어치 부풀리고 부채는 1,599억원이나 줄인 것이다. 금감원은 기아의 외부감사를 맡았던 청운회계법인과 아시아자동차의 감사인 산동회계법인의 담당 회계사에게 6개월의 직무정지처분을 내렸다.

기아자동차와 아시아자동차의 분식회계는 당시 국회에서 열린 'IMF환란조사특별위원회 청문회'의 도마 위에도 올랐다. 놀라운 것은 1999년 1월 27일 김선홍 기아 전 회장이 분식회계에 대해 입을 연 것이다. 김 전 회장은 청문회에서 "한 차례의 장부조작에 50명의 직원들이 1개월 정도 동원됐다"고 자백했다. 그러나 외부감사를 담당했던 회계사의 입장은 달랐다. 김 전 회장이 자백한 뒤 며칠이 지난 2월 1일 기아자동차 회계감사를 맡아온 청운회계법인 회계사 김씨는 청문회 석상에서 "회계장부를 철저히 짜맞춰 올 경우 규명하기 어렵다"고 자신의 입장을 강변했다.

소액주주들의 대봉기

김 전 회장의 자백으로 기아자동차의 분식회계가 확실히 밝혀진 만큼 소액주주들이 가만히 있을 리 없었다. 이번엔 참여연대가 나섰다. 참여연대는 1999년 8월 9일 청운회계법인 공인회계사 7명을 상대로 3,000만원의 손해배상 청구소송을 서울지방법원에 냈다. 참여연대는 "외부감사인은 해당기업의 회계처리와 재무상태를 엄밀히 분석할 의무가 있음에도 부실회계처리 사실을 밝혀내지 못하고 가짜 감사보고서를 제출해 발표함으로써 투자자들에게 손해를 끼친 책임을 져야 한다"고 기아자동차 주주 7명을 원고로 한 소장을 제출했던 것이다.

그러나 청운회계법인도 이에 대응해 할말은 있었다. 청운회계법인은 "할부채권만 86만 건으로 200쪽짜리 장부 400권에 달해 그 중 일부만 뽑아 표본감사를 했다"며 "회사측이 조작한 장부를 섞어 넣으면 감사할 때 찾기가 쉽지 않다"고 강변했다. 워낙 방대한 자료를 샘플만 조사하다 보니 장부가 조작된 사실을 밝혀내지 못했다는 것이다.

회장 일가의 증여세로 들어간 돈, 한보

IMF환란조사특위에선 한보철강의 분식회계도 추궁대상이었다. 1999년 1월 21일 청문회에 참석한 당시 한보철강 공동관리인 손근석 씨의 증언을 들어보자.

"한보의 경우 당진제철소를 건설하는 과정에서 노무비 7,332억원을 과대계상하는 등 모두 9,069억원의 투자비를 실제비용보다 늘려잡았다. 한보는 당진제철소 건설을 위한 총투자비로 6조2,806억원을 잡았으나 적정투자가 이루어졌을 경우 5조1,046억원이면 충분했던 것으로 보인다. 따라서 1조원 이상이 과대계상된 것으로 보인다."

공동관리인 손씨의 말은 객관적이었다. 물론 세부적인 경영자료가 상당부분 없어져 자금흐름에 관한 정확한 내용은 파악하기 힘들다는 전제를 달았지만 손씨의 증언은 한보의 회계장부 조작 실태를 그대로 드러낸다. 손씨는 한보의 정태수 전 총회장이 자금을 유용한 사실도 증언했다.

"한보그룹은 한보철강을 건설하면서 노무비를 과다계상하는 수법으로 1,632억원을 빼돌렸다. 빼돌린 돈은 정태수 총회장 일가의 증여세 납부에 152억원, 계열사 인수 증자에 625억원, 전환사채 매입에 820억원, 한보철강 주식매입에 34억원 등이 쓰인 것으로 확인됐다."

한보의 분식회계는 공시된 재무제표에서도 쉽게 감지할 수 있다. 한보철강의 1996사업연도 상반기 재무제표엔 부채가 4조2,460억원으로 적혀 있다. 자본총계(2,243억원)의 18배가 넘는다. 부채비율이 1,800%라는 이야기다. 당시 평균 대출금리 10%만 적용해도 연간 지급이자는 4,000억원이 넘는다. 그러나 재무제표에 써 있는 지급이자는 사채이자를 포함해 735억원에 불과했다. 그만큼 비용을 숨겨 이익을 부풀린 징후가 보인 것이다.

10 메가톤급 장부조작, 대우

초대형 회계부정 사건, 대우

2000년 9월 15일, 대우계열사 12개 기업의 분식회계가 발표됐다. 금융감독원이 발표한 분식규모는 총 22조9,000억원. 12개 계열사 전체 자산규모 90조원의 25.4%에 달했다. 쉽게 말해 대우계열사는 1997~1998년 2년 동안 회사재산의 4분의1을 조작했다는 이야기다.

1999년 11월 대우측은 계열사의 자기자본 총액이 14조3,000억원이라고 제시했다. 그러나 워크아웃(기업개선작업)에 들어가기 위해 삼일회계법인이 벌인 실사 결과는 달랐다. 자기자본이 마이너스 28조6,000억원이었다. 대우측의 주장과는 42조9,000억원의 차이나 났다. 그 중 53%인 22조9,000억원이 회계장부상 조작된 것으로 나타난 것이다. 나머지 20조원은 실사기준이 회계감사기준보다 엄격했던 데 따른 차액이라고 금감원은 설명했다.

장부조작의 교과서

대우계열사의 분식은 '장부조작의 교과서'로 불릴 만큼 다양했다. 우선 부채 숨기기가 가장 컸다. 당시 이성희 금감원 대우조사 특별감리반장은 "부채를 장부에서 고의로 누락시킨 금액이 15조원이며 이 중 해외 비밀계좌인 BFC에서 발견된 분식규모가 5~6조원에 달한다"고 말했다.

BFC는 대우의 런던 현지법인에서 관리하던 계좌의 코드명칭이다. 이를 통해 부외거래가 집중적으로 이뤄진 셈이다. (주)대우의 경우 BFC 계좌를 통해 현지에서 빌린 돈으로 계열사의 손실을 메우고 해외사업투자 지원에 썼다. 그런데 이를 차입금으로 장부에 올리지 않고 고의로 빼놓았다. 대우중공업도 1980년대 후반 이후 조선경기 불황 때 선박수주경비와 선가감액분 등 손실을 차입금으로 메워놓고는 부채를 기록하지 않았다. 손실을 적게 발표해 이익을 부풀리기 위한 것이었다.

가짜채권을 이용한 자산 부풀리기도 동원됐다. 대우자동차는 해외투자법인에 자동차제조설비를 수출하면서 받은 선수금을 다른 항목으로 고쳐 매출액으로 계산했다. 대우전자 역시 해외자회사로부터 받을 돈(매출채권)이 있다고 거짓장부를 작성했다.

부풀리기로 조작된 액수만도 2조원에 달했다. 대우자동차는 자동차에 이미 쓰인 원재료를 아직 쓰지 않았다며 재고자산으로 처리했다. 대우전자도 수년 전부터 재고수량을 실제보다 많게 표시하고, 이미 제조과정에 쓰인 부품을 비용으로 처리하지 않고 재고로 계산했다.

설비와 연구개발비도 장부조작 대상이었다. 대우전자는 현업부서에서 쓰지 않고 폐기시킨 설비를 손실처리하지 않고 유형자산으로 잡았다. 대우통신은 비용으로 써야 할 연구개발비용을 자산항목으로 기재해 자산을 부풀렸다.

〈대우그룹 분식회계 금액〉

(단위 : 조원)

회사명	금융감독원 적발금액			검찰발표	차이	1997년 / 1998년 감사인
	1997년	1998년	계			
(주)대우	13.1	14.6	27.7	27.0	△0.7	산동 / 산동
대우자동차	2.1	3.2	5.3	4.5	△0.8	안건 / 안건
대우중공업	2.9	2.1	5.0	5.0	–	산동 / 산동
대우전자	1.7	2.0	3.7	3.7	–	세동 / 세동
대우통신	0.4	0.6	1.0	0.8	△0.2	청운 / 청운
소계	20.2	22.5	42.7	41.0	△1.7	
기타 대우계열사 (쌍용자동차 등)	0.3	0.4	0.7	–	–	삼일 / 산동 (쌍용자동차)
총계	20.5	22.9	43.4		–	

※ 세동회계법인은 1999년 5월 안진회계법인에 합병됨

법정에 나선 소액주주들

이같은 수법으로 조작된 22조9,000억원. 이 엄청난 액수에 격분한 것
은 소액주주들이었다. 당연히 대우계열사 주식을 샀다가 손해본 소액주
주들의 소송 움직임이 활발해졌다. 몇몇 소액주주운동 사이트들을 중심
으로 소송에 대한 정보교환이 활발하게 이루어지기도 했다.

드디어 2000년 10월 25일, 대우계열사 주식에 투자했던 소액주주 강
씨 등 524명이 74억8,000만여 원의 손해배상 청구소송을 서울지방법원
에 냈다. 이들은 대우와 대우전자, 대우종합기계, 대우조선, 대우중공업
등 5개 사와 이 회사의 외부감사인인 산동·안진회계법인, 김우중 전
회장을 포함한 대우 임직원 등을 상대로 6건의 손해배상 청구소송을 냈
다. 잘못된 회계정보만 믿고 주식투자를 했다가 손해봤다는 것이 이들
의 주장이었다.

이에 대응해 산동회계법인은 법무법인 김&장을, 안진회계법인(1999년 세동회계법인을 인수함에 따라 배상책임을 짐)은 법무법인 태평양을 대리인으로 내세워 방어에 나섰다. 대우계열사 임직원도 중량급 변호사를 통해 변론에 나섰다. 소송 움직임이 컸던 만큼 대우계열사 분식회계와 부실감사와 관련된 손해배상 청구소송의 청구금액 총액은 200억원이 넘을 것으로 추산된다. 그러나 지루한 법정공방은 앞서 언급한 위헌법률심판청구 때문에 헌법재판소의 결정이 나올 때까지 답보상태이다.

금융회사도 법정에 설 준비

대우계열사 분식회계와 부실감사에 대한 민사소송은 소액주주에 그치지 않았다. 공적자금의 집행을 담당한 예금보험공사(예보)는 금융회사에게 회계법인과 회계사를 상대로 손해배상 청구소송을 하도록 독려했다.

2002년 11월 안건회계법인과 산동회계법인 소속 회계사 13명이 도마 위에 올랐다. 우리은행(옛 한빛은행)은 이들이 대우자동차와 대우중공업의 회계감사를 소홀히 했다며 총 131억원(대우자동차 70억원, 대우중공업 61억원)의 손해배상 청구소송을 서울지방법원에 냈다. 바로 예보의 '독려' 때문이었다.

우리은행은 대우통신을 감사한 청운회계법인(청산절차 진행중)과 소속 회계사 5명도 손해배상 청구소송대상에 올려놓았다. 조흥은행 역시 대우자동차, 대우중공업, (주)대우 등 대우계열사 전현직 임직원을 상대로 손해배상 청구소송을 낼 움직임이다. 서울보증보험도 (주)대우 임직원 및 회계사 19명에 대해 손해배상 청구소송을 검토중이다. 채권금융회사의 소송 움직임이 끊이지 않는 것이다.

금융감독원과 예금보험공사의 '엇갈린 행보'

2002년 9월, 예금보험공사[예보]가 '손해배상 청구'라는 칼을 들자 금융감독원[금감원]이 당황했다. 분식회계와 부실감사에 대한 손해배상 청구소송을 독려해 왔던 금융감독원이지만 예금보험공사까지 손해배상 청구에 나서자 사태를 심각하게 판단한 것이다. 예금보험공사가 공적자금을 회수하기 위해 손해배상 청구소송을 하면 그 규모가 엄청날 것이고, 그에 따른 금융시장 불안이 예상되기 때문이다. 금융감독원이 예금보험공사에 '신중'을 요구하고 나선 것도 이런 이유에서다.

급기야 금감원은 "무리하게 손해배상 청구소송을 제기할 경우 회계시장은 물론 전체 금융시장이 혼란에 빠질 우려가 있다"는 입장을 예금보험공사에 전달했다. 감독 당국으로서는 회계 투명성의 제고와 금융시장 안정이라는 두 마리 토끼를 다 잡는 것이 숙제였다. 그러나 예금보험공사가 은행 등 금융회사에 분식회계와 부실감사에 대한 손해배상 청구소송을 계속 독려할 경우 그 소송이 몰고올 엄청난 파장이 두려웠던 것이다.

그러나 예금보험공사의 입장은 단호했다. 예금보험공사는 "금융시장 혼란을 최소화하도록 노력하겠지만 손해배상 청구소송 계획에는 변함이 없다"고 맞섰다. 공적자금을 회수해야 하는 예금보험공사로서는 당연한 반응이었다. 공적자금을 투입한 금융회사들이 거짓 재무제표를 보고 대출해 줬다가 떼인 돈을 손해배상을 통해 돌려받을 수 있어야 공적자금 회수가 빨라지기 때문이다.

물론 22조9,000억원에 달하는 대우계열사의 분식회계가 손해배상 청구소송의 계기가 되었다. 기업의 회계부정은 계속 터졌고 금융회사가 부실화된 상태에서 정부는 부실은행에 공적자금을 투입할 수밖에 없었다. 100조원이 넘는 공적자금은 국민의 혈세를 짜서 만든 것이었다. 예금보험공사로선 공적자금 회수계획을 잡아야 했고, 그 방법의 하나가 분식회계와 부실감사에 대한 손해배상 청구소송이었다.

예금보험공사의 단호한 입장은 시간이 흐르면서 좀더 명확해졌다. 금융시장의 상황을 봐가면서 손해배상 청구소송의 시기 등을 조절했을 뿐 소송할 수 있는 것은 모두 다 했다. 금감원으로부터 '소송에 신중해 달라'는 공문을 받은 지 7개월 뒤인 2003년 4월, 예금보험공사는 또다른 소송방침을 밝혔다. 동아건설에 대한 부실책임조사를 마무리한 결과, 1995년부터 1997년까지 1조1,990억원 규모의 분식회계가 확인됐다고 발표한 것이다.

동아건설의 분식회계 규모는 당초 알려진 7,000억여 원보다 더 많아졌다. 실제로 1995년의 경우 246억원의 적자를 냈으나 451억원의 흑자를 낸 것으로 꾸몄고, 1996년에는 1,706억원의 적자를 445억원의 흑자로 둔갑시켰다. 또 1997년에는 9,700억원의 적자를 135억원의 흑자로 기록해 금융회사로부터 정상적으로 대출을 받아냈던 것이다. 예금보험공사는 피해를 입은 금융회사에게 최원석 전 회장 등 동아건설 임직원을 상대로 손해배상 청구소송을 제기하라고 요구했다.

예보의 입장은 확고했다. 소액주주와 채권금융회사의 손해배상 청구소송에 이어 예금보험공사도 소송의 주체로 나선 것이다. 소액주주는 분식회계와 부실감사로 인한 개인적인 손해를 배상받기 위해 소송에 나섰고, 예금보험공사는 '공적자금 회수'라는 숙제를 제대로 해내기 위해 '소송'이라는 방법을 택한 것이다. 분식회계와 부실감사가 개인뿐 아니라 정부기관에도 손해를 끼쳤고 그에 따라 손해배상 청구소송의 주체에 예금보험공사가 중요한 자리를 차지하고 있었던 것이다.

11 계산된 양심선언, 동아건설

예정에 없는 방문

기업의 분식회계 사건은 해마다 끊이지 않고 터져나왔다. 2001년 2월 9일, 한무리의 동아건설 직원들이 서울지방법원 파산부(재판장 양승태)를 방문했다. 법원 직원들은 이 예정에 없던 방문에 당황했다. 동아건설 직원들이 내민 서류는 온갖 회계장부와 경리 담당자의 자술서였다. 최원석 씨가 동아건설 회장으로 재임했을 때인 1988년에서 1997년까지 해외공사 대금을 국내로 들여오면서 장부조작을 통해 공사수주액을 부풀렸고, 그 총규모는 4,700억원에 달한다는 내용이다. 동아건설 직원들이 자진해서 분식회계했다고 양심선언을 한 셈이다.

워크아웃(기업개선작업) 1호인 동아건설. 한때 건설업계 1~2위를 다투던 대형 건설업체인 동아건설은 2000년 11월 워크아웃이 중단되고 법정관리에 들어갔다. 법정관리가 진행되면서 '사느냐(존속) 죽느냐(청산)' 갈림길에 서 있던 시기에 왜 분식회계를 했다고 자진해서 증빙서류를 제출했을까. 어떤 의도로 스스로 회계장부를 조작했다고 자백했을까. 서류를 받은 법원 직원들조차 어안이 벙벙한 표정이었다.

울며 겨자먹기식 양심선언

동아건설의 양심선언은 청산위기에 몰린 상황에서 최소한 청산시기만이라도 늦춰보자는 마지막 선택이었다는 시각이 지배적이다. 당시 법원의 요구에 따라 삼일회계법인이 동아건설의 자산실사를 맡고 있었다. 동아건설이 분식회계를 자백하기 3일 전인 2001년 2월 6일 삼일회계법인은 실사보고서를 제출했다. 동아건설의 청산가치가 1조6,693억원으로 계속기업가치 1조4,750억원보다 1,943억원 높다는 내용이었다. 쉽게 말해 회사를 청산해야 손해를 줄일 수 있다는 뜻이다.

삼일회계법인의 실사 결과가 나오자 동아건설 협력업체와 채권단협의회(회장 이정렬)가 발끈했다. 삼일회계법인의 자산실사보고서는 동아건설의 계속기업가치를 3,183억원 과소평가했다고 주장하며 다음날인 2월 7일 서울지방법원 제4파산부에 이의신청서를 제출했다. 채권단으로선 당연한 반응이었다. 청산해 봤자 빌려준 돈을 제대로 받을 수 없고 부실여신으로 기재된 동아건설 대출률을 손실로 처리해야 하기 때문이다. 일단 최대한 시간을 벌어 손실을 막을 수 있는 방법을 찾아보기 위해 이의신청서를 낸 것이다.

반면 동아건설은 문닫는 일만은 피해보자는 심산에서 마음에도 없는 양심선언을 했다. 동아건설 직원들이 회사의 청산을 늦추기 위해 자신의 치부를 드러내는 마지막 수단을 쓴 것이다. 동아건설 직원들은 이익을 많이 내기 위해서 주로 해외공사에서 받을 채권의 규모를 실제보다 높게 조작하는 방법을 썼다고 주장했다. 부풀린 매출채권을 빼면 청산가치가 그만큼 낮아져 법원이 청산보다 법정관리를 받아들일 수 있을 것으로 계산했던 것이다. 실제로 동아건설이 분식회계 관련 증빙자료 등을 제출한 날은 법원이 동아건설의 법정관리 폐지여부를 결정하기로 한 날이었다. 법원도 동아건설의 분식결산 주장에 파산결정을 1개월 연기했다. 어쨌든 동아건설은 잠시나마 파산위기를 모면한 것이다.

당황한 회계법인

동아건설이 분식회계 사실을 스스로 폭로하면서 생존을 위해 안간힘을 쓰자 정작 당황한 것은 외부감사인인 안건회계법인이었다. 당시 안건회계법인 K회계사의 증언을 들어보자.

> "동아건설의 1998회계연도 재무제표에서 당시 시점까지 7,140억원의 손익 수정요인이 발생해 이를 손익수정손실 계정과목으로 처리했다. 따라서 1998년 시점에서 분식 등에 따라 과다계상된 손익은 이미 감사보고서에 모두 털었다. 7,140억원 중 5,200억원 정도는 리비아 대수로 공사와 관련된 부분이었다. 동아건설이 분식 등으로 회계를 조작했을 수는 있지만 현 장부에 7,000억여 원 씩이나 부풀려져 있는 것은 아니다."

1997년까지는 분식회계가 돼 있었지만 1998년에는 분식을 바로잡았기 때문에 아직까지 장부가 조작된 상태는 아니라는 것이 K회계사의 설명이다. 그러나 10년 동안 동아건설의 외부감사를 맡아온 안건회계법인은 부실감사의 책임을 피할 수는 없었다. 금융감독원이 동아건설 직원의 분식폭로 직후인 2월 14일부터 1개월 동안 조사감리실에 2개의 특별감리팀을 구성해 특별감리(분식회계와 부실감사 조사)를 벌였기 때문이다. 금감원의 조사에서 동아건설의 7,000억원대 분식회계는 대부분 사실로 확인됐다.

여기서 금감원이 발빠르게 특별감리를 한 데는 이유가 있다. 안건회계법인이 동아건설의 1997회계연도 감사보고서를 낸 것은 1998년 3월 20일. 증권거래법에 따르면 '분식회계를 안 날로부터 1년 이내' 또는 '감사보고서가 발행된 지 3년 이내'에 부실감사에 대한 책임을 물을 수 있도록 돼 있다. 공소시효가 3월 20일로 끝나기 때문에 금감원은 서둘러 특별감리를 할 수밖에 없었던 것이다.

〈동아건설 사건일지〉

1998년 9월	워크아웃 1호기업선정
1999년 2월	채권단, 802억원 부채를 출자전환
2000년 10월 30일	워크아웃 중단
2000년 11월	서울지방법원 파산부, 동아건설 법정관리 개시결정
2001년 2월 6일	삼일회계법인, 청산 바람직 실사결과 발표
2001년 2월 9일	동아건설 분식회계 사실 자진발표
2001년 2월 12일	유성용 전 동아건설 사장, 1998년 검찰에 분식회계사실 밝혔다고 주장
2001년 2월 14일	금융감독원, 동아건설 특별감리 착수
2001년 2월 22일	법원, 동아건설 재조사 명령
2001년 3월 9일	법원 회사정리절차 폐지결정
2001년 3월 23일	협력업체 소액주주 법원에 회사정리절차 폐지결정에 불복항고
2001년 4월 23일	법원, 항고 각하
2001년 5월 11일	법원, 파산선고

12 부실의 대청소(Big bath)

금융감독원의 숙제

회계부정 또는 부실회계를 완전히 뿌리뽑을 수 있는 방법은 없을까? 이같은 질문은 22조9,000억원에 달하는 대우계열사의 분식회계가 드러난 후부터 금융 당국의 큰 숙제였다. 2001년 2월 금융감독위원회와 금융감독원은 본격적인 분식회계 근절방안 마련에 분주했다. 2001년을 '분식회계 근절의 해'로 잡을 정도였으니.

필자가 금융감독위원회와 금융감독원을 출입할 때의 일이다. 모 취재원은 "지금 말할 수 없지만 획기적인 분식회계 근절방안이 있다"는 이야기를 했다. 기자로서 당연히 귀가 솔깃한 말이었다. 전방위 취재에 들어갔다. 회계업계는 물론 금감위·금감원의 말단 조사역부터 고위간부까지 취재했다. 그 결과 다음과 같은 힌트를 얻었다.

"분식회계란 누적되는 것이다. 과거에 분식회계를 했다면 그 결과는 현

재에도 누적돼서 나타난다. 과거 분식회계를 바로잡는 방법은 전기오류수
정이란 항목을 이용하면 된다. 그러나 그렇게 하면 과거에 분식회계 또는
부실감사를 했다는 사실을 인정하는 셈이어서 공인회계사들은 웬만하면
전기오류수정 손익처리를 하지 않으려 한다. 따라서 일정기간 동안 전기오
류수정에 대해 불문에 부쳐 기업이나 회계법인 스스로 과거의 분식을 청산
할 수 있는 기회를 제공해야 한다. 물론 모든 기업들이 과거 분식을 청산할
지는 의문이지만 한 번의 기회는 주고 그리고 난 다음에도 분식회계를 한
다면 철저하게 밝혀 엄중하게 처벌해야 한다."

이와 비슷한 이야기를 회계전문가인 김일섭 한국회계연구원장(현 이
화여자대학교 경영부총장)도 말한 바 있다. 그는 "한번쯤 부실회계를 청

분식회계 3년내 털어라

금감원, 기업순익 크게 줄어 금융시장 충격줄 듯

금융감독원은 기업들이 회계장부 조작을 통해 부풀린 이익을 앞으로 2~3년 동안 모두 털어내도록 할 방침이다.

이에 따라 많은 기업의 순이익이 당초 예상보다 크게 줄어 시장에 충격을 줄 것으로 보이지만 과거부터 누적된 분식회계 부분은 말끔히 해소된다.

15일 금감원 고위관계자는 "분식회계 관행을 뿌리뽑기 위해 우선 기업이 그동안 부풀려 온 이익부터 털어내도록 유도하는 방안을 마련하고 있다"고 밝혔다. 분식회계로 과

대계상된 이익을 재무제표상 '전기오류수정 손실'로 반영토록 한다는 것이다.

금감원은 손익수정손실 계정으로 처리하는 기업과 회계법인에 대해서는 과거 분식회계에 대한 처벌을 한시적으로 완화해 줄 방침이다.

▶ 관련기사 3면

처벌 완화기간은 2~3년으로 정할 예정이며 회계법인이 분식회계를 묵인 또는 방조한 경우는 처벌 완화 대상에서 제외된다.

'전기오류수정'이란 전년도 회계처리상 실수 또는 분식회계 등으로

잘못된 재무제표상의 수치를 손익계산서 수정을 거쳐 대차대조표상의 전기이월이익잉여금 규모를 고치는 회계처리작업이다.

전기오류수정을 한 기업과 회계법인은 자세한 오류내용과 이유를 재무제표상 주석으로 설명해야 하며 회계법인은 감사보고서 본문에 전년도에 잘못된 회계처리부분과 수정사실을 기재해야 한다.

최근 논란이 된 동아건설의 경우 외부감사인인 안건회계법인이 지난 98회계연도 재무제표에 당시 시점까지 과대계상된 이익 7천1백40억원을 손익수정손실로 처리, 분식을 털어냈다.

〈한국경제〉
2001년 2월 16일자

소해야 한다. 분식회계를 뿌리뽑는 작업은 부실의 대청소부터 시작해야 한다'고 말했다. 그래서 2001년 2월 16일자 〈한국경제〉 1면 톱으로 '분식회계 3년내 털어라' '분식회계 면죄부 논란'이라는 제하의 기사가 실렸다. 분식회계 관행을 뿌리뽑기 위해서는 우선 기업이 그동안 부풀려온 이익부터 털어내도록 유도하는 방안을 보도한 것이다.

분식회계 면죄부, 전기오류수정

한국경제신문에 게재된 기사는 과거에 회계장부 조작으로 잘못된 수치를 '전기오류수정'이란 항목으로 바로잡으면 한시적으로 행정처벌을 면제해 준다는 내용이었다. '전기오류수정'이란 전년도 회계처리상 실수 또는 분식회계를 바로잡아 이익잉여금 규모를 고치는 것이다. 한마디로 잘못을 시인하고 재무제표를 새로 고칠 경우 일종의 '분식회계 면죄부'를 주겠다는 뜻이다.

대부분 기업이 분식회계를 하는 이유는 이익규모를 조작하기 위해서이다. 재고자산을 부풀리든 매출액을 부풀리든 비용을 줄이든 부채를 숨기든 분식회계의 방법은 다양하지만 결국 이익조작이 목적이다. 그 결과 매년 부풀린 이익은 이익잉여금으로 쌓이게 돼 장부조작의 효과가 재무제표에 계속 남게 된다. 금감원 관계자도 "분식회계로 한번 부풀려진 이익은 해를 넘겨도 이익잉여금으로 남아 있게 된다"며 "잘못된 재무제표를 바로잡기 위해 회계장부 클린화를 추진하게 되었다"고 설명했다.

그러나 금융감독원은 즉각 이 내용을 부인하는 보도해명자료를 냈다. 해명자료에는 속사정이 있었다. 금감원의 분식회계 근절방안이 여당이나 청와대에 보고되지 않은 상태에서 언론에 먼저 보도됐기 때문에 해명자료를 낼 수밖에 없었던 것이다. 그러나 금감원은 문제의 보도가 나간 뒤 불과 50일도 지나지 않은 2001년 4월 3일 당정협의를 통해 '옛분식 사실상 면죄부'(한경 2001년 4월 4일자 참조)라는 내용의 분식회계 근절방안을 발표했다. 2개월도 되지 않아 보도해명자료의 입장을 뒤집은 것이다.

당정협의를 통해 확정된 분식회계 근절대책은 장부조작이나 착오로 잘못된 과거 재무제표를 '전기오류수정'으로 바로잡은 기업에게 1년 동안 면죄부를 준다는 것이다. 과거 재무제표에 대해서는 감리(분식회계 여부 조사)를 하지 않고 행정처벌과 금융제재도 면제해 준다는 내용이다. 당시까지 검찰에서 자체적으로 분식회계나 부실감사를 적발해 형사처벌한 적은 거의 없었다. 대부분 금융감독원이 감리를 벌여 혐의를 잡으면 검찰에 고발해서 처벌되는 형태였다. 따라서 전기오류수정으로 분식회계를 바로잡으면 과거 재무제표에 대해 감리를 하지 않겠다는 것은 면죄부를 주겠다는 것과 마찬가지다.

형사처벌을 하지 않는 것 뿐만 아니라 금융제재도 완화시킨다는 내용이 금감원의 대책에 포함돼 있었다. 분식회계로 조작된 이익을 털어내면 그만큼 이익잉여금이 줄어들고 재무구조도 나빠진다. 그에 따라 회사의 신용등급도 낮아진다. 이렇게 되면 금융회사로부터 돈을 빌릴 때 높은 금리로 조달해야 한다. 이 때문에 전기오류수정으로 분식을 털어낸 기업에 대해서는 신용등급이 하락하더라도 종전과 똑같은 금리로 자금을 조달할 수 있도록 혜택을 준다는 것이 금감원의 대책이었다.

자수하여 광명찾자

물론 이런 면죄부를 주면서 부실의 대청소를 유도하는 것이 실효성이 있겠느냐는 의문이 남는다. 원정연 한양대 교수는 "기업은 무자료거래를 통해 매출액을 누락시키는 방법을 자주 쓴다. 이에 대해선 특단의 조치가 있어야 투명한 회계가 이루어질 수 있다. 비자금 조성 수단으로 성행하고 있는 무자료거래를 원천적으로 막는 시스템을 강구해야 한다"고 꼬집었다. 또 "전기오류수정으로 분식을 바로잡는 기업에게 형사처벌을 면제하고 금융제재를 완화할 것이면 한시적인 혜택이 아니라 계속 혜택을 줘야 기업이 스스로 부실을 털어내도록 하는 유인책이 될 것"이라고 지적했다.

면죄부 적용시한도 문제였다. 금감원은 면죄부 혜택 대상을 2001년 한해 동안 발행된 감사보고서로 제한했다. 그것도 12월 결산기업의 감사보고서 발행이 끝난 4월초에 발표했다. 상장 또는 코스닥 기업의 80% 이상이 12월 결산법인이라는 점을 감안하면 면죄부 혜택을 받을 수 있는 기업은 3월 결산, 6월 결산, 9월 결산 등 10% 안팎의 기업뿐이다. 이 때문에 분식회계 면죄부 혜택이 사실상 별무효과라는 지적이 나왔다. 그러나 금감원은 시한에 연연하지 않고 분식회계를 털어내는 전기오류 수정에 대해서는 어느 정도 정상참작을 해서 행정지도를 한다는 방침을 세웠다.

일각에선 '자수하여 광명찾자' 라는 구호만 외친다고 간첩이 스스로 자수하겠느냐며 회계장부 클린화 대책에 의구심을 품기도 했다. 설령 여러가지 혜택을 준다 하더라도 기업이 분식회계를 저질렀다고 자진신고를 할 리 만무하다는 이야기다.

어쨌든 면죄부 논란은 분식회계 근절을 위해 고민하는 감독 당국의 모습을 보여준 단면이었다. 과감하게 과거 분식에 대해 면죄부를 줌으로써 기업의 재무제표를 클린화하려 했던 의도만큼은 높이 살 만하다. 투명회계를 앞당기려면 과거의 장부조작부터 청소하는 것이 당연했다. 물론 그 결과는 순전히 기업이 스스로 재무제표를 클린화하려고 얼마나 노력하느냐에 달려 있을 것이다.

〈전기오류수정(Prior Period Adjustment)〉

전년도 회계처리상 오류나 실수 또는 분식회계 등으로 인해 잘못된 재무제표상의 수치를 고치는 회계처리 작업이다. 종전에는 당기손익에 영향없이 잉여금처분 계산서상의 전기이월 이익잉여금 규모를 소급해서 고치면 됐다.

동아건설의 경우 외부감사인인 안건회계법인이 지난 1998회계연도 재무제표에 당시 시점까지 과대계상된 이익 7,140억원을 전기오류수정 손실로 처리, 분식을 털어냈었다. 그러나 금융감독위원회로부터 회계기준 제정업무를 위탁받은 한국회계연구원의 회계기준위원회가 지난 2001년 1월 오류수정에 관한 기업회계기준서를 발표해 기준이 또 달라졌다. 기업회계기준서는 전기오류수정 손익의 효과를 당기손익에 반영하는 것을 원칙으로 했다. 다만 재무제표의 신뢰성을 심각하게 손상할 정도로 매우 중요한 오류수정은 과거 재무제표를 재작성하도록 했다. 쉽게 말해 과거에 오류가 있었던 부분도 이제는 당기손익에 영향을 주도록 표시해야 한다는 이야기다.

13 회계법인의 이례적인 발표문

계속되는 회계이슈

금융감독원의 분식회계 근절방안 발표 이후에도 분식회계에 대한 이슈는 계속 터져나왔다. 2000년 9월 대우계열사 12개 사의 분식회계가 발표되고 대우계열사의 외부감사인을 맡았던 산동회계법인이 문을 닫을 상황으로 치닫자 당연히 기업들의 외부감사도 깐깐해졌다. 회계법인도 이제 자신이 살기 위해서는 기업이 분식회계를 했는지 철저하게 감사를 할 수밖에 없었다.

그러면서 그동안 부실이 쌓였을 것으로 추정되는 현대건설이 주목의 대상이 됐다. 2000년 감사보고서를 2001년 3월말까지 제출해야 하는데 이 결산실적에 관심이 모아졌다. 회계법인뿐 아니라 시장의 관심은 온통 현대건설이었다. 현대건설의 실적이 어떻게 나오느냐, 현대건설이 과연 분식회계를 했느냐, 그렇다면 규모는 얼마냐 등 온갖 의문이 쏟아졌고 그만큼 긴장감이 감돌았다. 2001년 3월 1개월은 회계부정 의혹의 소용돌이 속에 지나갔다.

한 가지 재미있는 일은 현대건설의 2000년 재무제표를 담은 감사보고서가 발표되기 직전 주채권은행인 외환은행의 '현대건설 경영정상화를 위한 지원대책'이 발표된 것이다. 또 재무제표가 발표된 뒤에는 현대건설의 외부감사인인 삼일회계법인이 이례적으로 '현대건설 회계감사 결과 설명'이라는 보도자료를 언론에 배포했다. 기업의 실적발표를 앞두고 주채권은행과 외부감사인이 보도자료를 낸 것은 과거에는 전혀 없었던 일이다. 그만큼 그들도 다급했을 것이다.

회계법인의 어쩔 수 없는 선택

회계법인이 감사보고서상 특기사항이나 주석이 아닌 해명성 자료를 별도로 만들어 회계감사 결과를 설명하는 것은 전무후무한 일이다. 삼일회계법인은 감사보고서 외에도 할말이 많았던 것이다. 오죽 다급했을까. "삼일회계법인도 분식회계를 눈감아주는 부실감사를 했을 것"이라는 소문이 파다한 상황에서 삼일회계법인은 어쩔 수 없는 선택을 했을지 모른다. 삼일회계법인이 부실감사를 했는지 여부는 불확실하다. 그러나 애써 자료까지 배포하면서 분식회계가 아니라는 점을 강조한 것은 충분히 눈길을 끌 만한 '사건'이었다.

게다가 현대건설의 채권은행인 외환은행이 현대건설 지원방안을 발표한 것도 이례적이다. 물론 채권은행으로서는 부실채권을 갖고 있는 것보다 출자전환을 통해 주식으로 갖고 있는 게 유리하다고 판단했을 것이다. 그러나 감사보고서 제출 마감시한(12월 결산법인은 3월말까지)에 갑작스레 채권은행이 지원책을 발표하고 외부감사인인 삼일회계법인도 감사결과를 설명하는 자료를 내는 건 모양이 좋지 않았다.

삼일회계법인이 낸 자료에는 현대건설이 2조9,000억원의 당기순손실을 냈지만 그것은 미래의 잠재손실을 현재화했을 뿐 과거 분식회계를 털어낸 것은 아니라고 강변하고 있다. 그 말은 맞는 이야기다. 전기오류

〈2001년 3월 29일 외환은행 발표자료〉

현대건설(주)는 2000년 회계감사 결과 대부분 과거에 발생한 부실을 미래의 투명경영을 위하여 현실화시키는 과정에서 당기순손실 3조원, 자본조정에 따른 자기자본 감소 6,000억원 등 자기자본 2조7,000억원을 전액 잠식하고 부채가 자산을 약 9,000억원 초과함으로써 재무구조가 급격히 악화되었으며 이로 인한 유동성 위기가 우려되는 상황에 이르게 되었습니다.

이에 따라 현대건설(주)의 35개 채권금융기관 대표자는 현대건설(주)가 부실화할 경우 계열사의 동반부실, 약 3,000여 개에 이르는 동사 협력업체의 부실화, 국내외 건설기반의 붕괴, 국가 신인도의 하락 및 금융시장 불안으로 인한 자금시장 경색현상의 심화와 국민부담 증가로 이어지는 악순환이 불가피할 뿐 아니라 금융기관의 채권확보에도 불리하다는 데 인식을 같이하고 현대건설(주)의 조속한 경영정상화를 위하여 다음과 같은 지원대책을 결의하였습니다.

– 다음 –

① 현대건설(주)가 회생가능기업임을 재확인하고 부실경영에 책임이 있는 대주주지분 완전감자와 책임있는 경영진 퇴진 그리고 일정비율의 소액주주 지분감자를 전제로 채권금융기관의 차입금 출자전환 등을 통하여 소유와 경영을 개편하는 등 재무구조 및 지배구조를 개선하는 새로운 형태의 기업구조조정을 통하여 대내외적으로 확실히 신뢰할 수 있는 기업으로 거듭 태어나도록 먼저 1조4,000억원을 출자전환하고 재무구조 악화에 따른 유동성 위기해서 및 확실한 회생을 담보하기 위하여 현재 진행중인 실사결과에 따라 다소 변동이 있을 수 있겠으나, 채권금융기관의 유상증자 참여 7,500억원과 CB발행 7,500억원을 통하여 조성된 상환재원으로 차입금을 대폭 감축하여 부채비율을 향후 260% 이내로 유지될 수 있도록 재무구조를 획기적으로 개선하기로 하였습니다. 다만 CB에 대하여는 신용보증기금에 의한 지급보증을 정부에 요청키로 하였습니다.

② 이에 따라, 현대건설(주)의 금융비용 부담을 대폭 감소(2001년 중 약 2,500억원 감소)하여 이자보상배율이 지속적으로 상승(2001년 1.3배, 2003년 2.0배)할 것으로 예상되어 회생가능성이 높고, 금번 회계감사로 과거 부실자산이 완전히 정리되는 등 회계처리의 투명성이 확보되어 향후 경영정상화가 가속화될 수 있을 것으로 판단됩니다.

③ 또한, 주채권은행은 현재 진행되고 있는 Arthur D Little 사의 경영컨설팅 결과에 의한 조직의 Slim화, 수익성 위주의 선별 Project 조정 및 인력감축 등의 경영개선 계획을 성실히 이행하게 하고, 계획대로 출자전환 및 경영진 전면개편이 이루어진다면 향후 임시주총에서 선임될 새로운 전문경영인을 중심으로 현대건설의 경영정상화가 조기에 가시화될 것임을 확인하였습니다.

④ 이와 같은 금번의 조치로 현대건설의 재무구조와 지배구조가 대폭 개선되어 시장의 신뢰확보와 경영정상화를 통한 완전 독자생존이 가능할 것으로 확신하며 결의사항들을 준수할 것을 다짐하고, 향후에도 현대건설에 대한 경영정상화가 조기에 완성될 수 있도록 긴밀히 협력할 것을 다짐하였습니다.

〈현대건설 회계감사 결과 설명〉

—2001년 4월 2일, 삼일회계법인

1. 현대건설의 영업현황
   1) 외환위기 이후의 경기불황, 건설경기의 장기침체, 과당경쟁, 수주부진 및 분양부진 등에 의한 수익성 악화
   2) 2000 연도의 유동성 위기에 따른 차입이자율 상승, 자재조달비용 상승, 사업 및 공사 지연 등에 의한 원가의 급격한 상승
   3) 신용하락 및 이에 따른 지급보증 여력 축소로 수주부진 및 채산성 악화
2. 거액의 손실발생 원인
   1) 위의 원인에 의한 수익성 악화와 급격한 원가상승으로 영업이익이 과거 3,000~4,000억원에서 당기에 240억원으로 급감하였음
   2) 2000연도에 유동성위기로 자구계획을 수립하고 이를 실행하는 과정에서 긴급한 자산매각으로 처분손실이 약 4,000억원 발생하였음
   3) 장기간 회수 못하고 있는 이라크 정부에 대한 채권 약 1조원 중 향후 회수 예상기간을 고려하여 50%(약 5,000억원)의 대손충당금을 설정하였음. 전기까지는 회수가 의문시된다고 감사보고서에 특기사항으로 기술하여왔으나(1991년도까지는 한정의견 표명하였으나 감사기준 변경으로 특기사항이 됨), 당기에는 회사의 반발에 불구하고 대손상각하였음
   4) 매년 공사수익 계산시 예정원가를 조정(Up to date)해 왔으나, 당기에는 개별공사의 잔여부분에 대한 추가투입 예상액(향후 발생할 추가 원가와 향후 추가로 투입될 재고자산)을 보수적으로 산출하고 이것과 기계상되어 있는 미수금의 합계를 향후 회수 가능액과 비교하여 초과액을 손실로 반영하였음. 이 계산에서 경기불황 및 회사의 유동성 위기에 따라 원자재 조달 가격의 급상승, 인건비, 환율 및 유가의 상승, 공기지연 등에 의한 원가의 급증으로 전기말에 평가된 예정원가에 비해 잔여분의 예상원가가 현저히 증가하였음. 그 결과, 예상되는 수입을 초과하는 미수금 약 5,800억원, 원가로 투입되어 재사용 여부가 불투명한(사업부진으로 신규사업의 활성화가 의문시 됨) 재고자산 약 3,900억원을 손실로 반영하였으며, 당기에 완공된 현장 중 전기말에 예상한 예정원가를 초과하여 발생한 추가공사원가 약 4,600억원을 손실로 반영하였음
   5) 유동성 위기에 따라 차입금은 축소되었으나 조달금리 상승으로 지급이자 약 5,600억원이 발생하였음
3. 삼일회계법인의 회계감사
   1) 매우 중요한 시점의 감사였기 때문에 철저한 감사를 위해 감사참여자들로 하여금 충분히 상황을 인식토록 하고 교육을 철저히 하였음
   2) 예년에 비해 더 엄격한 감사기준을 적용하였으며, 보수적인 회계처리를 회사에 요구하였음
   3) 회사가 유동성 위기 및 계속기업으로서의 존속여부가 불확실함에 따라 기의 실사기준에 근접할 정도로 감사를 실시하였음.
   4) 향후에 회사가 Clean Company가 될 수 있도록 하기 위하여 통상의 감사에서는 적용하지 않는 예상되는 미래손실도 당기에 반영하였음.
   5) 회계감사 감사실에서 감사보고서에 대해 최종심리를 철저히 수행한 후 감사보고서를 발행하였음
   6) 일반적으로 감사는 모든 거래내용을 회계장부에 적정하게 반영하고 있으며, 이러한

바탕하에 회계감사를 수행함. 그러나 예외적으로 회사가 조직적으로 원장을 속여서 분식결산을 한다면 회계감사를 통하여 밝혀내기는 거의 불가능하며, 특히 해외의 경우는 지리적 여건 및 제도와 환경 차이 등 때문에 더욱 발견하기 어려움

7) 회계감사는 원천적으로 시사에 근거하고 질문과 분석적 검토를 토대로 하는 것이 므로 완벽하게 분식을 발견하기는 사실상 어려운 한계점을 지니고 있음

4. 해외부문 감사절차

1) 중간감사시 해외현장을 방문하여 현장의 실재성 확인, 공사 진행율 확인, 결산절차의 정당성과 정확성 점검 등을 수행하였음. 당기에는 총 40개국 중 주요 공사현장에 소재한 5개국(당기 해외수입금액의 36% 해당)을 방문 확인하였음

2) 연말감사시 전 현장 및 지점의 해외 재무제표의 정확성과 본사로의 합산의 정확성을 확인하였음

3) 해외 재무제표 중 특히 중요한 금융거래와 채권채무에 대하여 조회확인을 실시하였으며(금융기관 총 137곳 중 137곳 발송, 채권채무 48곳 발송), 발송한 조회서 중 금융기관 85곳이 회수되고 채권채무는 4곳이 회수되어 회수가 극히 부진하였음. 이에 감사범위 제한으로 감사보고서에 한정의견을 표명하였음

4) 이상과 같이 해외건설 부문에 대하여 보다 충실히 감사를 수행하였으므로 해외건설 부문에서 추가적인 거액의 잠재손실이 발생될 것으로 기대되지 않음

5. 과거 분식회계 있을 것이라는 주장에 대하여

1) 현대건설의 당기 손실의 대부분의 내용이 전기부터 넘어온 부실이 아니라 당기에 발생한 손실과(실제원가의 상승으로) 미래에 예상되는 손실을 반영한 것임

2) 전기에도 현대건설은 창사 이래 최초로 약 1,200억원의 손실을 시현하였음

3) 비록 정해진 회계감사기준에 따라 감사를 실시하긴 하지만 감사당시의 환경과 감사인 개인의 특성에 따라 어느 정도 낙관적인가 비관적인 가 하는 환경차이 혹은 개인차이는 있을 수 있을 것임

4) 또한 전기는 정상적인 영업상태였기 때문에 계속기업을 전제로 한 통상의 감사기준과 회계기준을 적용하였으나, 당기에는 유동성 위기와 계속기업으로서의 존속여부에 대한 불확실성 때문에 훨씬 보수적이고 엄격한 기준을 적용하였음

수정 손실로 털어내지 않고 평가감액 손실이나 대손충당금을 더 쌓는 방식으로 처리를 했기 때문이다.

이같은 회계처리가 옳으냐 그르냐의 문제는 전문가들마다 견해를 달리한다. A회계법인의 한 관계자는 "현대건설은 2000년도 초 상황과 2001년도 초 상황이 다를 것이 없었다. 특히 이라크 공사대금 미수금은 어제 오늘의 일이 아니었다. 그런데 갑자기 특정시점에 평가감액을 손실처리하고 대손충당금을 추가로 설정하는 것 등은 납득할 만한 사항이 아니다"고 말했다. S회계법인 관계자도 "회계란 과거의 경영활동에 대해 재무상태나 경영성과를 보여주는 것인데 미래의 잠재손실을 예상해

서 손실로 털어낸다는 억지 논리로 특별손실을 정당화한 것은 참으로 기상천외한 발상"이라고 꼬집었다.

물론 이같은 지적은 대형 회계법인 가운데 유일하게 부실감사로 인해 큰 징계를 받지 않은 삼일회계법인에 대한 곱지 않은 시선에서 비롯된 것은 사실이다. 어쨌든 삼일회계법인은 현대건설의 분식회계를 수년간 묵인했다는 세간의 의혹을 특별손실 2조9,000억원으로 '해소'함으로써 비켜나갔다.

14 앉은뱅이 전사들

금융감독원의 징계에 반발하는 재계

"K상무님! 행정심판을 제기하실 거죠?"(A기자)

"A기자, 우리 회사 이름은 빼줘, 그러지 않으면 내 입장이 곤란해."

2002년 3월 18일 여의도 전경련 회의실, K상무의 얼굴은 일그러질 대로 일그러졌다. 불과 며칠 전 금융감독원의 징계에 대해 불복하겠다며 "행정심판 등 불복절차를 밟을 것"이라고 큰소리를 쳤던 그였다. 그런 그가 며칠새 태도를 바꿨다. 다름아니라 그룹 구조조정본부로부터 걸려온 경고 메시지 때문이다.

K상무는 최근 "우리 그룹이 금융감독원의 인허가를 받아야 할 사항이 걸려 있는데 당신은 왜 괘씸죄에 걸리려고 행정심판을 한다고 하느냐?"는 따끔한 경고를 받았던 터였다. 입장이 난감해진 K상무는 기자들을 상대하기가 조심스러울 수밖에 없었다.

이날 회의는 금융감독원이 분식회계를 했다는 이유로 유가증권 발행 제한 등 징계를 받은 해당기업 13개 사가 대책을 논의하는 자리였다. 4

일 전인 3월 14일 금감원의 징계조치가 발표되자 이들 기업과 외부감사를 맡은 회계법인들은 크게 반발했다. (주)한화, 한화유통, 한화석유화학, 동국제강, 대한펄프, 흥창, LG산전 등은 "당시 금융감독원과 협의해서 회계처리를 했는데 이제 와서 징계를 내리는 것은 부당하다"며 행정심판 등 불복절차를 밟을 것이라고 공공연하게 이야기했었다. 이들 기업을 감사했던 공인회계사들도 부당하다며 소송도 불사하겠다는 입장이었다.

'부의 영업권'을 한꺼번에 이익으로 처리해도 분식회계

문제의 핵심은 이른바 '부(負)의 영업권' 회계처리다. 부의 영업권이란 어떤 회사를 인수(주식매입)하면서 적정가격보다 싸게 살 때 발생하는 것이다. 예를 들어 10억원짜리 회사를 7억원에 사면 부의 영업권 3억원이 발생한다. 프리미엄을 얹어주고 기업을 살 때 발생하는 영업권과는 반대되는 개념이다. 두 회사가 합병할 때 발생하는 합병차익도 부의 영업권에 해당된다. 기업회계기준에 따르면 A회사가 B회사의 주식을 사들였을 때 피투자회사인 B사에 대한 투자제거차익 중 영업권 성격으로 보는 부분은 '20년 이내 합리적인 기간에 환입'하도록 돼 있다. 마찬가지로 부의 영업권 역시 20년 이내 합리적인 기간에 환입해야 한다. 그런데 '20년 이내'라는 표현의 해석에서 문제가 발생했다.

금융감독원은 부의 영업권 일시환입액이 100억원 이상인 기업을 감리(분식회계조사)대상으로 선정해 분식회계가 드러났다며 징계한 것이다. 금감원이 밝힌 13개 분식회계기업의 분식 액수는 무려 8,262억원. 계열사 주식을 싸게 사들여 그로 인한 이익(부의 영업권)을 당해연도 연말에 모두 반영해 이익을 부풀린 케이스가 대부분이다.

(주)한화의 경우 1999년에 계열사인 한화석유화학 주식을 취득하면

서 발생한 투자제거차액 1,276억7,600만원을 한꺼번에 이익으로 처리했다. (주)한화는 2000년에도 같은 방식으로 2,033억9,400만원을 일시에 이익으로 잡았다. SK케미칼 역시 2000년 SK건설에 대한 유상증자에 참여해 취득한 주식으로 발생한 투자제거차액 44억6,200만원을 한꺼번에 이익으로 처리했다. 동부건설, 동국제강, LG산전 등도 부의 영업권을 한꺼번에 이익처리했다는 이유로 유가증권 발행제한 조치를 받았다.

이들 기업을 외부감사한 삼일회계법인 등 7개 회계법인은 벌점과 함께 감사업무 제한조치를 받았고 공인회계사 26명이 무더기로 직무정지 당했다. 물론 해당 회사나 회계법인의 반발이 없었던 것은 아니다. 부의 영업권을 한꺼번에 이익으로 반영한 것은 분식회계가 아니라는 주장도 만만치 않았다. 회계기준의 해석에 문제가 있다는 지적도 제기됐다. 회계기준에는 부의 영업권을 20년 이내에 반영해야 한다고 되어 있는데 그 반영기간을 1년으로 잡은 것은 회계기준 위반으로 볼 수 없다는 주장이다. 게다가 "금융감독원에 질의해 본 결과 일시환입도 가능하다는 비공식 답변을 들은 터에 분식회계를 했다고 몰아치는 것은 부당하다"는 주장도 나왔다.

그러나 결과는 매우 싱겁게 끝났다. 금감원의 징계에 강하게 반발하던 해당 기업과 회계법인은 스스로 이의제기를 철회하고 오히려 해당 책임자를 문책했다. LG산전이 분식회계와 관련한 금감원의 징계조치를 받아들여 당시 CFO(최고재무책임자)였던 김정만 사장을 그해 9월 4일자로 사임시켰다. 삼일회계법인도 그해 4월 12일 부의 영업권 회계처리와 관련해 금감원에서 징계를 받은 소속 회계사 6명에 대해 파면, 권고사직 등을 단행했다. 문책대상에는 해당 감사의 주 책임자였던 임원(파트너) 4명이 포함됐다. 회계법인이 주주 겸 임원격인 파트너에 대해

108

감사책임을 물어 해임하는 것은 처음 있는 일이었다.

앉은뱅이 전사들

부의 영업권 논란은 결국 칼자루를 쥔 금융감독원의 완승으로 끝났다. 그러나 금융감독원이 회계기준 해석에 관한 문제를 놓고 무리하게 분식회계라고 규정했다는 비난이 일었던 것도 사실이다. 분식회계 근절을 위한 당국의 강한 의지는 높이 평가할 만하지만 금감원이 지나친 억지를 부렸다는 것이 회계법인이나 회계학계의 의견이다.

실제로 금감원에 미리 상의를 했는데 그때는 아무 말이 없다가 감사보고서가 나온 뒤에야 분식회계라고 징계하는 건 너무했다는 목소리가 지배적이다. 감사실무를 해보지 않은 감독 당국의 회계담당 인력을 '앉은뱅이 전사(Arm Chaired Warrior)'라며 비아냥거리는 시각도 있다. 럼즈펠드 미국 국방장관처럼 전쟁을 겪어보지 않은 사람이 강경한 태도를 보인 것을 빗댄 말이다. 회계감사를 한번도 해보지 않은 공인회계사가 어떻게 분식회계를 조사하고 적발하느냐는 주장이다.

'어거지 징계'였든 '칼날같이 정확한 적발'이었든 부의 영업권 논란은 금융 당국의 분식회계 근절의지만큼은 확실하게 보여줬던 사건이었다.

15 도마에 오른 순환출자

칼들고 나선 금융감독원

2002년 10월, 참여연대는 한화계열 3개사를 증권거래법 위반혐의로 검찰에 고발했다. 한화가 계열사끼리 주식을 순환매집한 뒤 이때 발생한 부의 영업권을 한꺼번에 장부에 반영, 이익을 부풀렸다는 것이다. 지난 1999년과 2000년말에 (주)한화가 한화석유화학 주식을, 한화석유화학은 한화유통 주식을, 한화유통은 (주)한화 주식을 집중 매입하는 등 계열사간 순환매입으로 부의 영업권을 발생시켰다고 주장했다.

부의 영업권은 다른 회사 주식을 지분가치에 비해 싸게 샀을 때 생기는 자산이다. 가령 순자산가치 1,000억원인 회사의 지분 70%(700억원에 해당)를 500억원에 샀다면 차액인 200억원이 부의 영업권이 된다. 현행 회계기준은 계열사간 상호 주식매입으로 얻어진 부의 영업권을 20년 이내 적정기간에 걸쳐 나눠서 회계장부에 반영하도록 하고 있는 데 반해 한화는 이를 일시에 반영해 이익을 부풀렸다는 게 참여연대의 지적이다.

금융감독원의 감리 결과(2002년 3월 14일 발표)에서도 이 부분이 지적됐다. (주)한화가 한화석유화학 주식을 사들여 지분법 평가를 하면서 1999년에 1,276억원, 2000년에 2,033억원을 부의 영업권으로 일시에 이익처리한 것이 문제였다. 한화석유화학은 한화유통 주식을 사들여 1999년에 1,214억원을 부의 영업권으로 이익처리했다. 한화유통 역시 같은 방식으로 1999년에 1,965억원, 2000년에 1,588억원을 이익처리했다.

당시 금융감독원의 처벌은 유가증권 발행제한 3~6개월이라는 행정처벌뿐이었다. 검찰에 고발하거나 통보하지 않았다. 금감원 내에서는 지분법 회계가 도입초기라는 점 등을 들어 계몽적 차원에서 접근해야 한다는 의견도 있었지만 회계기준을 엄격히 해석해 제재하는 것이 필요하다는 데 의견이 모아졌다.

"경영진이나 회계법인이 회계기준의 기본원칙에서 벗어나 부당한 회계처리를 하는 창조적 회계(Creative Accounting) 또는 공격적 회계 (Aggressive Accounting) 관행에 적극 대처하겠다"는 것이 금감원의 입장이었다.

불필요한 순환출자로 부채비율 낮춘 한화

한화의 분식회계는 금감원에서도 검찰에 고발하지 않은 사건이다. 그만큼 사안이 가볍다고 인식한 것이다. 그런데 참여연대가 굳이 고발한 까닭은 무엇일까.

참여연대는 한화계열 3개 사가 주식을 순환매집할 특별한 이유가 없다며 그룹차원의 공모가 있었다고 주장했다. 3개 회사 모두 김승연 회장과 대주주 일가의 계열사 지분을 합치면 50%를 넘어 경영권 위협도 없었고 순환출자할 필요성도 없었다는 것이다. 이 때문에 참여연대는 한화그룹이 대한생명 인수조건인 부채비율 200% 이하를 맞추기 위해 (주)한화, 한화석유화학, 한화유통 등 계열사 3곳을 동원해 분식회계를 했다고 주장했다. 3개 계열사가 상호간 주식을 집중 매입한 뒤 지분법 평가이익을 한꺼번에 반영하는 수법으로 이익을 부풀려 부채비율을 낮췄다는 것이다.

물론 한화측은 "당시 지분법 평가이익을 반영하지 않더라도 부채비율이 200% 미만이었고 계열사간 지분거래는 한화에너지를 매각하는 과정에서 한화에너지가 보유한 한화계열사 주식을 인수할 수밖에 없었기 때문"이라고 해명했다. 한화는 또 지분법 관련 회계처리 기준에는 이익을 분할토록 하는 최장기간(20년)만 규정하고 있을 뿐 최저기간이 명시되지 않아 회사 상황에 맞춰 한꺼번에 반영했다고 밝혔다. 회계법인의 자문을 거쳐 금감원에 질의를 보냈고 "회사에서 알아서 하라"는 답변을 얻어 처리했다고 설명했다.

계열사간 주식순환매집에 대해서도 한화의 반박은 이어졌다. "구조조정 과정에서 경영권 방어를 위한 것"이라는 해명이다. 당시 매각한 한화에너지(현 인천정유)가 보유중이던 한화유통 주식을 경영권 확보 차원에서 한화석유화학이 샀다는 것이다. 또 한화석유화학도 대림과의 빅딜에 따른 주식매수청구권 행사로 자사주를 많이 취득해 주가가 떨어졌고 이를 방어하기 위해 (주)한화가 한화석유화학 주식을 매입했다고 설명했다. 이밖에 한화유통이 (주)한화 주식을 산 이유도 안정적인 경영권 확보 차원이라는 게 한화측의 해명이다.

참여연대, "재벌의 부당행위 우리가 막는다"

"국민의 정부에선 금융감독위원회가 가장 무서웠고, 참여정부에선 참여연대가 가장 무섭다."

노무현 대통령이 취임하자 재계에는 이런 말이 돌았다. 국민의 정부에서는 금융감독위원회가 구조조정의 칼날을 들이대며 무소불위의 권력을 휘둘렀다면 참여정부에선 참여연대가 재벌의 불법 또는 부당행위에 대해 제동을 걸고 나섰다는 이야기다.

참여연대는 삼성그룹에 대한 수사도 촉구했다. 이건희 회장의 장남 이재용 삼성전자 상무가 지난 1999년 삼성SDS의 신주인수권부사채(BW)를 헐값으로 매입한 점을 문제삼았다. 또 이 상무가 삼성그룹의 지주회사격인 에버랜드 전환사채(CB) 96억원어치를 헐값으로 매입해서 삼성그룹 전체의 경영권을 장악했다고 주장했다.

2000년 6월에는 삼성 이재용 상무의 편법상속 의혹사건에 대해 법학교수 43명이 고발한 적이 있다. 이어 2003년 2월 28일 방송대 곽노현 법학과 교수 등 6명이 서울지검 기자실에서 기자회견을 갖고 이재용 씨에 대한 수사재개를 촉구했다.

LG그룹 역시 참여연대의 표적에서 자유로울 수 없었다. 대주주 일가가 1999년 LG화학이 보유하고 있던 LG석유화학 주식 70%를 주당 5,500원에 사들인 뒤 3년 뒤에 매각하는 방법으로 주당 1,900원씩의 부당이득을 챙겼다고 참여연대는 지적했다.

2부 회계법인 바로알기

2부 회계법인 바로알기

회계법인이란 어떤 곳인가? 그들이 하는 외부감사란 어떤 절차에 따라 하는 것인가? 회계법인이 내놓은 감사의견은 어떤 뜻을 담고 있나? 분식회계는 무엇이고, 부실감사는 무엇인가? 회계법인은 어떻게 흥하고 망했나? 세계적인 회계법인과의 멤버펌 관계는 어떤 것인가? 2부에서는 이런 의문을 풀어보자.

회계부정에 대해 회계법인 나름의 입장이 있고 할말도 있다. 그것을 이해할 수 있어야 회계법인의 잘못이 무엇이고, 회계법인이 할 수 있는 일의 한계를 알 수 있다.

회계법인은 그동안 공인회계사 자격증을 딴 사람들이 일하는 곳 정도로만 인식되었다. 일반인들에겐 그저 '복잡한 숫자놀음에 익숙한 전문가 집단'으로 알려져 있다. 이제 회계법인의 알파와 오메가를 파헤쳐보자. 가짜 회계정보로 피해를 봤고 그것이 회계법인의 잘못이라면 소송을 걸어야 할 것이고, 소송을 걸려면 먼저 적을 알아야 한다. '적을 알고 나를 알아야 승리할 수 있다'는 말이 있지 않은가.

물론 회계법인을 '적'으로만 몰아치자는 것은 아니다. 거짓회계를 일삼은 회계사들을 응징하자는 것이다. 시장을 상대로 사기행위를 벌였거나 직무상 과실(Malpractice)을 저지른 회계사들은 시장의 심판을 받아야 한다. 그런 점에서 회계법인 나름대로 부실감사에 대한 대응논리도 소개했다.

다소 생소하지만 '위험에 근거한 접근방법(Risk-based Approach)'을 이해해 보자. 회계법인은 전문가 집단이다. 전문가가 프로페셔널하게 감사절차를 실시했다면 분명히 부정이나 오류를 들춰낼 수 있을 것이다. 이에 대해 많은 논쟁이 있었던 것도 사실이다. 피감회사가 고의로 숨기면 어쩔 수 없다지만 그것도 적발할 수 있는 것이 전문가 아닌가. 이제 그들의 모든 것을 살펴보자.

1 회계법인 흥망사 – 빅8에서 빅4로

회계법인도 망할 수 있다

"청운회계법인의 해산은 충격이었습니다. 불과 5년 전만 해도 회계법인이 망한다는 것은 상상도 못했습니다." (S회계법인 K회계사)

1999년 2월 10일, 증권선물위원회는 청운회계법인에 1개월 영업정지를 내렸다. 재정경제부에 건의하는 형식이기는 하지만 사실상 결정이 내려진 상태였다. 대우통신에 대한 1997회계연도 감사보고서를 부실하게 작성했다는 것이 징계 이유다.

금융감독원의 일반감리 결과 청운회계법인은 대우통신이 1997년 순이익을 280억원 가량 부풀려 적자를 흑자로 둔갑시킨 사실을 지적하지 못했다. 게다가 청운회계법인은 한보철강(1995회계연도 적자규모를 840억원에서 172억원으로 축소)과 기아자동차(1991년부터 1997년까지 7년 동안 3조3,977억원의 손실을 숨김)에 대해서도 엉터리 감사를 했다는 사실이 드러난 터였다. 청운회계법인에 내려진 징계는 1개월 동안 감사업무

계약을 하지 못하는 것. 그러나 신뢰를 바탕으로 영업을 하는 회계법인으로선 1개월이라도 영업정지 처분을 받는다는 것은 '사형선고' 나 다름없었다. 기업과 맺은 감사수임계약이 해지되고 피감회사가 모두 다 떨어져나가자 청운회계법인은 징계를 받은 다음달인 1999년 3월 자진해서 문을 닫고 해산절차에 들어갔다.

회계법인이 망한다는 것은 상상도 못했을 것이다. 5년 전만 해도 회계법인은 일반인들이 관심을 갖는 대상이 아니었다. 그저 공인회계사 시험에 합격한 사람들이 안전하게 일하는 일터였다. 그런 회계법인이 망한 것이다. 회계감사를 제대로 하지 않아 결과적으로 투자자들을 속였다는 것 때문이었다.

투자자들은 회계법인의 감사활동에 관심을 갖고 있는 중요한 회계정보 이용자다. 굳이 외부감사에 관심이 없더라도 분기별로 그 기업의 실적이 어떻고, 반기 또는 1년 동안의 실적이 어떤지 관심을 갖게 마련이다. 실적이 주가에 미치는 영향이 크기 때문이다. 또 그같은 관심은 분명히 감사보고서를 통해 발표된 실적에 대한 관심이다. 회계정보 이용자에 대한 회계법인의 책임이 더욱 커질 수밖에 없는 것은 바로 이런 이유 때문이다.

처벌받는 회계법인

2000년 9월 15일, 청운회계법인이 자진해서 문을 닫은 지 18개월 뒤였다. 여의도 금융감독원 증권선물위원회 회의실에서는 장장 4시간에 걸친 마라톤회의가 열렸다.

"분식회계와 부실감사를 뿌리뽑기 위해서는 영업정지 6개월이 아니라 12개월 또는 법인인가 취소 등 조치를 강화해야 합니다." (증권선물위원회 A비상임위원)

"아닙니다. 영업정지 12개월은 가혹한 처벌입니다. 회계업계도 이제 Big 5체제로 안정된 만큼 징계를 완화해야 합니다. 대형 회계법인 하나를 키우기가 얼마나 어려운지 아십니까? 감사를 잘못했다고 컨설팅이나 세무 등 다른 업무까지 못하게 하는 건 지나친 처벌입니다." (증권선물위원회 B비상임위원)

회계법인에 대한 처벌수위를 놓고 팽팽한 설전이 오갔다. 이번엔 (주)대우와 대우중공업을 부실감사한 산동회계법인이 도마 위에 올랐다. 상장사협의회와 회계법인, 증권선물위원회 상임위원, 학계교수 등으로 구성된 감리위원회(증권선물위원회 자문기구)에서 영업정지 6개월을 건의한 상태였다. 감리위원회에서도 "영업정지를 꼭 내려야 하느냐?" 하는 온건파와 "영업정지 기간을 늘려 부실감사에 경종을 울려야 한다"는 강경파가 맞섰다. 물론 김우중 전 대우회장을 포함해 회계담당 임원과 실무자까지 검찰 고발대상을 넓히느냐 하는 문제도 논란에 포함됐다.

이에 앞선 2000년 8월 산동회계법인은 징계가 임박했음을 감지하고 금융감독위원회에 호소문을 제출했다. 그 내용은 "대우계열사 분식회계를 밝혀내지 못한 것은 매우 송구하지만 대우그룹처럼 최고경영진과 임직원이 치밀하게 분식회계를 저지를 경우 특수감사를 수행하지 않는 외부감사인이 그것을 적발해 내기란 쉽지 않다"는 것이었다. 또 산동회계법인이 중징계를 받을 경우 다임러크라이슬러의 현대자동차 지분참여, 삼성자동차 매각 등 10여 건의 외자유치에도 타격을 줄 수 있으며 국내 기업의 해외영업이나 국제고객에 대한 회계용역 제공 등에도 악영향을 미칠 수 있다며 선처를 호소했다.

그러나 2000년 9월 15일 증권선물위원회[증선위]는 산동회계법인에 영업정지 12개월 조치를 재정경제부에 건의하기로 결론을 내렸다. 산동회계법인은 재정경제부를 찾아가 선처를 호소했지만 무위였다. 결국 산동회계법인은 증선위의 중징계를 받은 지 2개월 뒤인 11월 23일 금융감독원에 회계감사불능보고서를 제출하고 청산절차에 들어갔다. 지금은 각종 소송 등에 필요한 최소인력만 남아 있을 뿐이다.

회계법인이란 어떤 곳인가

그렇다면 과연 회계법인이 어떤 곳인지 알아보자. 통상 회계법인이란 공인회계사 20명 이상을 직원으로 하는 유한회사를 말한다. 회계에 대한 감사, 감정, 증명, 계산, 정리, 입안 또는 법인설립 등에 관한 회계와 세무 등의 직무를 조직적이고 전문적으로 행하기 위해 설립되는 것이 회계법인이다.

이 회계법인의 회계업무는 외부감사에 관한 법률 규정에 따라 이루어진다. 규정을 보면 재무제표에 대하여 감사 또는 증명을 하는 경우에는 대표이사가 해당 문서의 회계법인 명의를 표시하고 기명날인하게 되어 있다.

주요업무는 회계감사와 세무, 경영자문 등 3가지로 나누어 볼 수 있다. 회계감사업무는 자산규모 70억원 이상인 주식회사를 감사하는 법정 감사, 외환관리법에 따른 감사, 지방공기업법에 따른 정부출연기관 감사, 정치자금에 관한 법률에 따른 감사, 건설업·의약품 등 기업진단, 상품권 발행실적 감사 등을 수행한다. 세무업무로는 법인세와 소득세의 세무조정, 각종 이의신청, 심사 심판청구 등 세무대리업무가 주이다. 경영자문업무로는 회사를 설립할 때 계획된 조직과 제규정상의 검토와 자문, 경영분석과 진단, 회사조직과 업무절차의 입안과 검토, 기업의 매수 합병 업무 등이 있다.

국내 회계법인의 변천사: 빅8체제에서 빅4체제로

10여 년 전만 해도 국내 회계법인은 삼일, 안권·세화(안건으로 합병), 산경·동영(산동으로 합병), 세동, 영화, 안진로 빅8체제였다. 또한 산동회계법인이 건재했던 2000년까지 국내 회계법인은 '빅6체제' 또는 '빅5체제'를 갖추고 있었다. 세계적인 어카운팅펌과 멤버십 제휴를 맺으면서 국내도 자연스럽게 대형 회계법인 중심으로 시장이 재편됐기 때문이다. 그러나 산동회계법인이 영업정지 조치를 받게 됨에 따라 사실상 '빅4체제'로 전환됐다. 이 때문에 "이제는 더이상 정책 당국이 회계법인을 문닫게 하기에는 부담스러울 것이며, 감사수임의 경쟁체제 등을 감안할 때 빅4체제가 안정적인 경쟁구도로 고정화될 것"이라는 전망도 제기된다. 일각에서는 "대형 회계법인이 예전 빅8에서 지금은 빅4로 딱 절반이 줄었으므로 앞으로 어떻게 변할지는 장담할 수 없다"는 이야기도 있다.

IMF 사태 직후인 1998년 국내 회계법인은 빅6체제였다. 32개 회계법인 가운데 15개 회계법인이 세계적인 네트워크를 형성하고 있었다. 그 중 빅6는 삼일, 안건, 산동, 세동, 영화, 안진이였다. 삼일회계법인이 쿠퍼스&라이브런드(Coopers & Lybrand), 안건은 스위스에 본사를 둔 딜로이트 투시 토마츠(Deloitte Touche Tohmatsu)와 제휴하고 있었다. 산동이 KPMG, 세동이 프라이스 워터 하우스(Price Water House), 영화가 언스트&영(Ernst & Young)과 손잡았고, 안진은 아더앤더슨(Arthur Anderson)과 제휴했다. 이들이 제휴한 세계적인 멤버펌(member firm)이 대형화를 위해 합병을 하면서 그에 따라 국내 회계법인도 이합집산의 양상을 보였다.

1998년 10월, 프라이스 워터 하우스와 쿠퍼스&라이브런드가 합병하자 세동은 쿠퍼스&라이브런드와 결별하고 세동경영회계법인으로 이름

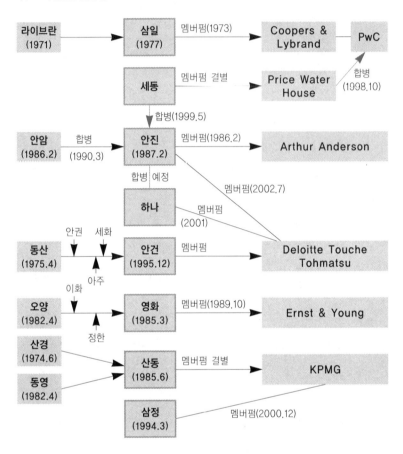

을 바꾼 뒤 1999년 5월 1일 안진회계법인에 흡수합병되었다. 삼일회계법인은 합병된 프라이스 워터하우스 쿠퍼스(PwC)와의 멤버십 제휴관계를 유지했다. 이로써 빅6체제에서 빅5체제로 바뀌었다. 그러나 산동회계법인이 영업정지를 당하자 KPMG는 산동과의 멤버펌 관계를 청산하고 삼정회계법인과 손을 잡았다. DTT(딜로이트 투시 토마츠) 역시 안건회계법인이 동아건설 부실감사 등에 휘말리자 한때 멤버펌 관계청산을 검토했으나 아직까지 멤버펌 관계를 유지하고 있다. 아더앤더슨이 엔론사태로 문을 닫게 되자 안진회계법인 역시 아더앤더슨과의 멤버펌 관계를 청산하고 DTT와 제휴관계를 맺었다. 결국 DTT와 제휴를 맺은 안진과 하나가 앞으로 합병될 것을 감안하면, 국내 회계법인은 삼일, 영화, 안진＋하나, 삼정 등 빅4체제를 갖추게 된다.

2 공인회계사는 '감사의견'으로 말한다

숨기고 싶은 부실감사

몇년 전 증권사에 근무하는 젊은 공인회계사 한 명을 만났다. 다음은 그와 필자의 대화 한토막.

"어느 회계법인에서 근무했습니까?"

"KPMG에서 근무했습니다."

"그럼 미국에 계셨겠네요?"

"아닙니다."

"아! 그렇다면 산동회계법인에서 근무하셨군요."

"그렇습니다."

그는 산동회계법인에 불과 3년 정도밖에 근무하지 않았다. 수습 공인회계사 딱지를 갓 떼고 책임회계사(in chage)로 근무하다가 산동이 대우계열사 부실감사로 문을 닫게 되는 불운을 겪은 것이다. 매니저(Manager : 회계법인의 부서장)나 파트너(Partner : 회계법인의 주주 겸 임원)

가 되기도 전에 회사를 나와야 했던 것이다. 첫인상에도 강직한 성품이 드러나 보이는 그로서는 산동회계법인에 근무했었다는 사실이 부끄러웠던 모양이다. 부실감사의 대명사처럼 되어버린 '산동'이 아니라 그래도 이름이 덜 알려진 'KPMG'에서 근무했다고 하고 싶었을 게다. 그만큼 공인회계사로서는 '부실감사'가 부끄러움을 넘어 치욕으로 느껴졌던 것이다. 산동회계법인의 청산이 거기에 몸담았던 회계사에게 주는 상처가 얼마나 컸을까를 엿볼 수 있는 대목이었다.

이제 젊은 공인회계사에게 치욕을 안겨줬던 부실감사와 분식회계의 메커니즘을 알아보자.

감사의견은 회계사의 처방전

모든 전문직은 그 분야의 결과물로 의견을 밝힌다. 펀드매니저는 운용수익률로 말하고 애널리스트는 분석보고서로 말한다. 판사는 판결문으로, 변호사는 변론으로, 의사는 처방으로 전문적인 판단을 제시한다. 마찬가지로 공인회계사는 감사의견으로 말한다. 정확히 말해 감사의견이 담긴 감사보고서에 자신의 전문적인 판단을 담아낸다. 공인회계사가 기업에 대해 외부감사를 하는 모든 활동은 감사의견에 집약돼 있다. 그 감사의견이 감사기준과 회계감사준칙 등에 따라 적절한 절차를 거쳐서 나온 것이냐를 검증하는 것이 금융감독원의 감리다.

감사의견에 대한 이해를 높이기 위해 감사의견의 종류와 뜻을 알아보자. 회계감사준칙에는 감사의견의 종류를 설명해 놓았다. 적정, 한정, 부적정, 의견거절 등 4가지가 그것이다. 그러나 좀더 자세하게 들여다보면 세부적으로 나뉘어진다.

감사의견 4가지

먼저 '적정의견(Unqualified Opinion)'은 재무제표가 기업회계기준에 따라 중요성의 관점에서 적정하게 표시되었다고 판단할 때 감사인이 표명하는 의견이다. 이 적정의견은 다시 보통 적정의견(Standard Unqualified)과 특기사항 문단이 덧붙여진 적정의견(Unqualified Opinion with Explanatory Paragraph)으로 나뉜다. 우리나라에서는 이같은 구분이 명확하지는 않다. 특기사항이 덧붙여지는 경우는 그 내용이 감사의견에 영향을 주지는 않지만 감사인의 판단에 따라 추가되는 부분이다. 이런 특기사항 문단이 있는 적정의견은 엄격히 말하면 '적정'과 '한정' 사이에 놓인 감사의견이라고 볼 수 있다.

'한정의견(Qualified Opinion)'은 감사인과 경영자 간의 의견불일치나 감사범위의 제한으로 인한 영향이 중요할 경우에 내리는 의견이다. 그 중요도가 적정의견을 표명할 수는 없지만 부적정의견이나 의견거절을 표명할 정도로 중요하지 않거나 전반적이지 않을 경우에 한정의견이 표명된다. 한정의견 역시 두 가지로 나눌 수 있다. 기업회계기준 위배로 인한 한정의견과 감사범위의 제한(Scope Limitation)에 따른 한정의견이다. 기업회계기준 위배로 인해 한정의견을 받은 경우 기업회계기준에 맞춘 수정재무제표가 덧붙여진다. 그러나 감사범위의 제한으로 인한 한정의견은 감사를 충분히 할 수 없었기 때문에 수정된 재무제표가 작성될 수 없다. 특히 감사를 받는 기업이 감사범위를 제한한 경우는 분식을 숨기기 위한 의도일 가능성이 높다. 그래서 최근 감사범위 제한 한정의견을 받은 기업은 증권거래소에 상장시킬 수 없도록 관련규정이 강화되었다.

'부적정의견(Adverse opinion)'은 감사인과 경영자 간의 의견불일치로 인한 영향이 대단히 중요하고 전반적이라는 뜻이다. 그 정도가 한정의견의 표명으로는 재무제표가 오도 또는 왜곡표시된 내용을 적절하게 공시할 수 없다고 감사인이 판단한 경우다.

'의견거절(Disclaimer of opinion)'은 감사범위 제한의 영향이 매우 중요하고 전반적이어서 감사인이 충분하고 적합한 감사증거를 획득할 수 없었고 따라서 재무제표에 대한 감사의견을 표명할 수 없는 경우에 내려진다.

감사의견 분류에도 기준은 있다

감사의견의 종류별 정의에서 보듯이 감사의견에는 나름대로 분류기준이 있다. 이 분류기준은 크게 4가지로 나뉜다.

첫 번째는 감사인의 독립성이다. 독립성이 없다면 감사의견을 낼 수 없다. 즉, 의견거절을 내야 한다. 기본적으로 감사인의 독립성이 확보되어야 적정, 한정, 부적정 등의 의견을 낼 수 있는 것이다. 감사인의 독립성에 얽힌 에피소드 하나를 보자. 다음은 아더앤더슨 코리아의 한국대표를 지낸 양승우 회장의 이야기다.

〈금액 중요성에 따른 감사의견〉

감사의견 분류기준	금액 중요성(Level of Materiality)에 대한 회계법인의 판단		
	경미(Immaterial)	중요(Material)	매우 중요(Highly Material)
특기사항 문단의 필요성	적정	적정(특기사항 명시)	적정(특기사항 명시)
기업회계기준의 위배 정도	적정	한정(수정F/S 첨부)	**부적정(수정F/S 첨부)**
감사범위의 제한 정도	적정	**한정(상장·등록 불가)**	의견거절
계속기업존속 가능성 의문정도	적정	**부적정**	의견거절
감사인의 독립성 결여 수준	의견거절	의견거절	의견거절

※ F/S는 재무제표(Financial Statements), 굵은 글씨는 상장등록 불가의견

"아더앤더슨 코리아의 임원으로 훌륭한 분을 한 분 모시려고 했다. 그분을 회계감사 분야도 아니고 컨설팅 담당 임원으로 영입하려 했다. 그런데 그분이 기아자동차 주식 12주를 갖고 있다는 이유를 들어 아더앤더슨 본사에서 임원으로 영입할 수 없다는 통보가 왔다. 아더앤더슨 코리아의 안진회계법인이 기아자동차를 감사하고 있기 때문에 감사인의 독립성을 저해할 수 있다는 것이 본사의 입장이었다. 아더앤더슨 그룹은 담당 회계사뿐 아니라 그룹 내의 어떤 임직원도 피감회사의 주식을 1주라도 가져서는 안 된다는 내규가 있었던 것이다. 우리나라에선 법적으로 문제가 없지만 아더앤더슨에서는 감사인의 독립성을 그 정도로 매우 엄격하게 지키고 있는 것이다."

감사인의 독립성이 확보되지 않으면 감사의견은 나올 수 없는 것이고, 아더앤더슨은 그 독립성을 엄격하게 지키고 있다는 이야기다.

두 번째 감사의견의 분류기준은 감사범위의 제한(Scope Limitation) 여부이다. 외부감사인이 감사를 하는 데 피감회사가 의도적이든 비의도적이든 감사범위에 제한을 두는 경우가 있다. 이 경우에 감사범위 제한의 정도가 가벼우면 적정, 중요하면 한정의견을 내야 한다. 그 정도가 재무제표 전반에 미치는 영향이 매우 중요하면 의견거절을 표명해야 한다.

세 번째 기준은 기업회계기준의 위배 여부이다. 피감회사가 기업회계기준을 고의 또는 실수로 위배했을 경우 그 정도가 가벼우면 적정의견을, 중요하면 한정의견을, 특히 중요하면 부적정의견을 내야 한다. 이 경우 감사보고서에는 피감회사가 작성한 재무제표뿐 아니라 기업회계기준에 맞는 수정재무제표를 작성해서 첨부해야 한다.

네 번째 기준은 계속기업으로서의 존속 가능성 여부, 즉 기업의 생사

〈감사의견 결정 흐름도〉

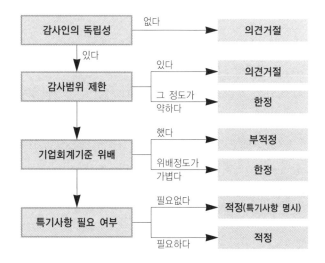

와 관련된 사항이다. 피감회사가 계속 살아남을 가능성이 의문시되는 정도가 가벼우면 적정, 중요하면 부적정, 특히 중요하면 의견거절을 표명해야 한다.

'경미하다' '중요하다' '매우 중요하다'

감사보고서를 보면 '경미하다(가볍다)' '중요하다' 또는 '매우 중요하다'라는 표현을 자주 접하게 된다. 단어 자체만 보아도 매우 주관적인 표현이다. 그렇다. 그것은 공인회계사라는 전문가가 판단할 수 있는 영역이다. 이렇게 주관적인 판단이 적용되는 것이 바로 '금액 중요성'이다. '금액 중요성(Materiality)'은 감사인이 계정과목별로 부정이나 오류를 발견하더라도 그 규모가 일정수준 이내라면 무시해도 된다는 공인회계사의 내부기준이다. 부정이나 오류가 있음을 확인하더라도 감사의견에 영향을 주지 않을 정도의 수준을 가늠하는 기준이라고 할 수 있다.

즉 감사인의 판단문제이다.

어느 정도는 눈감아준다?

금액 중요성이 가볍다면 그것은 감사의견에 영향을 주지 않는다. 가령 이익의 경우 이익을 부풀리거나 줄여도 EBIT(세전 순이익)의 5% 정도까지는 중요하지 않다고 판단할 수 있다. 매년 5조~6조원의 이익을 내는 삼성전자는 회계기준이 허용하는 범위 내에서 얼마든지 수천억원의 이익을 조정할 수도 있다. 문제는 그 규모다. 세전순이익의 5%인 2,000억~3,000억원 정도라면 감사의견에 큰 영향을 주지 않는다는 이야기다.

물론 업종에 따라 기업규모에 따라 금액 중요성의 기준은 달라진다. 그러나 통상 자산의 경우 1% 이내, 매출액의 0.5% 이내 정도는 금액 중요성이 없다고 판단된다.

그러나 금액 중요성이 이렇게 단순한 것만은 아니다. 우선 공인회계사는 감사를 시작하기 전에 금액 중요성의 기준을 정해야 한다. 자산의 1%, 매출액의 0.5% 이내에서는 오류나 부정을 그냥 넘길 수 있다는 식으로 그 기준을 정해놓고 감사를 해야 한다. 감사도중 "매출액의 0.6%가 오류인데 이 정도면 0.5%와 차이가 나지 않으니 그냥 넘어가자"고 판단해서는 안 된다는 이야기다. 오류나 부정의 규모뿐 아니라 단순한 실수냐 아니면 의도적인 분식이냐에 따라 금액 중요성의 잣대가 달라져야 한다. 의도적인 부정을 단순한 실수와 똑같이 취급할 수는 없기 때문이다. 금액 중요성에는 각 회계법인이 감사품질을 유지하기 위해 나름대로 정해놓은 기준이 있다. 하지만 그것을 공개하지는 않는다. 자신들의 노하우이자 일종의 영업비밀이기 때문이다.

〈외부감사 대상회사의 연도별 감사의견〉

(단위 : 사, %)

구분	1997		1998		1999		2000		2001		2002	
	회사수	비율	회사수	비율	회사수	비율	회사수	비율	회사수	비율	회사수	비율
적정의견	6,186	86.0	6,198	88.5	5,748	87.9	5,808	86.4	7,820	88.0	8,041	92.0
한정의견	881	12.3	660	9.4	599	9.1	635	9.4	725	8.2	474	5.4
부적정의견	38	0.5	26	0.4	44	0.7	90	1.3	89	1.0	58	0.7
의견거절	89	1.2	117	1.7	150	2.3	192	2.9	249	2.8	167	1.9
합계*	7,194	100.0	7,001	100.0	6,541	100.0	6,725	100.0	8,883	100.0	8,740	100.0

※ 감사의견 분석대상 회사수를 의미하며, 총 외부감사 대상수를 의미하는 것은 아님

〈증권거래소 상장기업의 연도별 감사의견〉

(단위 : 사, %)

구분	1997 (12월 결산법인)		1998 (12월 결산법인)		1999		2000		2001		2002	
	회사수	비율	회사수	비율	회사수	비율	회사수	비율	회사수	비율	회사수	비율
적정의견	493	93.4	476	94.6	553	93.3	466	92.3	567	93.1	566	97.1
한정의견	31	5.9	22	4.4	24	4.0	19	3.7	20	3.3	14	2.4
부적정의견	1	0.2	–	–	1	0.2	6	1.2	3	0.5	–	–
의견거절	3	0.5	5	1.0	15	2.5	14	2.8	19	3.1	3	0.5
합계	528	100.0	503	100.0	593	100.0	505	100.0	609	100.0	583	100.0

〈코스닥 증권시장 등록기업의 연도별 감사의견〉

(단위 : 사, %)

구분	1999		2000		2001		2002	
	회사수	비율	회사수	비율	회사수	비율	회사수	비율
적정의견	264	95.0	473	96.1	654	99.2	790	98.5
한정의견	11	4.0	14	2.9	4	0.6	7	0.9
부적정의견	2	0.7	1	0.2	–	–	1	0.1
의견거절	1	0.3	4	0.8	1	0.2	4	0.5
합계*	278	100.0	492	100.0	659	100.0	802	100.0

※ 협회등록법인은 코스닥시장이 활성화된 1999년 이후부터 별도로 분석함

3 감사절차는 어떻게 진행되나

감사인 선임과정의 독립성

"지난해 경영실적이 의외로 좋습니다. 그런데 외부감사인을 A회계법인에서 S회계법인으로 바꿨는데 무슨 이유가 있습니까?" (필자)

"예, 그건…. 지난 5년 동안 A회계법인이 외부감사를 맡아왔는데 S회계법인에 아는 사람도 있고 해서 바꿨습니다. 특별한 이유가 있는 것은 아닙니다." (Y사장)

상장기업인 U사 Y사장은 외부감사인을 바꾼 이유를 '아는 사람이 있어서'라고 대답했다. Y사장의 대답을 들으면서 '아직까지 이 회사는 지배구조가 체계적이지 못하다'는 생각을 했다. Y사장도 속사정이 있겠지만 그저 아는 사람이 부탁하니 외부감사인을 바꿨다고 말할 정도면 깐깐한 감사보다는 느슨한 감사를 받고 싶다는 계산이 깔렸을 것이다. 게다가 사장이 외부감사인을 바꿨다는 사실은 문제의 소지가 있다. 정상적인 기업이라면 내부감사나 감사위원회에서 외부감사인을 선임해야 하기 때문이다.

기업의 경영활동에는 합리적인 제어장치가 있어야 한다. 경영진의 독단과 전횡을 막고 합리적인 의사결정을 이루기 위해서이다. 그래서 내부감사가 있고 외부감사도 있는 것이다. 현행 법규에는 감사, 감사위원회, 감사인선임위원회 등 감사관련 기구가 3곳이나 된다. 그런데도 아직까지 우리나라 기업인은 감사의 필요성을 절실하게 인식하지 못하는 것 같다.

원래 감사(Auditor)는 주주를 대신해 경영진을 감시하는 상법상의 기구이다. 감사가 경영진의 입장이 아닌 주주 입장에서 경영감시를 할 수 있느냐에 따라 지배구조의 좋고 나쁨이 드러난다. 그동안 감사는 부사장급 임원 정도로 인식됐던 것이 우리나라의 현실이다. 심지어 이사로 근무하다가 감사로 자리를 옮기거나 대주주의 친인척이 감사로 일하는 경우도 있었다. 그렇게 됐으니 경영진에 대한 감시기능이 있을 리 만무하다.

현행 법규상 자산규모 2조원 이상인 기업은 감사위원회를 두도록 되어 있다. 게다가 상장 또는 코스닥등록 기업은 감사인선임위원회를 두어야 한다. 감사인선임위원회에는 감사와 2대·3대 주주 대표, 1대·2대 기관투자가 대표, 1대·2대 채권기관 대표 등으로 구성되어 있다. 감사인선임위원회 구성에서 보듯 주주뿐 아니라 채권·금융기관의 영향력이 강화되는 추세다.

문제는 감사나 감사위원회, 감사인선임위원회가 경영진으로부터 얼마나 독립된 상태인가이다. 감사기구가 경영진의 영향력 안에 들어간다면 견제기능이나 감시기능은 약해지게 마련이다. 제도나 시스템뿐 아니라 감사기능이 경영진으로부터 실질적으로 독립되어야 한다. 물론 "우리나라는 감사, 감사위원회, 감사인선임위원회가 있지만 미국은 감사위원회로 통일돼 있다. 이 때문에 미국에선 우리나라의 감사인 선임시스템을 잘 이해하지 못한다"(금융감독원 황인태 전문심의위원)는 지적도 있다. 감사관련 기구를 복잡하게 만드는 것보다 경영진으로부터 실질적으로 독립하는 게 더 중요하다는 이야기다.

감사절차 4단계

회계법인은 어떤 절차에 따라 감사를 실시할까. 감사절차는 크게 4단계로 나뉜다. 첫 번째는 감사계획과 감사계약 단계이다. 두 번째는 감사 대상회사(피감회사)의 자체적인 내부통제구조가 어떤지 평가하는 것이다. 세 번째는 감사 대상회사가 만든 재무제표가 정확하게 작성되었는지 입증하는 것이다. 입증절차가 끝나면 마지막 단계로 감사보고서를 작성한다. 다시 말해 감사절차는 감사계획과 계약→내부통제구조 평가→입증절차→감사보고서 작성 등 4단계를 거친다.

첫 단계인 감사계획(플래닝)과 감사계약 단계를 살펴보자. 기업 입장에선 외부감사인을 정하는 것이지만 회계법인 입장에선 감사할 대상회사와 감사수임계약을 하면서부터 감사절차가 시작된다. 회계법인은 이때 피감회사와 업종현황에 대해 이해한 다음 감사절차를 담은 프로그램을 작성한다.

두 번째 단계에서 회계법인은 피감회사의 내부통제시스템이 어떻게 돼 있는지 등을 평가한다. 자체적인 감사기능이 어느 정도 활성화됐는지를 살펴보는 것이다. 구체적으로 경영자의 경영방침이 어떤 것이고, 그의 성실성은 어느 정도이며, 회사의 조직구조는 얼마나 효율적이고, 감사위원회의 기능은 제대로 움직이고 있는지를 평가하게 된다. 또 내부감독기관의 독립성이 있고 그 보고형태는 어떻게 돼 있으며 어떤 역할을 하는지, 외부감독기관의 규제는 어느 정도 받고 있는지도 평가대상이다.

피감회사의 내부통제활동에 대한 평가는 매우 세밀하게 이루어진다. 자금집행 등 경영활동의 승인(Authirization)과 집행(Operating), 기록(Recording) 그리고 보관업무(Custody) 등의 업무분장이 잘 돼 있는지가 중요한 평가대상이다. 모든 사안이 문서로 정리돼 있는지, 그 문서에 대한 접근이 잘 통제돼 있는지도 살펴본다. 임직원들의 부정이나 오류가 없도록 잘 통제된 기업인지 그 여부를 파악하기 위해서다.

물론 회계법인이 감사보고서에 피감회사의 내부통제시스템이 효율적인지, 얼마나 취약한지에 대해 반드시 지적해야 할 의무는 없다. 그러나 내부통제시스템이 어느 정도 수준으로 잘 이루어지고 있는지를 평가해야 한다. 내부통제활동의 수준에 따라 '감사강도'를 조절하기 때문이다. 내부통제시스템이 잘 돼 있으면 감사강도를 약하게 잡고, 내부통제시스템이 허술하면 감사강도를 강하게 한다.

세 번째 단계인 입증절차에서는 피감회사에서 제시한 재무제표가 과연 정확하게 작성되었는지를 살펴본다. 보통 외부감사 활동이라고 하면 이 입증절차를 말한다. 이 과정에는 구체적인 감사기술이 동원된다. 실물 확인(Physical Counting), 입회 확인(Observation), 조회 확인(Confirmation), 문서 검증(Document review), 질문(Inquiry), 재계산(Recalculation), 재수행(Reperformance), 분석적 검토(Analytical Review Procedures) 등이 그것이다.

회계법인은 이 단계에서 감사증빙(Evidence) 또는 증거서류를 확보한다. 서류나 전표를 원본으로 대조해 보고 확인해야 한다. 물론 모든 서류나 전표를 다 조사하는 전수조사를 할 수는 없으므로 표본조사를 할 수밖에 없다. 그러나 최소한 모든 전표가 진짜라고 하는 확신이 들 정도로 충분하게 표본의 수를 잡아야 한다. 한가지 주목할 만한 점은 복

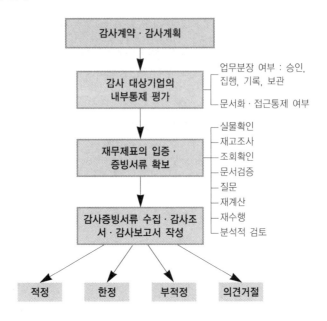

사본(Copy)은 감사증빙의 대상이 될 수 없다는 사실이다. 만약 감사인이 복사본을 보고 감사했다면 이는 직무유기이며 그로 인한 부실감사의 책임을 져야 한다.

　네 번째 감사보고서의 작성 단계에선 증거와 증빙서류를 수집해서 재무제표를 전반적으로 평가한다. 그 다음 적정, 한정, 부적정, 의견거절 등 감사의견을 정하고 감사보고서를 발행한다.

4 감사의견도 잘못 나올 수 있다

회계감사기준, GAAS와 SAS

감사결과는 감사인의 주관적 판단을 상당 부분 내포하고 있는 것은 사실이다. 그러나 어떤 기준이나 규칙이 전혀 없는 것은 아니다.

미국공인회계사협회(AICPA)는 1947년에 회계감사기준을 만들었다. 회계감사기준인 GAAS(Generally Accepted Auditing Standards)는 외부감사인이 전문가로서의 책임을 다하기 위해 만들어진 일반적인 가이드라인이라고 스스로 규정하고 있다. 감사인은 GAAS를 따라서 감사를 행해야 할 책임이 있는 것이다. 이 GAAS는 10개의 기준으로 구성돼 있는데, 1999년 미국 감사기준위원회(ASB)가 GAAS를 좀더 세분화했다. 구체적으로 항목별 감사절차에 대해 설명해 놓은 것이 SAS(Statement on Auditing Standard)다. 우리나라로 말하면 회계감사준칙이 SAS에 해당된다.

그렇다면 회계감사기준을 왜 만들었을까. 회계법인별로 자신들의 영업비밀에 속하는 많은 원칙과 기준, 절차 등이 있는데 굳이 감사기준을 만들 필요가 있을까 하는 의문이 생길 수 있다. 그러나 회계법인 입장에서 보면 방어논리를 위해서라도 감사기준이 있어야 한다. 감사기준이나 감사준칙을 지켰다면 전문가로서 역할을 다했다는 변명이 되기 때문이다. 감사인이 감사보고서의 이용자로부터 손해배상 청구소송을 당할 경우를 대비해 자신의 입장을 방어함으로써 피해를 입지 않기 위해 GAAS나 SAS를 만들었다는 주장도 그래서 나온다.

감사위험은 감사강도와 반비례한다

감사기준이 있음에도 불구하고 회계법인으로선 감사의견을 내면서 나름대로 방어논리를 내세울 필요성이 있다. 자신들이 실시한 외부감사가 어느 정도 정당하며 외부감사를 한 것과 하지 않은 것의 차별성도 강조해야 한다. 그래서 감사의견이 적정으로 나왔다는 것은 절대적인 확신(Absolute Assurance)은 아니라고 회계사들은 주장한다. 적절한 절차를 거쳐 형성한 합리적인 확신(Reasonable Assurance)이라는 얘기다.

실제로 감사인이 신(神)이 아닌 이상 절대적인 확신을 할 수는 없을 것이다. 피감회사에서 고의적으로 속이는 것을 발견하지 못할 수도 있다. 그래서 회계법인들은 자신들의 감사행위에 관한 방어를 위해 '위험에 근거한 접근방식(Risk-based Approach)'을 택하고 있다. 회계법인이 잘못된 감사의견을 낼 가능성은 이런 저런 위험요인 때문이고, 감사를 실시하면서 그 위험요인을 줄여나갔다는 것이 이 접근방식의 주요내용이다.

위험에 근거한 접근방식에 따라 회계사들은 감사위험(Audit Risk)이라는 것을 설정한다. 감사인이 잘못된 감사의견을 제시할 위험성을 상정한 것이다. 리스크 '0'은 감사결과 작성된 재무제표에 오류나 부정이 전혀 없다는 것을 의미한다. 그러나 이것은 사실상 불가능하다. 선거결과를 예측하는 여론조사에서도 오차범위라는 게 있다. 마찬가지로 회계감사에서도 오차범위가 존재하게 마련이다. 다만 그 범위를 좁히기 위해 감사위험의 수준을 조절할 뿐이다.

감사위험은 감사강도와 반비례한다. 매우 깐깐하게 감사를 하면 감사의견을 잘못낼 가능성은 줄어든다. 따라서 회계법인은 감사위험에 따라 감사강도를 조절한다. 특히 회계법인이 잘못된 감사의견 때문에 소송을 당할 위험이 클 경우에는 감사위험을 낮게 잡아 감사강도를 높인다. 또 감사대상 기업이 영위하는 업종이 불황일 경우에도 감사위험의 수준을 낮춰야 한다. 감사를 잘못했을 때 그만큼 파장이 크기 때문에 더 깐깐하게 감사를 해야 한다는 이야기다.

감사의견이 잘못 나오는 이유

회계사들은 감사의견이 잘못 나오는 원인, 즉 감사위험의 원인을 3가지로 꼽는다. 고유 리스크(IR)와 컨트롤 리스크(CR), 적발 리스크(DR) 등이다. 어찌 보면 감사의견이 잘못 되었을 때 감사인의 잘못은 3가지 가운데 적발 리스크 1가지일 뿐 나머지는 고유 리스크나 컨트롤 리스크 때문이라고 강변하는 것처럼 보인다. 그러나 그 논리를 들어보면 어느 정도 이해할 수 있다.

'고유 리스크(IR: Inherent Risk)'는 재고자산 등 태생적으로 부정이나 오류가 발생할 가능성이 큰 계정과목 또는 업황이나 기업의 특성에서 나타나는 감사 리스크를 말한다.

예를 들면 삼성전자는 원가구조가 복잡하고 LG칼텍스정유는 원유의 매매가 빈번하다. 그로 인해 재고자산이 복잡하게 계산되므로 단순한 제조업보다 부정이나 오류의 가능성이 높아진다. 앞서 언급했던 건설업처럼 공사진행률에 따라 매출액이 고무줄처럼 늘어나는 경우도 마찬가지다.

계정과목 중에서 부정이나 오류가 가장 많은 항목이 재고자산이다. 이 때문에 재고자산의 과대평가는 가장 일반적인 분식회계 기법 중의 하나로 꼽힌다. 재고자산은 계산이 복잡하고, 원가를 고치기 쉽다는 점에서 분식위험이 가장 큰 자산이다. 부채계정에도 부정이나 오류의 여지가 많다. 장부에 적지 않은 부외부채(Unrecorded Libilaities) 가능성이 큰 계정과목이기 때문이다.

이처럼 고유 리스크는 계정과목 자체가 갖고 있는 부정과 오류의 가능성, 업황 또는 업종의 특수성에 따른 감사위험이다.

다음으로는, 내부통제시스템의 강약에 따라 감사의견이 잘못 나올 수도 있다. 이를 '컨트롤 리스크(CR: Control Risk)'라고 한다.

기업을 하나의 자동차로 비유한다면 내부통제시스템은 위험이 있을

〈감사 리스크〉

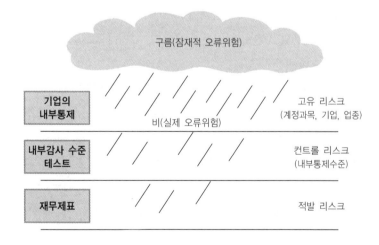

142

때 적절하게 제동을 거는 브레이크이다. 매출액을 늘리고 연구개발비를 집행하는 것은 자동차의 엔진을 빠르게 움직여 가속하는 것과 같지만, 내부통제시스템은 자동차의 제동장치처럼 속도를 조절하는 기능을 하는 것이다. 거래의 승인과 집행, 기록과 보관 등을 철저하게 분리했느냐 하는 문제 등이 대표적인 컨트롤 리스크의 문제이다.

내부통제시스템은 그 효율성에 대한 논란이 많지만 이 시스템을 확립하는 데 드는 비용보다 이익이 더 높을 때는 반드시 갖춰야 한다. 앞서 언급한 삼성전자나 LG칼텍스정유의 경우 재고자산이 복잡하게 기재된다는 점 때문에 고유 리스크는 높지만 내부통제수준만 따진다면 자체 경영시스템이 잘 돼 있어 컨트롤 리스크는 적다고 볼 수 있다.

마지막으로 회계법인이나 소속 공인회계사가 부정이나 오류를 적발해 내지 못할 위험이다. 이를 '적발 리스크(DR: Detection Risk)'라고 한다. 회계법인이 감사대상 기업과 짜고 엉터리 감사를 한다든지, 감사수임료를 많이 줄 테니 '적정' 의견을 달라는 의견매수(Opinion Shopping)에 사로잡혀 대충대충 감사를 하는 것이 바로 적발 리스크에 해당된다.

결국 감사의견이 잘못 나올 위험(Audit Risk)은 고유 리스크(IR)와 컨트롤 리스크(CR), 적발 리스크(DR)에 의해 결정된다고 볼 수 있다. 따라서 회계법인은 이 3가지 리스크를 감안해서 감사의 강도를 결정한다.

5 감사인의 어깨가 무거워진다

감사인은 법적 책임이 없어도 사회명분상 처벌받는다

"폴로라는 의류브랜드 수입업체는 1994년 적정의견을 받았습니다. 회계법인이 감사절차를 제대로 지켜 감사했죠. 그런데 증권감독원은 회계법인이 위조전표 하나를 발견하지 못했다고 징계를 내렸습니다. 그만큼 사회적 책임이 크다는 이야기죠."(S회계법인 J회계사)

1994년 신한인터내셔널이라는 상장회사의 이야기다. '폴로' 상표로 유명한 의류브랜드 수입업체인 이 회사는 1994년에 '적정' 의견을 받았다. 회계법인이 적절하게 감사계획을 수립했고 감사절차에 따라 정상적으로 감사가 진행됐다. 법원에서도 감사절차가 정상적으로 이루어졌다는 점이 인정됐다. 그런데 회계법인은 신한인터내셔널이 해외거래처로부터 받은 대금청구서(Bill)가 위조됐다는 점을 발견하지 못했다. 가짜 매출이 이뤄졌는 데도 발견하지 못한 것이다. 당시 증권감독원은 "감사인에게 법적인 책임은 없지만 사회명분상 경고조치를 내린다"고 발표했다. 법적으로 잘못이 없더라도 사회적 책임을 져야 한다는 것이다. 미국에서도 감사인을 상대로 한 소송의 상당 부분에서 감사인이 패소하는 실정이다. 그만큼 공인회계사의 사회적 책임이 강화되는 추세이다.

이같은 문제는 옛날부터 회계법인의 큰 이슈였다. 1940년대 미국에서는 피감회사가 위조한 문서(Falsified document)나 임직원의 공모(Employee collusion)까지 외부감사인의 책임 범주에 넣을 수 있느냐에 대해 뜨거운 논란이 있었다. 아직 뚜렷한 결론이 나지는 않았지만 감사인의 사회적 책임이 무거워지고 있는 추세인 것만은 분명한 사실이다.

부정과 오류의 원인들

그렇다면 공인회계사 입장에서 부정이나 오류가 생길 수 있는 원인은 무엇일까. 크게 3가지로 나눠보면, 첫 번째는 피감회사의 단순한 실수(Error), 두 번째는 고의적인 사기행위(Fraud), 세 번째는 위법행위(Illegal act)이다. 그렇다면 피감회사의 실수나 사기, 위법행위에 대해 감사인이 어느 정도까지 책임을 져야 하는가 하는 문제가 발생한다.

앞서 언급했듯이 감사인은 재무제표가 회계기준에 따라 적정하게 작성됐다는 합리적인 확신을 할 뿐이다. 회계정보 이용자에게 절대적인 확신을 제공할 수는 없는 상황이다. 그러나 회계법인은 피감회사가 밝히지 않은 실수나 사기행위를 밝혀내야 한다. 또 실수나 사기로 재무제표가 왜곡됐다면 재무제표를 수정해 줄 것을 피감회사에 요구해야 한다. 만약 피감회사에서 그같은 요구에 응하지 않으면 감사의견을 한정, 부적정 또는 의견거절로 표명해야 한다.

실수(Errors)와 사기(Fraud)는 비의도적이냐 의도적이냐의 차이이다. 실수의 경우 피감회사가 잘 몰라서 오기를 했거나 누락시켰거나 회계기준을 잘못 적용했을 경우에 나타난다. 그러나 사기행위는 의도적으로 재무제표를 오기했거나 누락시키고, 조작하거나 횡령한 경우를 말한다. 이 경우 감사인은 분식회계의 가능성이 매우 높은 것으로 판단한다.

사기냐 위법이냐

일반적으로 감사인들은 피감회사의 사기행위 여부를 판단하기 위해 몇 가지 요인(Fraud risk factors)을 점검한다. 먼저 경영진의 특성 면을 점검하는 사기 위험요인은 8가지이다. 그 8가지를 열거해 보면 ① 임원진이 자주 바뀌는 기업은 무엇인가 문제가 있다 ② 지나친 인센티브나 성과급제를 실시하는 기업도 사기적인 성향을 의심해 보아야 한다 ③ 경영진이 주가와 이익에 대해 지나치게 관심을 갖는 것도 좋지 않은 징후다 ④ 애널리스트들이 비현실적으로 이익전망을 내놓는 기업은 사기행위를 벌일 가능성이 있다 ⑤ 세금을 줄이기 위해 이익을 줄이려는 경향을 보이는 기업도 주의해야 한다 ⑥ 적절한 감시절차를 밟지 않는 등 내부통제시스템이 허술한 회사는 사고가 발생할 가능성이 높다 ⑦ 영업목표치를 비현실적으로 높게 잡은 기업도 의심해 보아야 한다 ⑧ 회계기술 내부감사인력이 비효율적인 경우도 의심해 보아야 한다 등을 꼽을 수 있다.

산업적 특성이나 조건 면에서 보면 이익률이나 수익성을 훼손할 정도의 새로운 규칙과 요구사항, 지나친 경쟁구도, 사양산업 또는 업황의 등락이 큰 산업, 업황의 급속한 변화 등이 사기행위를 증가시킬 수 있는 요인이다. 이밖에 경영이나 다른 요인을 꼽아보면 ▷ 이자율 등 경제지표에 특히 민감한 경우 ▷ 비정상적인 거래가 많은 경우 ▷ 새로운 거래고객이 많을 경우 등이 사기행위를 증가시킬 수 있는 요인이다.

위법행위에 대해서는 두 가지 경우가 있다. 재무제표에 직접적인 영향을 주는 경우에는 실수나 사기행위와 같이 피감회사에 재무제표 수정을 요구하거나 감사의견을 조정해야 한다. 그러나 피감회사의 위법행위가 재무제표에 간접적인 영향만 줄 경우에는 감사인의 책임이 없다. 가령 피감회사가 폐수를 방류하는 위법행위를 저질렀다고 치자. 그것은 재무제표에 직접적인 영향을 주는 행위가 아니다. 따라서 감사인은 책임이 없다는 게 일반적인 견해다.

또한 감사인은 어디까지나 감사보고서(Working paper)에 대해서만 책임을 진다. 반기 검토보고서나 분기보고서에 대해서는 감사를 실시하지 않고 단순히 검토만 하기 때문에 책임을 지지는 않는다.

〈최근 제기된 감사인에 대한 손해배상 청구소송 현황〉

(2002년 3월 31일 현재)

회계법인	제기년	원고	회사	청구원인	비고
삼일	2000	소액주주 16인	동양종금주식회사	주식투자손실에 대한 손해배상 청구	1심 진행중
안건	2001	소액주주	제주은행	손해배상 청구	1심 진행중
안건	2002	유한양행	원양약품	화의채무자의 자산과 소계상	1차 답변제출
안진	1999	여현동 및 세양산업	국제정공	손해배상 청구	1심 승소 2심 원고항소
안진	2002	강경희 외 350인	한빛은행, 경남은행, 평화은행	손해배상 청구	1심 진행중
서원	2001	이동선 외 1명	(주)씨에스디정보통신	손해배상 청구	1심 진행중
서원	2002	이형문 외 3명	(주)씨에스디정보통신	손해배상 청구	
서원	2002	윤창원 외 10명	(주)씨에스디정보통신	손해배상 청구	
삼경	2002	새턴창업투자(주) 외 34인	골드콘정보통신(주)	손해배상 청구	2차 답변제출

6 회계법인은 과연 돈이 많은가

무슨 돈으로 손해배상을 하나

회계법인이 부실감사를 했다고 법원이 판결을 내린다면 그 회계법인은 손해배상 책임이 발생한다. 그렇다면 과연 회계법인들은 손해배상 능력이 있을까? 이같은 질문에 답하기 위해 우리는 먼저 회계법인의 재무구조를 살펴볼 필요가 있다.

결론부터 말하자면 피감회사의 재무구조를 꿰뚫고 있는 회계법인이지만 정작 그들 자신의 재무구조는 손해배상을 감당할 능력이 되는지 의문스러울 정도이다. 그러나 보험 등을 통한 안전장치가 있다는 점을 간과해서는 안 된다. 국제적인 대형 회계법인과의 멤버십 제휴관계를 맺으면서 들어둔 보험도 있다. 멤버십은 단순한 교류관계가 아니라 일종의 전속관계이다. 이에 대해서 알아보기 전에 국내 회계법인의 현황에 대해 살펴보자.

53개 회계법인의 1년 매출액 6,566억원

우선 우리나라에는 모두 53개의 회계법인(이하 2002년 3월말 현재)이 등록되어 있다. 이들은 3월말 결산을 하고 결산일 이후 6개월 이내에 금융감독원에 사업보고서를 제출한다. 그 사업보고서가 회계법인에 대한 유일한 공시자료가 된다.

2000년 하반기 규제개혁위원회에서 회계법인의 사업보고서 제출의무를 면제시켜 주자는 논의가 있었다. 그러나 금융감독원이 "회계법인에 대한 유일한 공시서류인 사업보고서마저 제출되지 않는다는 것은 말도 안 된다"고 규제개혁위원회에 건의해 사업보고서 제출의무는 아직까지 남아 있다.

회계법인의 사업보고서 내용은 금융감독원 전자공시시스템(http://dart.fss.or.kr)으로는 공시되지 않고 있다. 금감원과 회계법인이

〈회계법인 소속 공인회계사 현황〉

(2002년 3월 31일 현재, 단위 : 명)

구분		2001.3.31(A)	2002.3.31(B)	증감(B-A)
5대 회계법인	삼일	597(24%)	766(26%)	169
	안진	246(10%)	278(10%)	32
	영화	173(7%)	224(8%)	51
	안건	265(11%)	182(6%)	△83
	삼정	188(8%)	219(8%)	31
	소계	1,469(60%)	1,669(58%)	200
기타 회계법인		981(40%)	1,219(42%)	238
총계		2,450(100%)	2,888(100%)	438
총 등록 공인회계사		5,354	5,890	536
회계법인 소속 공인회계사 비율		45.8%	49.0%	3.2%

왜 전자공시를 꺼리는 것인지 정확한 이유는 밝혀지지 않았지만 회계법인 사업보고서를 살펴보려면 여의도에 있는 금융감독원 공시열람실을 직접 방문해야 한다. 회계법인의 사업보고서에는 각 회계법인의 손해배상 능력, 최근 3년 동안의 소송현황, 최근 3년 동안 부실감사 지적 현황 등이 담겨 있다. 따라서 부실감사에 대해 손해배상 청구소송을 하려는 투자자에게는 유용한 자료가 된다.

2001회계연도(2001년 4월부터 2002년 3월말까지)에 회계법인은 21개나 증가하고 2개 사가 문을 닫았다. 34개였던 회계법인이 53개로 늘어난 것이다. 이는 2001년 3월 28일부터 공인회계사법 제27조가 개정돼 회계법인의 최소자본금 요건이 10억원에서 5억원으로 완화된 데 따른 것이다. 공인회계사의 수도 증가했다. 2002년 3월말 현재 회계법인에 소속된 전체 공인회계사 수는 2,888명이다. 이는 총등록 공인회계사 중 49.0%에 해당된다. 한마디로 회계사의 절반 정도만 회계법인에 근무하고 나머지 회계사는 금융기관이나 일반기업 등 다른 곳에 근무한다고 보면 된다.

총 53개 국내 회계법인의 1년 매출액은 6,566억원이다. 결국 1조원도 되지 않는 조그마한 시장이다. 물론 2000회계연도에 비해 1년 동안

〈회계법인 요약 재무 및 영업 현황〉

(단위 : 백만원, %)

구분	1999회계연도	2000회계연도	2001회계연도	전기대비증감(율)
자산총계	239,522	288,200	340,396	52,196(18.1)
부채총계	151,031	181,338	216,391	35,053(19.3)
자본총계	88,491	106,862	124,005	17,143(16.0)
매출액	461,375	536,905	656,577	119,672(22.3)
당기순이익	26,440	26,345	22,670	△3,675(△13.9)

22.3%(1,197억원)나 증가하는 등 성장률은 높은 편이다. 회계법인 수가 53개이지만 전체 매출액의 70%인 4,580억원이 5대 대형 회계법인에 몰려 있는 것도 눈여겨볼 만한 대목이다.

전체 회계법인의 당기순이익 규모는 227억원이다. 업무별 수익구조를 따져보면 회계감사 수입이 43.1%, 세무조정 수입이 8.3%, 기업진단 등 컨설팅 수입이 48.6%이다. 갈수록 컨설팅 수입의 비중이 늘고 있는 추세이다. 외환위기 이후 기업인수·합병(M&A)이나 구조조정 등 컨설팅 수요가 늘었기 때문이다. 공인회계사들이 자칫 소송을 당할 수 있는 회계감사업무보다 컨설팅업무를 선호하는 것도 컨설팅업무의 비중이 커진 이유다.

〈회계법인 업무별 수입구조〉

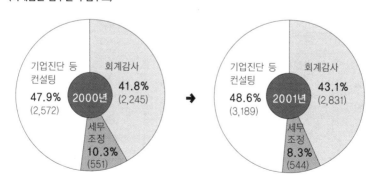

※ ( ) 안 단위 : 만원

<国内 회계법인 현황>

(2003년 1월 31일 현재)

회계법인	대표이사	등록일자	구성원수	매출액(백만원)(2002.3.31 현재)	제휴 외국회계법인명	제휴형태
삼덕	진병선	1976.8.19	115	13,963	Nexia International	M
신한	이찬하	1970.1.13	116	16,292	RSM International	M
삼일	서태식	1971.3.21	959	210,719	PriceWaterhouseCoopers	M
안건	이원희	1977.6.29	234	54,417	Deloitte Touche Tohmatsu International	M
영화	오찬석	1982.3.25	258	58,977	Ernst & Young International	M
안진	양승우	1987.2.14	277	80,794	Deloitte Touche Tohmatsu International	M
삼정	강성원	1994.3.28	242	53,136	Klynveld Peat Markwick Goerdeler	M
대주	고기영	1995.2.16	117	17,439	BDO Internationl	M
남일	전영조	1997.4.21	18	4,109		
부일	정정시	1997.4.22	23	6,873		
송현	백남춘	1997.4.22	20	5,755		
삼경	노환우	1997.4.22	55	6,758	HLB International	M
삼화	이국희	1997.4.23	25	7,266	Moore Stephens International Limited	M
대성	권오형, 안영식, 최문원	1997.4.24	42	6,959	Grant Thornton International	C
선진	오윤석	1997.4.24	22	6,091	BKR International	C
제원	유태현, 현심원, 박윤석	1997.4.25	31	6,205	Urbach Hacker Young International	M
화인경영	박성근	1999.2.11	42	9,318		
서일경영	이재덕	1999.3.11	28	3,800	AGN International	M
세빛	양원석	2000.3.23	13	8,156		
성도	박철병	2000.11.30	23	4,594		
세정	이건	2001.9.8	19	3,046		
신성	송치남	2001.9.8	11	1,614		
선명	신민철, 박진국	2001.9.8	10	604		
미래	문병무	2001.9.8	12	1,442		
다인	오신환	2001.9.18	11	1,671		
웅지	황용현	2001.9.18	15	695		

152

〈국내 회계법인 현황〉

회계법인	대표이사	등록일자	구성원수	매출액(백만원)(2002.3.31 현재)	제휴 외국회계법인명	제휴형태
충정	황흥주	2001.9.25	10	894	Horwath International	C
이정	김신래	2001.10.22	11	809		
하나	이재술	2001.10.22	126	1,562	Deloitte Touche Tohmatsu International	M
위드	배성렬	2001.11.12	15	996		
한림	박권, 유호성	2001.11.16	10	1,055		
정일	조영규, 안성식	2001.11.23	16	472		
이촌	신동진	2001.12.5	19	271		
정연	차경진, 김석로	2002.1.7	11	915		
일신	허정	2002.1.28	12	231		
선일	김종민	2002.2.7	11	84		
세현	박철순	2002.2.15	11	248		
광장	김용하	2002.3.9	11	5		
열린	이진웅	2002.3.22	10	–		
세림	이송, 문태호, 신동표	2002.3.22	13	–		
대현	송재현, 박창수	2002.3.22	14	–		
이지	김용훈	2002.6.4	12	–		
상록	채형목	2002.8.5	10	–		
태영	이동욱	2002.8.5	10	–		
인솔	손기원	2002.9.10	11	–		
보람	전규선	2002.9.10	10	–		

※ 제휴형태의 'M'은 Member firm 형태, 'C'는 Correspondence 형태를 표시함

7 회계법인의 손해배상 능력

손해배상 공동기금 VS 손해배상 준비금

회계법인에 손해배상 책임이 발생할 경우 그 책임을 이행할 수단은 몇 가지나 될까? 손해배상 책임을 대비한 방법에는 손해배상 공동기금과 손해배상 준비금, 전문가배상 책임보험 등이 있다.

'손해배상 공동기금'은 주식회사의 외부감사에 관한 법률[외감법]에 따라 회사 또는 제3자에 대한 손해를 배상하기 위해 53개 회계법인이 한국공인회계사회에 감사보수 총액의 4%를 적립한 기금이다. 2002년 3월말 현재 적립액은 144억원 규모이다. 이에 비해 '손해배상 준비금'은 회계법인이 내부에 유보해 놓은 돈이다. 공인회계사법에 따라 회계감사 등에 대한 손해배상 책임을 보장하기 위해 연간 총 매출액의 2%를 적립한다. 현재 53개 회계법인의 총 적립액은 426억원이다. 결국 손해배상 공동기금과 손해배상 준비금 등 법적으로 강제된 배상능력은 총 570억원 규모밖에 되지 않는다.

154

물론 전문가배상 책임보험을 든 회계법인도 많다. 전문가배상 책임보험은 임원배상 책임보험처럼 보험회사가 파는 상품이다. 전문가나 임원이 배임 등의 혐의를 받아 소송에서 패할 때 배상금을 지급하는 보험이다. 삼일, 안건, 삼정, 영화, 안진 등 21개 회계법인이 전문가배상 책임보험에 가입하고 있다. 이들은 최근 들어 회계부정 사태가 심각한 사회적 이슈로 등장하자 뒤늦게 보험가입을 서두른 것이다.

언젠가 닥칠지 모르는 불안, 회계법인도 보험 든다

2000년 12월부터 KPMG의 멤버펌이 된 삼정회계법인은 보상한도가 4,900만달러(588억여 원)인 삼성화재보험의 손해배상 책임보험에 가입했다. 보험기간은 2000년 11월 29일부터 2001년 6월 1일이었고 보험료가 19만7,144달러(2억4,000만원)에 달했다. 보험기간이 만료됐다고 끝난 것은 아니다. 당연히 또 들어야 했다. 보상한도는 똑같이 4,900만달러이지만 보험료가 비쌌다. 보험기간이 2001년 6월 1일부터 2002년 6월 1일까지 1년 동안으로 늘었지만 보험료는 50만5,598달러(6억여 원)에 달했다. 더 비싼 보험료를 내고도 손해배상 책임보험에 가입해야 했던 것이다. 삼정회계법인은 KPMG와 제휴를 맺기 전인 1997년에는 손해배상 보험에 하나도 가입하지 않았다고 금융감독원에 보고했다.

안진회계법인 역시 삼성화재해상보험의 전문직업인배상 책임보험에 가입했다. 2000년 6월 1일부터 1년 단위로 계약을 갱신하고 있는데, 보상한도액이 4,000만달러(480억원)에 달했다. 안건회계법인도 보험을 많이 들었다. 2000년부터 보험금이 75만달러에 달하는 공인회계사 손해배상 책임보험(보험회사는 Nautilus Indemnity Limited)에 가입했다. 이와는 별도로 동양화재해상보험 등 3개 사에 공인회계사 전문직배상 책임보험(보험금 총액 150억원)도 들어놓았다. 삼일회계법인도 전문직배상 책임보험(보험사 삼성화재)에 가입했다고 밝혔으나 보험금과 보험료는 밝히지 않고 있다.

영화회계법인은 좀더 솔직하게 보험가입 내용을 밝혔다. 언스트영 인터내셔널(EYI)의 모든 멤버펌들은 EYI가 지정한 보험회사의 전문가 배상 책임보험(PII)에 가입해야 한다고 설명하고 있다. 영화회계법인은 더불어 현대해상화재보험과 PII보험계약(매년 6월 1일자)을 맺고 있다. PII는 회계감사, 세무, 경영컨설팅 등 법인의 제반업무로부터 발생할 수 있는 손해를 배상하는 보험이다. 그러나 구체적인 보험금과 보험료는 밝히지 않고 있다.

멤버펌도 배상책임 있다

더욱 중요한 것은 국제적인 네트워크를 가진 세계의 빅5(아더앤더슨을 제외할 경우 빅4) 등과 멤버십 제휴를 맺은 회계법인의 경우, 제휴관계에 있는 해당 외국 회계법인도 배상책임이 있다는 사실이다. 이에 관해서 A회계법인 J회계사의 이야기를 들어보자.

"빅5 캡티브(Captive: 소속, 전속)인 회계법인은 모두 캡티브 인슈어런스(Captive Insurance)에 가입되어 있다. 손해배상 청구소송에 대비해 보험을 들었고 그 보험이 다시 영국의 재보험에 가입돼 있다. 보험은 멤버십 관계인 회계법인들끼리 상호공제형식이 된다. 서로 리스크를 분담하는 것이다. 대부분 버뮤다 같은 조세회피국에 특수목적회사(SPC)를 설립해 보험에 가입하는 형식을 취하고 있다. 그리고 손해배상이 많은 회계법인은 보험료를 올려 배상능력을 높인다. 회계법인에 대한 손해배상 청구소송 때문에 보험사와 변호사가 돈을 번다."

156

여기서 기아자동차와 대우통신에 대한 부실감사로 문을 닫은 청운회계법인의 사업보고서를 들춰보자. 청운회계법인의 1997회계연도 사업보고서를 보면 국제업무 제휴내용이 담겨 있다. 당시 청운회계법인의 멤버십 제휴사는 스위스 취리히에 본사를 두고 미국 뉴욕에 운영본부가 있는 호워드 인터내셔널(HI: Horwath International)이다. 청운회계법인은 사업보고서에서 이렇게 밝혔다.

"전문가배상 보험(Professional indemnity insurance) 즉, 소송에 대비하여 Mal Practice 보험(보험금: 30억원) 계약(영국 Miller Insurance에 재보험)을 협상중이며, 국제적으로는 HI의 Policy에 따라 Worldwide Professional indemity insurance에 가입하기 위하여 HI의 CEO와 범위와 보상에 대해 협상중에 있다."

여기서 우리는 국제적인 회계법인이 부실감사에 대한 손해배상에 대비하기 위해 2가지 보험에 든다는 사실을 알 수 있다. 첫째는 자체적인 전문가배상 책임보험이고, 둘째는 멤버펌 관계인 회계법인 전체를 통틀어 가입하는 이른바 '캡티브 인슈어런스' 다. 국제적인 회계법인은 자신들의 과실에 따른 손해배상에 빈틈없이 준비하고 있다는 것을 알 수 있는 대목이다.

결국 회계법인의 배상능력은 손해배상 공동기금이나 손해배상 준비금이 아니라 국제적으로 든 보험으로 처리될 수 있다. 그 범위는 정확히 알 수 없지만 상당액수에 이를 것으로 예상된다.

〈회계법인의 손해배상 공동기금과 손해배상 준비금〉

(단위 : 백만원)

회계법인명	손해배상 공동기금			손해배상 준비금		
	2001.3	2002.3	증감	2001.3	2002.3	증감
삼덕	982	1,221	239	881	1,161	280
신한	932	892	△40	661	661	0
삼일	2,606	431	△2,175	8,717	12,931	4,214
안건	2,164	3,171	1,007	3,663	4,752	1,089
영화	1,174	418	△756	2,599	3,779	1,180
안진	2,388	3,428	1,040	5,370	6,987	1,617
삼정	135	392	257	938	2,001	1,063
대주	375	74	△301	710	1,059	349
남일	114	145	31	292	375	83
서원	130	163	33	308	375	67
부일	158	199	41	446	584	138
인덕	169	259	90	280	374	94
동남	105	139	34	277	378	101
인일	113	146	33	312	438	126
이원	125	158	33	242	349	107
신우	267	273	6	514	744	230
가립	50	74	24	144	164	20
신원	115	142	27	143	212	69
우리	215	368	153	340	504	164
성신	108	137	29	128	170	42
동명	122	124	2	350	388	38
한길	79	106	27	107	163	56
송현	99	167	68	190	308	118
삼경	248	329	81	288	423	135
삼화	160	220	60	357	503	146
대성	190	305	115	306	445	139
선진	136	217	81	384	506	122
제원	153	325	172	311	435	124

〈회계법인의 손해배상 공동기금과 손해배상 준비금〉

(단위 : 백만원)

회계법인명	손해배상 공동기금			손해배상 준비금		
	2001.3	2002.3	증감	2001.3	2002.3	증감
화인경영	50	61	11	174	361	187
서일경영	101	166	65	123	200	77
새빛	50	50		246	410	164
성도		116	116	35	128	93
세정					61	61
신성					0	
선명					12	12
미래					29	29
다인					33	33
웅지					14	14
충정					18	18
이정					16	16
하나					31	31
위드					20	20
한림					21	21
정일					9	9
이촌						
정연					18	18
일신						0
선일					2	2
세현					5	5
광장						
열린						
세림						
대현						
세종	106		△106	386		△386
대일						
합계	13,919	14,416	497	30,222	42,557	12,335

8 외국 회계법인도 공동책임 진다

멤버십 관계는 사실상 하나의 회사

멤버십 관계에 있는 회계법인은 사실상 하나의 회사라고 보면 된다. 두 가지 이유 때문이다. 첫째는 멤버펌 관계가 형성되면 공동으로 전문가배상 책임보험에 가입한다. 이 이야기는 모든 손해배상 청구소송에 대해 멤버펌 관계인 모든 회계법인이 공동책임을 진다는 것이다. 둘째는 빅5 등 세계적인 회계법인들은 소속 회계법인과 감사품질계약을 맺어 똑같은 감사품질을 유지한다는 점이다. 국내에서 발행하는 감사보고서는 이른바 '감사품질점검 프로그램(Quality Control Review Program)'에 따라 매년 점검을 받는다. 특히 영문 감사보고서 가운데 DR(주식예탁증서)이나 CB(전환사채)를 발행하기 위한 보고서는 사전에 미국본부의 심의를 받는다.

산동회계법인이 감사한 대우계열사의 영문 감사보고서에는 'KPMG 산동'이라는 이름으로 되어 있다. 그만큼 감사품질을 유지하기 위해 노

〈외국 회계법인과의 업무제휴 현황〉

(2002년 3월 31일 현재)

회계법인	외국 제휴회계법인명	제휴형태	제휴년도	구분
삼덕	Nexia International	M	1987	금융기관 감사 가능 회계법인
신한	RSM International	M	1992	금융기관 감사 가능 회계법인
삼일	Price Waterhouse Coopers	M	2000	금융기관 감사 가능 회계법인
안건	Deloitte Touche Tohmatsu International	M	1975	금융기관 감사 가능 회계법인
영화	Ernst & Young International	M	1986	금융기관 감사 가능 회계법인
안진	Deloitte Touche Tohmatsu International	M	2002	금융기관 감사 가능 회계법인
삼정	Klynveld Peat Markwick Goerdeler	M	1976	금융기관 감사 가능 회계법인
대주	BDO International	M	1998	금융기관 감사 가능 회계법인
인덕	International Group of Accounting Firms	M	2000	
이원	Moores Rowland International	C	1997	
가립	Kreston International Ltd.	M	1997	
우리	DFK International	M	1999	
삼경	HLB International	M	1991	
삼화	Moore Stephens International Limited	M	1994	
대성	Grant Thornton International	C	1991	
선진	BKR International	C	1998	
제원	Urbach Hacker Young International	M	2000	
서일경영	AGN International	M	2001	
충정	Horwath International	C	2001	
하나	Deloitte Touche Tohmatsu International	M	2001	

※제휴형태의 M은 Member firm 형태, C는 Correspondent 형태를 표시함

력하고 있고, 그 결과에 대한 책임도 공유한다는 이야기다.

따라서 국내 회계법인뿐 아니라 멤버십 제휴관계인 외국 회계법인에 대해서도 소송을 제기할 수 있다.

부실감사에 대한 소송유형 5단계

이와 관련해 부실감사에 대한 소송을 소송주체와 소송대상, 소송국가에 따라 5단계로 나누기도 한다.

첫 번째 단계는 국내 주주나 법인이 국내에서 국내 회계법인을 상대로 소송하는 것이다. 우리나라는 아직 1단계에 머무르고 있다.

두 번째 단계는 국내 기관투자가나 해외펀드 등 국내외 펀드가 국내에서 국내 회계법인을 상대로 소송하는 것이다. 1단계와 비슷하지만 소송주체가 국내 기관투자가나 해외펀드라는 점이 다르다.

세 번째 단계는 국내 기관투자가나 해외펀드가 해외에서 국내 회계법인을 상대로 소송하는 것이다. 2단계와는 소송을 제기하는 장소가 다를 뿐이다.

네 번째 단계는 국내 기관투자가나 해외펀드가 국내에서 외국 회계법인을 상대로 소송하는 것이다. 바로 이 4단계가 가능한 것은 감사품

〈부실감사 소송유형 5단계〉

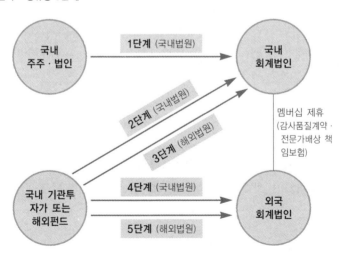

질유지계약으로 공동책임이 있는데다 전문가배상 책임보험에 공동으로 가입돼 있기 때문이다.

마지막으로 다섯 번째 단계는 국내외 기관투자가나 펀드가 외국에서 외국 회계법인을 상대로 소송하는 것이다. 이는 소송주체와 소송국가, 소송대상 멤버십 관계에 따라 나눈 것이다. 그러나 실제로 소송을 하려면 국내법에 따라 소송하는 게 유리한지, 아니면 외국법에 따라 소송하는 게 더 좋을지를 결정해야 한다.

또 국내 회계법인에 대해 소송할지, 아니면 멤버십 제휴관계에 있는 외국 회계법인을 상대로 소송하는 게 더 유리할지에 대한 변호사의 자문을 듣는 것이 좋다.

3부 회계부정 판례 들춰보기

3부 회계부정 판례 들춰보기

지금까지 회계부정이란 무엇이고, 회계법인은 어떤 곳인가를 살펴보았다. 이제 본격적으로 부실감사와 손해배상에 대해 알아보자.

그동안 회계부정의 판례는 어떻게 나왔나를 집중적으로 살펴볼 차례다. 이 책에서는 회계부정의 판례 중 대법원 판례를 많이 다루었다. 물론 의미있는 경우에는 1, 2심 등 하급심까지 포함시켰다.

특히 한국강관의 경우는 의미있는 판례를 많이 남겼다. 법적으로 '청구권 경합설'을 다수설로 확립한 판례이다. 게다가 한국강관의 판례는 하급심까지 포함해 5가지나 된다. 엉터리 감사에 대해 법원이 어떤 판단을 내렸는지 자세히 보여주기 위해 5가지 판례를 모두 실었다.

법원의 판결마다 미묘한 차이가 있다. 사건별로 혹은 하급심별로 다른 양상을 보이기도 한다. 증권거래법이 적용될 때와 민법이 적용될 때가 다르기도 하다.

선의의 투자자 요건에 대해서도 논란이 있다. 피고인 회계법인의 방어논리도 음미해 볼 만하다. 회계감사준칙을 어겼다고 처벌하는 것은 죄형법정주의에 어긋난다는 회계법인의 주장이 과연 받아들여질지도 주목된다.

회계부정을 둘러싼 법정공방은 수십차례 이어졌다. 그러나 법원은 대체로 소액주주나 채권금융회사의 손을 들어주었다. 그만큼 공인회계사 또는 회계법인의 공적인 책임이 크다는 것을 입증한다. 동시에 엉터리감사에 대해 손해배상을 청구하면 승소할 확률이 높다는 메시지를 던져준다.

법적인 이론도 정리해 보았다. 회계법인이 제3자에게 책임을 져야 하는가? 책임을 진다면 어떤 범위까지인가? 등에 대해 이론적 근거를 이해하기 위해 미국과 영국, 독일의 판례와 학설을 덧붙였다.

1 불법상장 신정제지의 사례

상장 3개월 만에 부도

1992년 4월 16일, 당시 증권시장에서 있을 수 없는 일이 일어났다. 증권거래소에 상장된 지 3개월이 채 안된 신정제지가 부도난 것이다. 신정제지는 백상지와 아트지 등 고급 인쇄용지를 주로 생산하는 제지업체로 공개 직전 자본금이 64억원이었다. 유흥진 사장 외 6명이 48.5%를 출자했고, 창업투자회사(창투사)인 대신개발금융이 17.6%, D첨단투자조합이 20.0%, U창업투자가 8.0%의 지분을 참여했다. 1991년 12월 주당 6,000원씩 총 33억6,000만원(56만 주)의 유상신주를 공모했다. 기업을 공개하면서 자본금이 92억원으로 늘어났고, 1992년 1월 23일 증권거래소에 상장됐다.

신정제지는 당시 신용평가기관인 한국신용정보가 우량등급인 'A3-'로 평가한 기업이었다. 주거래은행인 전북은행이 1989년 3월 이후 3년 동안 유망 중소기업으로 발굴해 관리해 오던 기업이기도 했다. 그런데 부도가 나고 만 것이다. 기업공개를 통해서 큰 돈을 조달했음에도 부도가 난 것은 상식적으로 이해하지 못할 일이었다.

전주공장을 증설하는 등 무리한 시설투자로 자금사정이 어렵게 된 것이 직접적인 부도의 원인이었다. 그러나 그 이면에는 여러가지 회계장부 조작이 있었음은 물론이다. 신정제지가 1992년 4월 16일 1차 부도를 낸 후 불과 13일 뒤인 4월 19일에는 은행관리 리스트에도 없는 어음이 지급 제시되었다. 부외부채가 있었음이 드러난 것이다. 급기야 대표이사 사장이 사태를 수습하지 않고 어디론가 도피해 버렸다. 결국 신정제지는 최종 부도처리됐다.

가짜 자료투성이

신정제지가 부도처리됨에 따라 소액주주들의 주식은 하루아침에 휴지조각이 되고 말았다. 허술한 기업공개 정책, 기업주와 증권업계의 부도덕성에 대한 비난이 들끓었다. 기업공개 과정에서 분식회계와 부실감사 여부를 조사하는 감리를 소홀히 한 것으로 의심을 받던 증권감독원〔증감원〕은 다급해졌다.

증감원은 신정제지가 최종 부도처리되자 다음달인 1992년 5월 1일부터 6월 3일까지 1개월 동안 연인원 70명을 동원해 대대적인 감리를 실시했다. 그 결과 기업주와 공인회계사가 짜고 회계조작을 해낸 사실을 밝혀냈다. 신정제지는 받을어음과 외상매출금(매출채권)을 허위로 작성했다. 재고자산도 부풀려놓았다. 부채도 장부에 표시하지 않았다. 기업을 공개할 때 증감원의 감리를 받는데 그때 필요할 것으로 예상되는 모든 증빙자료를 거의 완벽하게 가짜로 만들어놓은 것이다. 실체도 없는 유령회사를 만들고 이를 상대로 가짜 매출장부를 만들어 가짜 도장을 찍고 심지어 실제로 매출이 있었던 것처럼 부가가치세까지 납부하기도 했다.

하루아침에 보유주식이 휴지조각이 된 신정제지 소액주주들이 가만히 있을 리 없다. 소액주주인 송계의 씨 등 3명은 손해배상 청구소송을 냈다. 신정제지는 물론 신정제지의 외부감사를 담당했던 영화회계법인의 담당회계사 윤영채 씨, 신정제지 2대 주주인 창투사와 주간 증권사, 주거래은행 등이 소송상대였다. 청구금액은 5,411만6,000원. 당시 소액주주로선 큰 금액이었다. 송씨 등은 1심에서 원고 일부승소 판결을 얻어냈다. 2심에선 피고가 완전히 패소했고, 3심에선 2심이 확정됐다. 소액주주의 승리로 끝난 것이다.

창업투자회사도 책임 있다

이제 1심 판결문을 보면서 신정제지 사건을 살펴보자.

1심에선 신정제지의 분식결산을 지도하고 엉터리 감사보고서를 작성해 불법상장되도록 한 공인회계사는 민법 제750조의 불법행위자로서 소액주주가 입은 손해를 배상할 책임이 있다고 판결했다. 또 창투사도 주요 주주로서 출자회사가 건실한 기업인지 여부를 실질적으로 감사하고 기업공개 요건을 갖출 수 있도록 경영지도를 할 수 있는 포괄적인 권한을 갖고 있다고 판시했다. 그런데 창투사가 이런 노력을 전혀 기울이지 않고 투자자본 회수에 급급했다면 선의의 일반 투자자가 입은 손해를 배상할 책임이 있다고 밝혔다.

〈민법 제750조〉

민법 제750조(불법행위의 내용)
고의 또는 과실로 인한 위법행위로 타인에게 손해를 가한 자는 그 손해를 배상할 책임이 있다.

그러나 주간 증권사에는 당시 회계장부 열람제출 요구권이 없고 감사권한도 없으므로 감사보고서만 믿고 기업공개를 주선한 것으로 인정됐다. 주간 증권사가 감사보고서의 진실 여부를 다시 확인할 의무까지는 없다는 판결이다.

결국 1994년 5월 6일 서울지방법원 남부지원(재판장 이석우)은 소액주주의 손을 들어주었다. 피고 신정제지와 유홍진(신정제지 대표이사), 윤영채(외부감사를 담당한 회계사), 대신개발금융, 전북은행은 원고 송씨 등에게 4,599만8,600원을 지급하라고 판결했다. 그러나 주간 증권사인 대한증권을 상대로 한 손해배상 청구는 기각했다.

불법 기업공개 + 분식회계 과외지도

좀더 자세하게 사건의 내막을 알아보자.

신정제지의 사장인 유홍진 씨는 1984년 전북 정읍시 영파동에 신정제지라는 상호로 지류제조 판매를 하다가 1985년 12월 26일 이를 법인화하고 대표이사로 재직했다. 정읍시에 1공장과 2공장을 지었고 1991년 12월말경에는 전주에 3공장을 신설했다. 당시만 해도 종업원이 300여 명에 이르렀다.

그러나 신정제지는 법인설립 때부터 결손금이 눈덩이처럼 불어난 부실회사였다. 법인설립연도인 1985년에만도 4억원, 1986년 6월에는 완산제지를 인수하면서 30억원의 결손금을 떠안았다. 게다가 1990년에는 대성펄프를 인수하면서 결손금 20억원을 추가로 떠안았다. 결국 1987년부터 1991년까지 매년 결손금이 늘어났고, 1992년 2월경에는 누적적자규모가 약 340억원에 이르게 됐다.

유홍진 사장은 더이상 자금을 융통할 방법이 없자 불법 기업공개를 생각해 냈다. 1989년 2월초순부터 상장을 위한 검토에 들어갔다.

윤영채 회계사는 1986년 신정제지가 인수한 완산제지의 외부감사를 맡은 것을 계기로 유 사장과 인연을 맺어 1987년부터 신정제지의 외부감사를 담당하게 됐다. 윤 회계사는 1989년 4월 영화회계법인으로 소속을 옮겼고, 신정제지는 영화회계법인과 외부감사계약을 체결했다. 당연히 담당책임자는 윤영채 회계사였다. 유홍진 사장은 1991년 3월 회사의 회계실무 책임자로부터 "1990사업연도에 60억원의 적자가 발생해 누적결손금이 150억원 이상에 달한다"는 보고를 받았다. 이에 유 사장은 "적자가 발생한 사실대로 결산서를 작성하면 기업을 공개할 수 없으니 윤 회계사의 지도를 받아 기업공개 요건에 맞도록 자본금 64억원의 15% 이상 당기순이익이 발생한 것으로 결산서를 작성하라"고 지시했다. 이른바 '분식회계 과외지도'가 행해진 것이다.

회계실무 책임자들은 온갖 방법을 다 썼다. 재고자산, 외상매출금, 받을 어음을 부풀렸다. 당연히 지급어음과 외상매입금 등 부채는 적게 계상했다. 손익계산서상에 제품 제조원가를 적게 계상하는 등의 방법으로 1990사업연도의 실적이 적자가 아닌 11억1,685만원의 이익이 발생한 것처럼 꾸몄다. 이익규모는 정확히 기업공개 요건인 자본금(65억원)의 15% 수준이었다. 뿐만 아니었다. 매년 적자를 면치 못해왔던 점을 은폐했다. 1989년에는 3억3,000만원, 1988년에는 2억3,000만원의 당기순이익이 난 것처럼 과거 사업연도 재무제표까지 가짜로 만들었다. 1991년 반기실적도 11억원의 당기순이익이 발생한 것처럼 허위로 재무제표를 작성했다.

문제는 윤영채 회계사였다. 신정제지에 대해 외부감사를 하던 1988년 4월 20일경부터 유홍진 사장으로부터 외부감사 수임료와는 별도로 매월 50만원씩, 1990년 1월 20일부터는 매월 80만원씩, 같은해 10월 20일경부터는 매월 150만원씩 돈을 받았다. 물론 그 대가가 있었다. 분식결산을 지도해 주고 '적정' 의견을 내주기로 한 것이다. 이른바 '의견매수(opinion shopping)'가 이루어진 것이다.

윤 회계사는 신정제지의 회계과장으로부터 실제 적자규모를 보고받고 유 사장과 상의해 재무제표에 표시할 순이익 액수를 먼저 정한 뒤 재고자산과 부채 등을 분식결산하는 작업에 들어갔다. 지금 같으면 상상조차 할 수 없는 일이었다. 외부감사인이 분식회계 작업을 지시한 것이다. 1988년부터 매년 감사의견은 '적정'으로 나왔다. 윤 회계사는 특히 1989년 2월에는 신정제지가 기업공개를 추진한다는 사실을 알고도 분식결산을 주도했고 1988년부터 1991년 반기사업연도까지 적정의견을 냈다. 이후 신정제지는 기업공개를 하면서 윤 회계사가 낸 감사보고서를 토대로 유가증권신고서와 사업설명서를 작성해 증권관리위원회에 제출하고 증권거래소에 사업설명서를 비치했다.

분식회계 과외한 회계사 민법상 책임

1심 법원이 이같은 윤 회계사의 행위에 대해 어떤 판단을 내렸을까. 당연히 손해배상 책임이 있다는 판결을 냈다. 윤 회계사가 1987사업연도 이후 계속 외부감사를 담당했고 매년 막대한 적자가 발생했다는 사실을 잘 알면서도 신정제지의 대표이사로부터 매월 일정액의 보수를 받는 대가로 분식결산을 지도하고, 적정의견을 표시한 감사보고서를 작성했다는 것은 원고와 피고가 모두 인정한 객관적인 사실이다.

또 법원은 당시의 기업공개 요건을 감안할 때 윤영채 회계사의 지도에 따라 분식결산된 엉터리 재무제표와 감사보고서가 없었다면 신정제지의 기업공개는 사실상 불가능했던 것으로 판단했다. 일반적으로 민법상 불법행위로 인한 손해배상 청구사건에서는 청구자인 피해자가 자신이 입은 손해가 피청구자의 가해행위로 인한 것임을 입증해야 한다. 그러나 이 사건처럼 증권거래소에 상장될 수 없는 부실기업의 주식을 불법으로 상장했음을 원인으로 하는 명백한 손해배상 청구소송에까지 입증을 엄격히 요구하는 것은 사회형평의 관념에 맞지 않는다고 법원은 판단했다.

즉, 불법상장을 원인으로 하는 손해배상 청구소송에 있어서 피청구권자의 행위와 부실기업의 불법상장 사이에 상당한 인과관계가 있다는 점이 인정되고, 청구자가 선의로 주식을 매수함으로써 손해를 입었다는 점이 입증되므로 그것으로 족하다는 것이다. 반대로 볼 때 가해자는 피해자의 손해가 예기치 못한 경제사정의 급변 등 주식의 불법상장 이외 다른 원인에 의한 것임을 입증하지 못하는 한 책임을 면할 수 없다고 보는 것이 타당하다는 1심 법원의 입장이다.

증권거래법 이전에 민법상의 불법행위 책임을 물은 판례이다.

〈신정제지 판례〉

판결법원	서울지방법원 남부지원(1994년 5월 6일)
원고	신정제지 주식투자자 송계의 씨
청구금액	5,411만원
판결금액	4,599만원
분식회계 · 부실감사 내용	1988년~1991년6월까지 적자를 흑자로 조작
적용법	민법 제750조 불법행위 책임
인과관계	원고가 선의로 주식을 매수했고 신정제지가 불법상장한 데 따른 피해를 입었으므로 인과관계가 입증된 것으로 인정

2 한국강관의 회계부정

거짓 재무제표로 40억원 부풀리다

한국강관은 1995년에 부도가 났다. 부도가 감지된 것은 1992년부터였다. 대불공단 신공장 건설에 따른 자금부담과 금융비용 부담이 컸다. 그때 당시 한국강관의 외부감사인은 청운회계법인이었다. 한국강관의 부실감사는 어떻게 이루어졌을까. 판례에 나와 있는 사실관계만으로 한국강관의 분식회계와 청운회계법인의 부실감사를 그려보자.

1967년 설립된 스틸파이프 전문업체인 한국강관은 경영난으로 1992 회계연도에 당기순손실이 18억원에 달하게 됐다. 그당시 18억원의 적자를 냈다면 그동안 누적적자를 감안할 때 자본잠식액이 458억1,400만원에 달했을 것이다. 이렇게 되면 회사의 대외신용도도 추락한다. 금융기관의 대출도 받을 수 없게 되므로 경영이 더욱 어려워진다. 그래서 1992회계연도 재무제표를 만들면서 분식회계를 했다. 받을 어음 보관 잔액증명을 위조했다. 거래회사에 대한 채권채무 조회서까지 가짜로 만들었다. 그래서 외상매출금과 재고제품을 과대계상하는 방법을 썼다. 분식결산을 함으로써 18억300만원이라는 당기순손실을 19억1,900만원에 달하는 당기순이익(흑자)로 둔갑시킨 것이다. 이렇게 해서 한국강관의 거짓 재무제표가 작성되었다.

피감회사 자료로만 엉터리 감사

청운회계법인은 그 다음해인 1993년 2월 4일부터 14일까지 한국강관에 대해 외부감사를 실시했다. 감사를 담당한 전○○ 회계사는 감사 시간이 부족하다는 이유로 재고자산 실사절차를 소홀히 했다.

한국강관이 재고자산 218억4,100만원을 과대계상했음에도 이를 발견하지 못한 것이다. 재고자산이 총자산의 21.2%, 연간매출액의 38%에 해당하는 중요한 항목임에도 이를 구성하는 2,000여 개 품목 가운데 단 36개 항목만 확인하는 데 그쳤다. 매출채권과 선급금 항목에 대해 감사를 담당했던 전△△ 회계사 역시 은행들에 대한 직접 조회확인 절차를 실시하지 않았다. 실사를 소홀히 한 결과 매출채권 선급금이 부풀려진 사실을 밝혀내지 못했다. 물론 두 회계사는 매출액과 매출채권액이 지나치게 고액으로 되어 있음을 발견하고 증빙자료를 요구했다.

그러나 한국강관의 경리담당 이사는 "사실은 적자가 발생했으나 이는 대불공단의 사업 때문에 그런 것이고, 그 사업은 회사의 최고 역점사업으로 틀림없이 성공하여 곧 회복될 수 있으니 회사가 제출하는 증빙자료로만 감사해 달라"고 부탁했다. 두 회계사는 외감법과 회계감사기준 및 준칙에 따라 요구되는 실물조사, 사실조회, 입회, 문서검증 등 증거수집과 자료의 분석적 검토절차를 느슨하게 했다. 거래은행이나 거래처들의 증명서와 사실조회 회답서를 거래처가 아닌 한국강관을 통해 징구하기도 했다. 결국 회사측이 제시한 자료로만 엉터리 감사를 했고

1992회계연도 한국강관의 감사보고서는 '적정' 의견을 단 채 증권관리위원회와 증권거래소에 공시됐다.

무작위 감리에서 발각되다

한국강관에 대한 부실감사는 증권감독원의 조사망에 걸려들었다. 증권감독원(현재 금융감독원으로 통합)은 1993년 당시 상장회사 670여 개사 가운데 88개 회사를 무작위로 선정해 일반감리(분식회계와 부실감사에 대한 조사)를 실시했다. 1993년 7월 12일부터 같은해 11월 5일까지 감리가 진행됐다. 이 감리 결과 청운회계법인의 부실감사가 적발됐다.

증감원은 감리가 끝난 11월 5일 한국강관에 대해서는 경리담당 이사를 해임하라고 권고했다. 청운회계법인에게는 경고와 함께 한국강관에 대해 감사를 못하도록 조치했다. 담당회계사에게는 1년간 직무정지 처분이 내려졌다. 증감원은 한국강관의 분식회계 사실을 증권거래소에 통보했고, 증권거래소는 11월 6일 전장부터 11월 8일 전장까지 한국강관의 주식매매거래를 정지시켰다.

승산없는 싸움은 안한다

주식투자자들이 한국강관과 청운회계법인을 상대로 제기한 손해배상 청구소송은 5건이나 된다. 이 중 1건은 한국강관과 청운회계법인측이 승산이 없다고 판단, 원고에게 배상금을 줬다. 그 대신 원고들은 소송을 취하했다. 당시 원고는 주식투자자 김경 씨 등 16명. 이들은 1994년 1월 11일 서울민사지방법원에 손해배상 청구소송을 제기했다. 청구금액은 3억1,900만원이었다.

한국강관이 회사정리절차에 들어가면서 법정에서 장부조작 사실이 드러나자 한국강관과 청운회계법인은 승산이 없다고 판단했다. 다급해

〈한국강관 주가 추이〉

진 쪽은 역시 공격을 당하는 쪽이었다. 급기야 한국강관과 청운회계법인은 김경 씨 등 16명과 합의하기에 이르렀다. 합의일은 1995년 3월 22일. 청구금액의 70%인 2억3,100만원을 배상했다. 배상금을 받고 김경 씨 등은 소송을 취하했다. 이때 배상금은 청운회계법인에서 지급한 것으로 보인다. 법적으로는 한국강관과 청운회계법인이 연대책임을 지게 되지만 한국강관은 이미 부도난 회사여서 배상금을 지급할 돈이 없었을 것이기 때문이다.

3 부실감사, 10년은 책임져야 한다
– 한국강관 대법원 판례1

한국강관에 대한 소송사례 5건 중 나머지 3건은 대법원까지 가는 지루한 법정대결이 벌어졌다. 따라서 대법원 판례가 3가지나 된다. 이들 판례는 똑같은 사건을 다루었지만 약간의 차이가 있다. 그 차이점을 알아보자.

주식투자자의 손해배상 청구소송

먼저 1997년 9월 12일 대법원 민사2부(주심 이용훈 대법관)의 판례를 살펴보자. 청운회계법인을 상대로 손해배상 청구소송을 제기한 원고는 투자자 오성하 씨다. 오씨는 증권감독원(증감원)의 감리결과가 발표되기 전인 1993년 10월 22일 한국강관 주식 1,000주를 주당 1만5,900원에 사들였다. 또 매매거래정지 기간이 끝난 11월 8일 또 1,000주를 주당 1만3,000원에 사들였다. 오씨는 이 주식을 같은해 11월 12일에 100주를 주당 1만1,200원에 처분했다. 이후 한국강관이 부도난 뒤인 1995년 11

월 16일 나머지 1,900주를 주당 4,550원에 모두 팔았다.

한국강관의 주가는 분식회계가 발표된 후에도 급락하지 않고 서서히 하락했다. 부도설이 나돌던 1993년말경부터 갑자기 떨어지더니 부도처리된 1994년 1월 10일경 주가는 8,600원. 그때부터 주가는 미끄럼질 치면서 1995년 5월 20일에는 2,620원까지 하락했다. 원고인 투자자 오씨는 1995년 5월 29일 청운회계법인을 상대로 2,300만원의 손해배상을 청구했다.

1년 안에 소송하면 배상받는다?

법원은 이 사건을 어떻게 처리했을까? 법원의 판결은 좀 복잡하게 진행됐다. 1심에서 원고 일부승소 판결이 내려졌고, 2심에선 원고 패소, 대법원에선 다시 또다른 차원에서 원고 일부승소 판결이 확정됐다. 1심인 서울지방법원(1996년 2월 15일 판결)의 판결내용을 살펴보자.

〈한국강관의 회계부정과 소송일지〉

1993년 1월	18억원 적자를 19억 흑자로 결산(재고자산 218억원 과대계상)
1993년 2월 4일~14일	청운회계법인 외부감사 실시
1993년 3월	한국강관 '적정의견' 감사보고서 공시
1993년 7월 12일~11월 5일	증권감독원, 일반감리 실시
1993년 11월 5일	증권감독원, 한국강관 경리임원 해임권고 청운회계법인 감사업무 제한조치
1993년 11월 6일~8일	증권거래소, 한국강관 매매거래 정지조치
1994년 1월 11일	김경 씨 등 16명 손해배상 청구소송(1995.3.22 합의 취하)
1995년 5월 29일	오성하 씨 손해배상 청구소송(1997.9.12 대법원 원고승소)
기타	안종우 씨 등 4명 손해배상 청구소송(1998.4.24 대법원 원고승소) 이광우 씨 등 5명 손해배상 청구소송(1999.10.22 대법원 원고승소) 이모 씨 등 16명(1996.8.18 서울지방법원 원고승소)

서울지방법원은 청운회계법인이 한국강관에 대한 감사업무에 관한 과실로 인해 감사보고서에 분식회계 사실을 기재하지 않았으므로 이를 믿고 이용한 제3자인 원고 오씨에게 손해를 배상할 책임이 있다고 판결했다. 문제는 소멸시효였다. 주식회사의 외부감사에 관한 법률[외감법]에 따르면 "감사인의 손해배상 책임은 그 청구권자가 당해 사실을 안 날로부터 1년 또는 감사보고서를 제출한 날로부터 3년 이내에 청구권을 행사하지 않을 때는 소멸한다"고 규정하고 있다. 그런데 법원은 원고 오씨가 1995년 5월경 신문지상을 통해 감사인인 회계법인에 대하여 손해배상 청구소송을 제기할 수 있다는 기사를 읽고 비로소 회계법인측의 과실이 손해발생의 한 원인이 됐다는 사실을 알았다고 인정했다. 따라서 원고가 당해 사실을 안 날로부터 1년이 지나기 전에 소를 제기했으므로 청운회계법인의 손해배상 책임은 소멸되지 않았다고 판결했다.

민법(소멸시효 10년)이 아니라 증권거래법에 따른 소멸시효를 인정한 것이다. 물론 '당해 사실을 안 날'에 대한 논란은 있을 수 있지만 이 문제는 다른 판례를 보면서 정리해 보자.

남은 문제는 청운회계법인이 얼마를 배상해야 하느냐다. 증권거래법에 따르면 감사인의 부실감사로 인한 손해배상액은 "청구권자가 당해 유가증권을 취득함에 있어서 실제로 지급한 금액에서 변론종결 전에 당해 유가증권을 처분한 때에는 그 처분가격을, 그대로 보유하고 있을 때는 변론종결 전 가격을 뺀 금액으로 한다"고 정해져 있다.

그러나 서울지방법원은 한국강관이 부도난 뒤 주가가 급락했다는 점을 감안했다. 당초 매입가격에서 부도 이후의 처분가격을 빼지 않고, 부도 당시 주가를 기준으로 계산한 처분가격을 빼야 한다고 판결했다. 오씨가 부도 후 주가가 급락했을 때 보유주식을 팔아 손해를 최소화할 수 있었다는 점을 지적한 것이다. 이렇게 원고 일부승소 판결로 1심이 끝났다.

뒤집어진 1심 판결

2심(1996년 8월 28일 서울지방법원 판결)에선 1심 판결이 뒤집어졌다. 여기서 논란이 된 것은 증권거래법상 소멸시효와 민법상 손해배상 청구권이었다.

기본적으로 청운회계법인의 손해배상 책임은 인정되지만 증권거래법상 소멸시효의 기산점인 '당해사실을 안 날'은 말 그대로 감사인의 부실감사 사실을 현실적으로 인식한 때라고 봐야 한다는 것이 2심 법원의 견해였다. 따라서 한국강관의 분식결산 사실이 발표되고 증권거래소에서 매매거래정지 조치가 있었던 1993년 11월 8일경에는 원고가 청운회계법인의 부실감사 사실을 알았을 것으로 판단했다. 이렇게 되면 원고의 손해배상 청구권 소멸시효는 1994년 11월 8일이 된다. 따라서 소송제기일인 1995년 5월 29일은 1년이 훨씬 지났으므로 시효가 소멸된 것이다.

2심 법원은 여기에 더욱 보수적인 견해까지 제시했다. 원고 오씨가 분식회계 처리된 재무제표와 부실감사한 감사보고서를 믿고 이를 투자판단의 자료로 삼아 한국강관 주식을 사게 되었는지 인정할 수 있는 아무런 증거가 없다고 지적한 것이다. 만약 원고가 감사보고서를 믿고 주식투자를 했다 하더라도 그로 인해 발생한 손해는 원고가 주식을 샀을 당시 분식회계가 이루어지지 않았더라면 형성되었을 가격과 실제 취득 가격의 차이라고 보는 것이 타당하다는 것이다. 이런 관점에서 볼 때 감사보고서를 투자판단으로 삼았다는 아무런 주장이나 입증이 없으므로 민법상 손해배상 청구도 인정되지 않는다는 것이 2심 법원의 판결이었다. 증권거래법상 소멸시효는 끝났고, 민법상 불법행위 책임은 인과관계가 불명확하다는 것이 2심 법원의 결론이다.

대법원은 누구의 손을 들어줬나

소송은 점점 더 복잡하게 얽혀갔다. 대법원(1997년 9월 12일 판결)은 원심(2심)의 판결을 파기하고 이를 돌려보냈다. 대법원은 우선 증권거래법상 손해배상 청구권의 시효가 이미 소멸됐다는 2심 법원의 판결이 정당하다고 밝혔다. 그러나 민법상의 손해배상 책임에 관해 그 인과관계나 손해액의 주장을 입증할 수 없다고 본 2심 법원의 판단은 부당하다고 판결했다.

대법원은 우선 소멸시효의 기산점인 '당해 사실을 안 날'은 '감사보고서의 기재누락이나 허위기재의 사실을 현실적으로 인식한 때'로 봐야 한다고 밝혔다. 또 일반인이 그같은 사실을 인식할 수 있을 정도라면 특별한 사정이 없는 한 청구권자 역시 그러한 사실을 현실적으로 인식했다고 봄이 타당하다고 결론지었다. 결국 증권거래법상의 소멸시효는 지난 것으로 판결했다.

그러나 대법원은 민법상 손해배상 책임을 물을 수 있는 시효는 불법행위가 있은 뒤로부터 10년 동안이라는 점을 상기시켰다. 게다가 기업의 재무상태가 주가를 형성하는 가장 중요한 요인 중의 하나이고, 감사보고서는 일반투자자들에게 제공되고 공표되는 것으로 주가형성에 영향을 미친다는 사실을 인정했다. 또 일반투자자로서는 감사보고서가 정당하게 작성되어 공표된 것으로 믿고 주가가 당연히 그에 바탕을 두고 형성되었으리라는 생각 아래 대상기업의 주식을 거래한 것으로 봐야 한다는 견해를 피력했다.

대법원은 원고의 손해액에 대해서 분식결산과 부실감사로 인해 상실하게 된 주가 상당액이라고 봐야 한다고 결정했다. 그 손해액은 분식회계와 부실감사가 밝혀져 거래가 정지되기 전에 형성된 주가와 분식회계와 부실감사로 인한 거래정지가 해제되고 거래가 재개된 후 계속된 하종가를 벗어난(바닥을 치고 난) 시점에 정상적으로 형성된 주가, 또는 그 주가 이상으로 매도한 경우에는 그 매도가격과의 차액이라고 판결했다. 결국 증권거래법상 소멸시효는 지났지만 민법상의 불법행위 책임을 인정해 피고에게 손해배상 책임이 있다고 판결한 것이다.

4 청구권 경합 확립
– 한국강관 대법원 판례2

증권거래법 + 민법 = 청구권 경합

대법원의 두 번째 판례를 살펴보자. 청운회계법인을 상대로 소송을 제기한 원고는 안종우 씨 등 4명이다. 대법원은 이 사건에서도 원심판결 중 피고 패소부분을 파기하고 서울고등법원으로 돌려보냈다(1998년 4월 24일 판결, 주심 이용훈 대법관).

안씨의 소송에 대한 대법원의 판결은 이른바 '청구권 경합'을 우리나라 법원의 다수설로 확립한 판례다. '청구권 경합'이란 한마디로 부실감사를 한 감사인에게 특별법인 증권거래법상 손해배상 책임과 민법상의 불법행위로 인한 손해배상 책임을 다함께 물을 수 있다는 것이다. 대법원은 청구권 경합을 행사할 수 있는 자격을 '감사인의 부실감사로 인하여 손해를 입게 된 선의의 일반 주식투자자들'로 한정했다.

대법원의 판결취지는 이렇다. 증권거래법상 감사인의 손해배상 책임은 그 요건이 특정되어 있고, 입증책임이 민법과는 달리 피고인 감사인

<민법과 증권거래법>

구분	민법	증권거래법
손해배상 책임요건	불법행위에 대한 책임	분식회계 · 부실감사에 대한 책임
인과관계 입증 책임	원고(피해자)가 입증해야 함	피고(가해자)가 자신의 책임이 없음을 입증해야 함
손해배상액	불법행위로 인한 피해액	손해배상액=주식매수가격-변론종결일 종가(또는 매각가격)
소송시효	불법행위일로부터 10년	부실감사 사실을 안 날로부터 1년, 감사보고서 발행일로부터 3년

에게 있을 뿐 아니라 손해배상액이 구체적으로 명시돼 선의의 투자자가 신속하게 구제받을 수 있게 하는 한편 시장안정을 위해 그 책임을 물을 수 있는 기간이 단기간(당해 사실을 안 지 1년, 감사보고서가 발행된 지 3년)으로 제한돼 있다는 것이다. 이는 민법상의 불법행위 책임과 별도로 인정되는 법정 책임이라는 것이 대법원의 판결이다.

판결의 중요한 변수, 매수 · 매각 시기

청운회계법인을 상대로 소송을 낸 4명의 원고는 1993년 8월부터 11월 사이에 한국강관 주식을 샀다. 자세히 살펴보면 안종우 씨는 11월 6일(11월 4일 매수주문), 김기상 씨는 8월 26일, 이규의 씨는 11월 3일, 이옥자 씨는 10월 18일에 한국강관 주식을 매수했다.

증권감독원이 한국강관의 분식회계와 청운회계법인의 부실감사를 발표한 것은 1993년 11월 5일이었다. 이후 주가는 서서히 하락했고, 급기야 1994년 1월 7일경에는 한국강관의 부도설이 나돌면서 주가가 급락해 1994년 1월 8일 주가는 9,000원으로 떨어졌다. 한국강관은 1994년 1월 10일자로 회사정리절차 개시를 신청했고 주가는 계속 하락했다. 그

과정에서 안종우 씨는 매수주식의 일부를 1993년 12월 4일에, 나머지는 1994년 4월 11일 이후에 처분했다. 김기상 씨는 1994년 4월 21일 이후에, 이규의 씨는 1993년 11월 15일에, 이옥자 씨는 1995년 6월 3일에 매수주식을 각각 매도했다.

부실감사로 잃은 주가, 손해배상 된다

법원은 냉철했다. 이 사건에 대해 2심 법원(서울고등법원 1997년 6월 24일 판결)은 다음과 같이 판결했었다. 1994년 1월 10일 한국강관이 회사정리절차 개시신청을 함으로써 주가가 급락하고 거래조차 이루어지지 않고 있던 시기에 원고들이 뒤늦게 매수주식을 매각한 잘못까지 피고가 배상할 책임은 없다는 것이었다. 이규의 씨를 제외한 원고 안종우, 김기상, 이옥자 씨 등이 이에 해당된다. 따라서 손해액을 계산할 때 한국강관의 회사정리절차 개시신청 이후에 매각한 주식부분에 대해서는 회사정리절차 개시신청 직전의 시세인 주당 9,000원에 매도한 것으로 보아야 한다는 것이다.

그런데 대법원에서 이같은 2심 법원의 판결에 문제가 있다고 지적했다. 민법상의 불법행위 책임을 따질 때에는 증권거래법상에 명시된 손해배상액을 적용할 수 없다는 것이다. 따라서 원칙적으로 실제 매수 또는 매도가격이 아니라, 부실감사가 밝혀지기 직전의 정상적인 주가와 부실감사가 밝혀진 후의 거래에서 계속된 하종가가 마감되어 다시 정상적인 주가가 형성되었을 때 그 정상 주가와의 차액에 따라 손해액을 계산해야 한다는 이야기다. 결국 안씨 등의 경우 한국강관의 분식회계와 청운회계법인의 부실감사가 공표된 1993년 11월 5일의 종가에서 매매거래정지가 된 후 주가가 안정세를 보인 11월 10일의 종가를 뺀 금액을 손해액으로 봐야 한다는 것이다.

대법원은 손해배상액에 대해서도 언급했다. 부실감사를 한 감사인에 대해 민법상의 불법행위 책임을 근거로 배상을 구할 수 있는 손해액은 부실감사로 인하여 상실하게 된 주가 상당액이라고 보는 것이 타당하다고 밝혔다. 따라서 대법원의 1997년 9월 12일 판결과 같이 손해배상액은 부실감사가 밝혀져 거래가 정지되기 직전에 정상적으로 형성된 주가와 부실감사로 인해 거래정지가 해제되고 거래가 재개된 후 계속된 하종가(하한가)를 벗어난 시점에서 정상적으로 형성된 주가와의 차액이라고 결론지었다.

5 선의의 투자자만 배상받는다
– 한국강관 대법원 판례3

이제 또다른 대법원의 판례를 보자. 이번에는 1999년 10월 22일 대법원의 판결이다. 한국강관의 사례이지만 소송을 제기한 원고가 다르다. 사실관계는 모두 똑같다. 손해배상 청구자가 주장하는 손해액이 다를 뿐이다. 투자자 이광우 씨 등 5명은 한국강관의 분식회계 발표 이전인 1993년 9월 2일부터 같은해 11월 6일까지 한국강관 주식을 주당 1만 3,200~1만5,000원에 매입해 손해를 봤다며 손해배상 청구소송을 제기했다. 이에 대한 법원의 판례를 살펴보자.

벼락 피한 담당회계사

1심을 맡은 서울지방법원(1996년 8월 14일 선고)은 피고들 가운데 청운회계법인 소속 전○○와 전△△ 회계사 등 담당회계사는 선의의 투자자에 대해 배상책임을 지는 주체가 아니라고 판결했다. 담당회계사가 감사인과 함께 연대해서 손해배상 책임을 지는 경우는 감사인이 합동회계사무소 또는 감사반인 경우에 한한다는 주식회사의 외부감사에 관한 법률(외감법) 제17조1항 후단에 따른 것이다. 한마디로 회계법인 소속 회계사는 손해배상 책임의 주체가 아니라는 판결이다. 더 나아가 민법상으로도 공인회계사 개인에 대한 손해배상 청구권은 없다고 판결했다.

그렇다면 배상책임의 주체는 누구일까? 1심 법원은 분식회계를 한 한국강관의 임직원 3명은 민법상 불법행위로 인한 손해배상 책임이, 부실감사를 한 청운회계법인에게는 증권거래법상의 손해배상 책임이 있다고 밝혔다. 별개의 책임이 아니라 분식회계와 부실감사 사실이 공표되기 전에 한국강관의 주식을 사들여 그 이후에 매도함으로써 발생한 손해를 외감법에 따라 상호 연대하여 배상할 책임이 있다고 판결했다.

문제는 손해액에 대한 계산이다. 1심 법원은 원고인 B씨 등의 주식 매수대금에서 매도대금(처분가격)을 뺀 금액이라고 결론을 냈다. 다만 원고 중 이모 씨의 경우 1994년 1월 10일 회사가 부도난 뒤에 주가가 급락하고 거래조차 이뤄지지 않던 시기에 매각했다는 점을 들어 매수가격과 한국강관 부도 직전의 시세(부도 직전 거래일의 종가)에 따라 매도한 것을 기준으로 손해액을 결정해야 한다고 밝혔다. 부도 이후 주가하락 부분까지 분식회계나 부실감사로 인한 것이라고 보기 어렵다는 점을 지적한 것이다.

1심 법원은 증권거래법에 따른 손해배상 책임의 소멸시효도 언급했다. 외감법 제17조7항의 단기소멸시효(청구권자가 부실회계감사 사실을 안 지 1년 이내, 감사보고서가 발행된 지 3년 이내)가 적용된다는 것이다.

2심에서 바뀐 내용

그러나 2심(서울고등법원 1997년 5월 27일)에서는 결과가 달랐다. 소멸시효의 기산점인 '당해 사실을 안 날'은 감사인의 부실감사로 인해 피해를 입은 제3자인 주식투자자가 감사인의 부실감사가 있었다는 사실을 현실적으로 인식한 때라고 봐야 한다고 밝혔다. 그 인식의 정도는 일반 주식투자자들이라면 부실감사가 행해진 사실을 인식할 수 있을 정도면 족하다고 덧붙였다. 따라서 적어도 1993년 11월 8일 한국강관의 주식매매거래정지가 끝난 날에는 원고가 청운회계법인의 부실감사 사실을 알았다고 볼 수 있으므로 증권거래법과 외감법에 따른 원고의 손해배상 청구권은 시효가 소멸됐다고 판정했다.

원래 증권거래법에 따르면 부실감사에 대한 감사인의 고의 또는 과실이 있음을 원고가 입증할 필요가 없다. 손해배상액도 법(취득가격과 처분가격의 차액, 처분하지 않은 경우에는 취득가격과 변론종결시의 시장가격과의 차액)으로 정해 손해액과 인과관계에 대한 원고의 입증부담을 크게 완화하고 있다. 증권거래법과 외감법에서는 그 대신 단기소멸시효를 적용하고 있고, 민법상의 불법행위 책임과는 그 책임의 발생요건과 책임의 범위, 소멸시효 등을 달리하고 있으므로 별개의 법정책임이다.

따라서 증권거래법상 청구권이 소멸시효가 지났다 하더라도 민법상의 불법행위 책임을 물을 수 있는 손해배상 청구는 할 수 있다는 이야기다. 2심 법원은 재무제표나 감사보고서는 주가를 결정하는 중요한 자료이고, 원고들은 한국강관의 주가를 적정한 재무제표를 믿고 투자했다고 인정했다. 따라서 분식회계 사실이 발표된 후 주가가 하락함으로써 입은 손해에 대해서는 청운회계법인과 한국강관 임직원이 연대하여 배상할 책임이 있다고 판결했다. 민법상 불법행위로 인한 손해배상의 경우도 증권거래법상의 액수로 산정하는 것이 타당하다고 언급했다.

청운의 반발, 대법원 항고

이에 대해 청운회계법인은 두 가지 점을 들어 대법원에 항고했다.

첫 번째는 증권거래법상의 손해배상 책임과 민법상의 불법행위 책임은 법조 경합 관계이므로 특별법인 증권거래법이 적용되고 일반법인 민법 적용은 배제된다는 것이다. 따라서 증권거래법상 손해배상 책임이 단기소멸시효로 완성되므로 시효가 소멸된 이상 원고에 대한 손해배상 책임이 없다는 것이다.

두 번째는 손해액 산정방식의 문제다. 민법상 불법행위 책임에 근거해 배상을 요구한다면 증권거래법에 정한 손해액 산정방식은 적용할 수 없다고 주장했다. 그 손해액은 부실감사가 밝혀지기 직전의 정상주가와 부실감사가 밝혀진 후 계속된 하한가가 마감돼 다시 정상적인 주가가 형성됐을 때 그 주가와의 차액으로 정해야 한다는 주장이다.

그러나 대법원의 판결(1999년 10월 22일)은 증권거래법과 민법상의 책임은 모두 별도로 인정되는 법정책임이라는 판결을 내렸다. 감사인의 부실감사로 인해 손해를 입게 된 선의의 일반 주식투자자들은 감사인에 대해 증권거래법상의 손해배상 책임과 민법상의 불법행위 책임을 다함께 물을 수 있다는 이야기다.

법학적으로는 법조 경합(한 가지 범죄에 두 가지 법을 적용할 수 있을 때 일반법보다 특별법을 우선적으로 적용하며 나머지 일반법은 적용하지 않는다)이 아니라 청구권 경합(일반법과 특별법을 근거로 하여 모두 손해배상 청구를 할 수 있다)을 인정한 것이다.

선의의 투자자가 아니면 배상 안돼

서울지방법원 민사합의15부(재판장 김성수 부장판사)가 1996년 8월 18일 내린 판례는 원고의 적격 여부에 대한 것이다. 당시 원고는 이모 씨 등 16명. 이들은 분식회계를 통해 허위 기업공개를 한 한국강관에 주식투자를 했다가 손해를 봤다며 한국강관과 외부감사인인 청운회계법인을 상대로 소송을 제기했다.

그러나 서울지방법원은 원고가 '선의의 투자자'라는 사실을 적극적으로 입증하지 못하면 배상을 받을 수 없다고 판결했다. 재판부는 주식 투자자를 분식회계와 부실감사 사실이 적발돼 언론에 공표된 이후 해당 회사의 주식을 매수한 사람, 공표 이전 주식을 매수한 뒤 공표 직전에 매도한 사람, 공표 이전에 매수한 뒤 공표 이후 매도한 사람 등으로 분류했다. 이 중 세 번째 부류에 속한 이씨 등 5명에 대해서만 선의의 투자자로 인정했다.

결국 서울지방법원은 한국강관과 청운회계법인이 이씨 등 5명에게 2,600만원을 지급하라고 판결했다.

〈한국강관에 대한 법원 판례〉

원고	1심	2심	대법원
오성하 씨	· 증권거래법상 소멸시효(안 날로부터 1년) 적용	· '안 날'은 부실감사를 현실적으로 인식한 때(주식매매거래정지 등)	· 증권거래법상 소멸시효 종료 · 민법상 인과관계 인정 · 배상액: 부실감사로 거래 정지된 주가(정지해제 후 계속된 하한가를 벗어나 정상적으로 현성된 주가)
안종우 씨 등 4명	-	· 거래정지 후 매수주식은 청구권한 없음 · 민법상 책임을 물을 때 증권거래법상 손해배상 액 적용 안됨	· 청구권 경합을 다수설로 확립 · 선의의 투자자는 민법과 증권거래법상 불법행위 책임을 모두 물을 수 있음
이광우 씨 등 5명	· 소속회계사는 책임없음 · 한국강관 임직원은 민법상·청운회계법인은 증권거래법상 책임	· '안 날'은 부실감사를 현실적으로 인식한 때 · 청구권 경합 인정 · 민법 적용	· 청구권 경합 인정
이모 씨 등 16명	· 선의의 투자자 입증 필요(부실감사 공표 이전 매수 후 매도)	-	-

194

6 채권금융기관, 법정에 서다

채권금융기관의 첫 승리 – 마이크로세라믹, 마이크로코리아

1999년 6월 28일, 서울지방법원 민사27부는 또하나의 의미있는 판결을 내렸다. 기업에 돈을 빌려주었다가 떼인 채권금융기관이 해당회사의 외부감사를 맡았던 회계법인에 대해 손해배상을 청구해 승소한 판결이었다. 원고는 동양종금.

동양종금은 1994년과 1995년 마이크로세라믹(외부감사인 삼원합동회계사무소)과 마이크로코리아(외부감사인 대주·두이합동회계사무소, 동남합동회계사무소)의 감사보고서를 토대로 담보없이 이들 2개 사에 22억원을 대출해 줬다. 그런데 이들 회사의 갑작스런 부도로 대출금을 회수할 길이 막힌 것이다. 마이크로 사가 부도난 뒤 법원이 이 회사의 재산을 실사한 결과, 부외부채가 많고 차입금에 대한 지급이자가 적게 계상됨으로써 사실상 적자가 흑자로 분식된 것으로 드러났다. 그러자 동양종금은 1997년 6월 외부감사를 담당했던 회계법인과 공인회계사를 상대로 손해배상 청구소송을 냈다.

결과는 원고 일부승소였다. 법원은 "감사대상인 회사의 모든 재무제표 항목에 대해 합리적이고 신뢰할 만한 증거자료를 수집하고 조사해야 할 의무가 있는 회계법인이 부실회계 사실을 밝혀내지 못한 만큼 피해액의 일부를 책임져야 한다"고 밝혔다. 판결문에는 부실채권의 60%인 13억5,000만여 원을 배상하라고 써 있었다.

채권금융기관의 두 번째 법정싸움 – 삼우기술단

감사보고서를 믿고 돈을 빌려줬는데 돈을 빌려간 회사가 갑자기 부도가 났다면 정말 황당할 것이다. 이때 채권금융기관은 어떻게 대응할 것인가.

삼우기술단의 판례는 채권금융기관으로서는 눈여겨봐야 할 판례이다. 물론 아직까지 대법원 판례가 나온 것은 아니다. 1심 판결이 난 것은 1999년 2월 25일. 원고인 채권금융기관이 일부승소했다. 그러나 2심 판결에선 결과가 달랐다. 서울고등법원 민사11부는 2002년 11월 12일 '감사의견을 적정으로 낸 지 얼마 안돼 회사가 부도났더라도 회계사가 적법한 절차에 따라 감사를 수행했다면 책임을 물을 수 없다'는 판결을 내렸다. 우선 사건의 개요를 살펴보자.

회계법인의 잇달은 실수

삼우기술단은 건설회사였다. 이 회사의 외부감사를 맡은 곳은 두이합동회계사무소와 삼원합동회계사무소였다. 두이합동회계사무소는 1993년 재무제표를, 삼원합동회계사무소는 1994년 재무제표를 각각 감사했다.

두이합동회계사무소는 감사과정에서 삼우기술단의 1993년 재무제표에 공사수입금액의 10억2,100만원을 과대계상한 사실을 발견했다. 또 퇴직급여 충당금 2억1,200만원이 적게 계상된 것도 발견했다. 삼우기술단의 자산은 10억2,100만원이나 부풀려졌고, 부채는 2억1,200만원이나 적게 표시된 것이다. 삼우기술단이 두이합동회계사무소에 제출한 재무제표에 따르면 경상이익이 약 30억1,946만원, 당기순이익이 17억2,041만원이었다. 두이합동회계사무소는 매출액의 과대계상과 부채의 과소계상을 지적, 이를 수정했다. 수정한 뒤 삼우기술단의 경상이익은 17억8,605만원, 당기순이익은 4억8,699만원으로 줄었다. 두이합동회계사무소는 지적사항 이외에는 모두 기업회계기준에 맞게 표시하고 있다며 감사의견을 '적정'으로 제시했다.

다음해인 1994년, 삼우기술단은 감사인을 바꿨다. 삼원합동회계사무소가 외부감사를 담당했다. 이때 역시 삼우기술단은 용역수입금액을 10억2,144만원 과소계상했다. 퇴직급여 충당금도 5억6,991만원 적게 계상했다. 삼원합동회계사무소는 퇴직급여 충당금을 적게 계상한 만큼 부채가 적게 계상됐고 자본이 그만큼 과대표시됐음을 발견했다. 그로 인해 당기순이익이 6억6,344만원 적게 표시됐고 수정 후 이월이익잉여금은 12억3,341만원 과대표시됐다고 지적했다. 삼우기술단이 제출한 재무제표는 경상이익 29억6,727만원, 당기순이익 16억1,463만원이었다. 그러나 수정 후 재무제표에는 경상이익이 36억3,072만원, 당기순이익이 22억7,808만원으로 기재됐다. 삼원합동회계사무소 역시 지적사항 이외에는 기업회계기준에 맞게 돼 있다며 '적정' 의견을 제시했다.

삼우기술단은 1994년 11월 두이합동회계사무소의 감사보고서를 첨부해 조선생명에 20억원의 대출을 신청했다. 조선생명은 1994년 11월 30일 연 이자율 11.5%, 만기 1년 조건으로 2명의 연대보증 외에 다른 담보없이 20억원을 대출해 줬다. 그 다음해인 1994년 5월께 삼우기술단은

1993 · 1994년 감사보고서를 첨부해 10억원의 대출을 추가로 신청했다. 조선생명은 1995년 5월 31일 연 이자율 10%, 만기 1년 조건으로 전년도와 같이 2명의 연대보증 외에는 다른 담보없이 9억2,563만원을 대출해 줬다. 조선생명은 모두 30억원을 대출해 준 것이다.

조선생명이 두 번째 대출을 해준 지 불과 2주가 안된 1995년 6월 13일, 삼우기술단은 부도났다. 다음달인 7월 5일 삼우기술단은 서울지방법원에 회사정리절차 개시신청을 했다. 그러나 다음달인 8월 23일 법원은 삼우기술단의 신청을 기각했다.

사채이자만 매달 7억원

문제는 삼우기술단이 회사정리절차 개시신청을 하면서 법원에 제출한 서류였다. 그 서류에는 자신들이 장부조작을 하지 않은 실제 자료가 들어 있었다. 그런데 그 자료가 1993년, 1994년 감사보고서에 나온 수정재무제표상 수치와 달랐던 것이다. 1993년 경상이익과 당기순이익을 먼저 보자.

삼우기술단이 법원에 제출한 자료에는 경상이익이 -18억원, 순이익이 -20억원이었다. 그런데 두이합동회계사무소가 낸 감사보고서상 수

〈삼우기술단 손익상황〉

구분		삼우기술단 제출자료	회계법인 감사 후 수치	부도 후 법원 제출자료
1993년	경상이익	30억1,946만원	17억8,605만원	-18억원
	당기순이익	17억2,041만원	4억8,699만원	-20억원
1994년	경상이익	29억6,727만원	36억3,072만원	-25억원
	당기순이익	16억1,463만원	22억7,808만원	-25억원

※ 삼우기술단은 1995년 6월 13일 부도

정재무제표에는 경상이익 17억원, 당기순이익 4억원으로 돼 있다. 1994년의 수치도 엄청난 차이를 보이고 있다. 삼우기술단은 법원에 경상이익 -25억원, 순이익 -25억원이라고 제출했다. 정작 삼원합동회계사무소가 만든 감사보고서에는 경상이익 36억원, 당기순이익 22억원으로 돼 있었다.

삼우기술단은 자금사정이나 재무상황을 법원에까지 속일 수 없었다. 1994년 당시 삼우기술단은 사채금액이 약 154억원에 달했다. 그 지급이자만 매월 7억원이 될 정도로 자금사정이 나빴다. 사실 1990년부터 줄곧 경상적자와 당기순손실이 각각 20억원이 넘는 등 재무구조가 나빴다. 그런데 1991년경부터 매년 15억원이 넘는 경상이익과 당기순이익이 발생한 것으로 분식결산을 한 것이다.

삼우기술단이 부도난 뒤 조선생명으로부터 빌린 30억원을 갚지 못하게 되자 조선생명은 특단의 조치를 취했다. 1996년 4월 18일 삼우기술단이 조선생명에 가입한 퇴직보험금 중 9억7,100만원과 처음에 대출해준 20억원을 상계처리했다. 따라서 첫 대출금 10억2,026만원, 두 번째 대출금 9억2,563만원 등 19억여 원을 못 받은 것이다. 조선생명은 외감법에 따라 합동회계사무소의 경우 담당회계사에게 손해배상 청구를 할 수 있다는 사실을 근거로 두이합동회계사무소 대표 공인회계사인 김동찬과 현종헌 회계사, 삼원합동회계사무소의 담당회계사인 정병모·김영수를 상대로 5억원의 손해배상 청구소송을 제기했다.

외감법은 어디로

물론 이에 대해 피고들도 할말이 있을 것이다. 우선 두이합동회계사무소의 대표 공인회계사인 김동찬 씨는 삼우기술단에 대한 감사를 담당하지 않았다는 이유로 손해배상 책임이 없다고 주장했다. 또 삼우기술

제17조(손해배상 책임).

① 감사인이 그 임무를 게을리하여 회사에 대하여 손해를 발생하게 한 때에는 그 감사인은 회사에 대하여 손해를 배상할 책임이 있다. 이 경우 감사반인 감사인의 경우에는 당해 회사에 대한 감사에 참여한 공인회계사가 연대하여 손해를 배상할 책임을 진다.〈개정 1989.12.30, 1993.12.31, 1996.12.30〉

② 감사인이 중요한 사항에 관하여 감사보고서에 기재하지 아니하거나 허위의 기재를 함으로써 이를 믿고 이용한 제3자에게 손해를 발생하게 한 경우에는 그 감사인은 제3자에 대하여 손해를 배상할 책임이 있다. 다만, 연결재무제표 또는 결합재무제표에 대한 감사보고서에 중요한 사항을 기재하지 아니하거나 허위의 기재를 한 책임이 종속회사·관계회사 또는 계열회사의 감사인에게 있는 경우에는 당해 감사인은 이를 믿고 이용한 제3자에게 손해를 배상할 책임이 있다.〈개정 1993.12.31, 1998.1.8〉

③ 제1항 후단의 규정은 제2항의 경우에 이를 준용한다.〈신설 1993.12.31〉

④ 감사인이 회사 또는 제3자에 대하여 손해를 배상할 책임이 있는 경우에 당해 회사의 이사 또는 감사(감사위원회가 설치된 경우에는 감사위원회 위원을 말한다. 이하 이 항에서 같다)도 그 책임이 있는 때에는 그 감사인과 당해 회사의 이사 및 감사는 연대하여 손해를 배상할 책임이 있다.〈개정 1998.2.24, 2000.1.12〉

⑤ 제1항 내지 제3항의 경우 감사인 또는 감사에 참여한 공인회계사가 그 임무를 게을리하지 아니하였음을 증명하는 경우에는 손해배상 책임을 지지 아니한다.〈신설 1989.12.30, 1993.12.31, 1998.2.24〉

⑥ 감사인은 제1항 내지 제4항의 규정에 의한 손해배상책임을 보장하기 위하여 재정경제부령이 정하는 바에 따라 제17조의2의 규정에 의한 손해배상공동기금이 적립 또는 보험가입 등 필요한 조치를 하여야 한다.〈신설 1989.12.30, 1993.12.31, 1996.12.30, 2001.3.28〉

⑦ 제1항 내지 제4항의 규정에 의한 손해배상책임은 그 청구권자가 당해 사실을 안 날로부터 1년 이내 또는 감사보고서를 제출한 날로부터 3년 이내에 청구권을 행사하지 아니한 때에는 소멸한다. 다만, 제4조의 규정에 의한 선임에 있어서 계약으로 그 기간을 연장할 수 있다.〈개정 1993.12.31〉

단이 회사정리절차 개시신청 당시 법원에 제출한 재무제표 내용이 실제와 다른 허위라고 주장했다. 감사절차를 거친 수정재무제표가 허위라고 단정지을 수 없다는 이야기다.

만약 감사보고서의 감사의견과 수정재무제표상에 기재된 내용이 허위였다 할지라도 담당회계사가 아닌 김동찬 이외에 다른 담당회계사들이 공인회계사로서 그 임무를 게을리 하지 않았으므로 외감법 제17조5항에 따라 면책되어야 한다는 것이 피고들의 주장이었다.

엇갈리는 1심과 2심의 판결

1심 판결은 1999년 2월 25일 내려졌다. 서울지방법원 민사25부(재판장 이성용 부장판사)는 "원고가 요구한 5억원을 모두 지급하라"고 판결했다. 재판부는 "감사인은 재무제표 등 모든 항목에 대해 충분한 자료를 수집하고 조사해 보고서를 작성할 의무가 있다"며 "감사보고서를 믿고 이용한 제3자에게 손해가 발생하면 감사인은 손해배상의 책임이 있다"고 밝혔다.

그러나 2심 법원(서울고등법원 민사11부 재판장 이태운)은 견해가 달랐다. 1심 판결 중 피고들의 패소부분이 모두 부당하므로 이를 취소하고 원고의 청구를 모두 기각했다. 2심 법원은 우선 피고 김동찬에 대해 배상책임이 없다고 결론을 내렸다. 두이합동회계사무소 대표 공인회계사로서 감사보고서에 기명날인을 했지만 감사과정을 지휘 감독하지 않았고 감사과정에 참여하지 않았으므로 손해배상 책임을 지울 수 없다는 입장이다. 대표 공인회계사로서 감사보고서에 기명날인한 것만으로는 손해배상 책임을 부담한다고 볼 수 없다는 것이다.

또 삼우기술단이 회사정리절차 개시신청을 할 때 법원에 제출한 재무제표 등 서류상에 기재된 내용은 삼우기술단 대표이사 개인 또는 자회사의 부채와 그 이자까지도 포함되어 있었던 사실과, 삼우기술단의 대리인인 법무법인 태평양이 삼우기술단의 담당직원이 가져온 서류를 그대로 이용하여 관련서류를 작성해 관할법원에 제출한 사실을 인정했다. 법원에 제출한 서류가 사실과 같다고 장담할 수는 없다는 것이다. 그렇다면 감사보고서상의 수정재무제표가 법원에 제출된 것과 다르다고 하여 중요사항이 허위로 기재됐다고 단정할 수 없으므로 원고의 피고들에 대한 사건청구는 이유없다는 것이 2심 법원의 결론이다.

회계감사기준에 따랐다면 무죄?

2심 법원은 더 나아가 만약 감사보고서의 감사의견과 그에 첨부된 수정재무제표상의 중요 기재사항이 거짓이라고 하더라도 감사에 참여한 공인회계사가 당시의 회계감사기준과 회계감사준칙의 규정에 따라 감사절차를 수행했으며 그 임무를 게을리 하지 않았다고 보여지므로 원고에게 피고에 대한 손해배상 청구는 이유없다고 판결했다.

회계감사기준에는 일반적으로 실시해야 할 감사절차를 생략해서는 안 되고, 필요하다면 그밖에 적절한 감사절차를 수행해야 하며, 감사의견을 뒷받침할 수 있고 신뢰할 수 있는 충분한 증거자료를 입수하여 확인하여야 한다고 규정돼 있다. 또 회계감사준칙에 따르면 부외부채에 대한 감사에 관해선 각종 주요계약서와 회의록 열람, 비정상적 거래에 대한 검토 또는 변호사 조회 등을 통해 부외부채나 우발채무의 유무를 확인해야 한다고 돼 있다. 어음수표와 관련된 부외부채를 감사하는 경우에는 어음수표 용지의 구입 발행과 미사용 어음수표 용지의 폐기 또는 견질어음수표의 관리에 대한 통제절차를 평가하고, 회사로부터 거래은행별 어음수표 수불명세서를 받아 이를 거래은행에 조회, 대조하고 사용 · 폐기 · 미사용 · 매수를 확인하며, 어음수표의 마감절차를 검토해야 한다고 명시돼 있기도 하다.

2심 법원은 피고가 회계감사기준과 회계감사준칙을 모두 지켰다고 인정했다. 왜냐하면 감사과정에서 전수조사(샘플조사가 아닌 모든 전표를 조사하는 것)를 통한 어음수표의 수불테스트를 했고, 미사용 어음수표에 대해 직접 확인했으며, 은행조회를 통해 미회수 어음과 수표리스트를 확보해 부외부채를 확인했기 때문이다. 또 삼우기술단이 대한투자금융회사에 할인사용하였다고 장부에 기재한 상업은행 어음 3매에 대해 삼우기술단이 아닌 제3자인 박길규가 할인사용한 것으로 밝혀지자 담당

회계사들은 삼우기술단에 차입금을 수정할 것을 권고했다.

삼우기술단이 이를 거부하자 담당회계사는 수정권고를 철회하고 주석에 견질어음으로 표시하기로 했다. 이 내용이 재무제표에 반영되지는 않았지만 우발채무에 해당하므로 재무제표상 중요한 자산, 부채, 자본, 당기순이익에는 아무런 영향을 미치지 않는다고 2심 법원은 판단했다. 결국 2심 법원은 공인회계사의 손을 들어주었다. 이렇듯 1심과 2심이 엇갈린 판결이 내려짐에 따라 대법원의 판결이 주목된다.

대법원이 어떤 판결을 내릴지는 모른다. 그러나 대법원의 판단은 과연 엉터리 감사를 했는지, 회계감사기준과 회계감사준칙에 따라 정확하게 감사절차를 진행했는지에 초점이 맞춰질 것으로 보인다. 법원의 실사 결과 감사결과가 왜 달랐는가에 대한 규명작업이 이루어질 것이고, 그 과정에서 회계법인의 과실이 인정되면 어느 정도 책임을 지울 공산이 크다.

7 사상최대 분식회계 사건의 소송

대우사건, 그 후

무려 22조원에 달하는 사상최대의 분식회계 사건인 대우. 그 대우계열사에 대한 분식회계와 담당 회계법인의 부실감사에 대한 판례는 앞으로도 계속 이어질 것이다. 소송건수가 많을 뿐 아니라 해당 회사도 많으니 소송과 판례가 봇물처럼 쏟아질 것은 불문가지다.

1999년 8월 26일 대우계열사에 대한 워크아웃 결정 당시 주가와 워크아웃 발표 이후 최저주가를 비교한 결과 9개 대우계열사의 시가총액 감소분만 해도 1조6,060억원에 달한다. 만약 집단소송제가 도입됐다면 1조원이 넘는 어마어마한 손해배상 청구소송이 이루어졌을 것이다. 어쨌든 대우계열사의 분식회계와 해당 회계법인의 부실감사에 대한 소송은 수건에 달하고 있다.

그러나 지금까지 대우계열사의 부실감사를 이유로 제기한 민사상 손해배상 청구소송의 판례가 나온 것은 대우전자가 유일하다. 2000년 9월

〈대우계열 상장사 주가하락 현황〉

(단위 : 원)

회사명	워크아웃 발표당시 주가 (1999.8.26)	발표 후 최저주가	시가총액 감소분
(주)대우	2,320	215(2000.5.22)	2,970억
대우중공업	2,130	540(2000.5.19)	5,690억
쌍용자동차	2,450	710(1999.12.2)	1,200억
대우차판매	4,750	1,820(2000.4.7)	860억
오리온전기	5,970	1,880(2000.5.23)	1,690억
대우전자	2,685	430(2000.5.18)	1,910억
경남기업	2,530	805(2000.1.20)	310억
대우전자부품	2,560	2,310(2000.1.19)	20억
대우통신	3,220	590(2000.4.17)	1,410억
합계			1조6,060억

금융감독위원회가 검찰고발 또는 통보한 이후 형사처벌이 진행되고 있기 때문이다.

대우와 대우자동차, 대우중공업은 모두 분식회계와 부실감사로 많은 사람이 형사재판을 받고 있다. 이 중 대우와 대우중공업은 민사소송까지 겹쳐 있다. 이 경우 형사재판의 결과를 본 다음 민사재판이 이루어지는 것이 보통이다. 형사상 유죄판결을 받는다면 불법행위 책임이 더욱 명확해지기 때문이다. 그렇게 되면 민사상 원고(피해자)가 자신의 피해와 피고의 불법행위와의 인과관계를 굳이 입증할 필요가 없게 된다. 그러나 대우전자는 분식회계 규모나 부실감사의 정도가 가볍다는 점이 감안돼 불기소 처분됐다. 따라서 대우전자에 대한 민사상 손해배상 청구소송에 대한 1심 판결이 빨리 나온 것이다.

무너진 탱크주의, 대우전자

이제 2002년 9월 12일 서울지방법원 민사21부(재판장 손태호)가 내린 1심 판결을 살펴보자. 우선 손해배상 청구소송을 제기한 사람은 박창근, 최영희, 김용택, 김종업, 김양일 씨 등 대우전자의 주식을 샀다가 손해를 본 소액주주들이다. 이들이 손해배상 책임이 있다고 주장한 피고는 대우전자, 안진회계법인, 김우중 전 대우회장과 양재열 전 대우전자 사장을 비롯한 임직원 등 모두 18명이다. 원고인 박창근 씨는 5,970만원, 최영희 씨는 7억9,890만원, 김용택 씨는 1,904만원, 김종업 씨는 976만원, 김양일 씨는 8,235만원을 손해배상하라고 청구했다. 이들은 대우전자의 1997년과 1998년의 분기·반기보고서 및 사업보고서, 감사보고서가 허위기재됐다며 손해배상을 청구했다.

문제가 된 감사보고서는 대우전자의 1997사업연도와 1998사업연도 것이었다. 외부감사인은 세동회계법인(현재 안진회계법인에 합병). 먼저 1997사업연도의 분식회계와 부실감사에 대해 알아보자.

대우전자는 1998년 2월 초순경 1997사업연도 가결산을 했다. 결과는 자산이 3조2,283억6,600만원, 부채가 4조1,254억6,400만원으로 자기자본이 완전히 잠식된 상태가 됐다. 당기순손실도 1조6,701억5,300만원으로 대규모 적자였다.

당시 대우전자의 대표이사인 전주범 씨는 김우중 당시 회장으로부터 "대우전자가 1997년에 공표할 순이익 규모는 410억원 상당으로 하라"는 지시를 받았다. 전 사장은 당연히 재무담당자들에게 결산실적을 조작하도록 했다. 장부조작작업은 부산하게 이루어졌다. 재고수량을 부풀리고, 이미 매출된 상품이나 수입물품을 비용으로 계상하지 않는 방법으로 재고자산 6,037억원을 부풀렸다. 또 당기에 발생한 비용 1,832억원을 포함해 수년 전부터 1997년말까지 발생한 제비용(외환차손, 판매관리

206

비, 매출원가 등) 6,607억원을 해외 자회사에 대한 외화외상매출금(해외 자회사 등에 대한 매출채권)으로 둔갑시키는 방법으로 가짜 매출채권을 계상했다. 가짜 매출채권과 실제 매출채권의 차이 465억원은 어음차입금(CP할인 등) 7,072억원과 상계처리했다.

이어 1997년에 발생한 제비용 1,399억원 및 매출채권 7,072억원(가공 매출채권과 실제 매출채권의 합), 어음차입금 8,471억원을 상계처리함으로써 부외부채(어음차입금) 8,471억원을 계상하지 않았다. 부도가 발생해 오랫동안 회수하지 못한 국내 거래처의 채권 중 860억원을 대손처리하지 않아 대손충당금 860억원을 적게 계상했다.

이뿐만 아니라 유형자산도 분식했다. 현업부서에서 쓰지 않는 오래된 유형자산을 폐기손실로 계상하지 않는 방법으로 유형자산 1,920억원을 과대계상했다. 종업원에게 지급해야 할 퇴직금을 계산할 때 실제 근속연수를 모두 1년씩 줄이고, 연월차 수당을 퇴직금 산정대상 총급여에 넣지 않는 방법으로 퇴직급여 충당금 293억원을 적게 계상했다. 결국 총 1조7,116억2,800만원 상당을 허위로 계상한 것이다.

이로써 자산이 4조636억1,300만원, 당기순이익이 414억7,500만원인 가짜 대차대조표와 손익계산서가 작성된 것이다. 그런데도 당시 외부감사인인 세동회계법인은 1997사업연도 감사보고서에 '적정' 의견을 표시했다. 이 감사보고서는 1998년 3월 31일 증권거래소에 공시됐다.

위로부터의 부패, 결산조작

대우전자는 1998년에도 분식회계를 했다. 실제 결과는 자산 3조 9,056억1,000만원, 부채 4조8,379억4,200만원으로 역시 자기자본이 완전히 잠식된 상태였다. 당기순손실도 1조9,920억7,500만원으로 전기보다 더욱 심각해졌다.

당시 대우전자 대표이사였던 양재열 씨와 부사장이었던 박창병 씨는 전년도와 같이 김우중 전 회장으로부터 당기에 공표할 순이익 규모를 약 50억원으로 맞추라는 지시를 받았다. 그 지시는 곧바로 사업장별 경리팀장에게 결산조작하라는 명령으로 이어졌다.

역시 온갖 분식회계 방법이 다 쓰였다. 재고자산을 6,709억원 부풀렸다. 1998년에 발생한 제비용 1,689억원을 가짜 외화외상매출금으로 바꿔놓는 등의 방법으로 매출채권을 9,384억원이나 부풀렸다. 전년도에 썼던 유형자산 과대계상방법으로 1,061억원의 자산을 뻥튀기했다. 1998년 발생한 총 비용 251억원을 해외 자회사에 대한 대여금으로 대체하는 방법으로도 장단기 대여금 251억원을 과대계상했다. 역시 전년에 썼던 방식으로 퇴직급여 충당금 305억원을 과소계상했다. 총 1조9,966억5,900만원이 조작된 것이다. 이로써 자산 5조8,717억4,400만원, 당기순이익 45억8,400만원인 가짜 재무제표가 김우중 전 회장의 지시대로 만들어졌다.

안진회계법인은 이 가짜 재무제표에 대해 1999년 3월 23일 감사보고서를 작성하면서 '한정' 의견을 냈다. "해외매출채권의 일부에 대한 외부조회 등 필요한 감사절차를 충분히 수행할 수 없었고, 재고자산 중 일부는 빅딜로 인한 종업원의 작업거부로 실사에 입회하지 못했으며, 일부 매출채권과 재고자산 잔액을 확인할 수 없었다"라고 하는 특기사항을 넣었다. 이같은 감사보고서가 1999년 3월 31일 증권거래소와 금융감독위원회에 공시됐다.

이후 1999년 8월 26일 대우전자 등 대우계열사에 대한 워크아웃(기업개선작업)이 개시됐다. 워크아웃을 위해 안건회계법인이 대우전자에 대한 실사를 담당했다. 실사 결과 1999년 8월말 기준으로 대우전자의 자산규모를 넘는 부채규모가 2조6,823억원에 달하는 것으로 나타났다.

대우전자가 제시한 재무상태와 비교해 볼 때 순자산가치 면에서 3조 6,912억원이나 차이가 난 것이다. 이 사실은 1999년 11월 2일 각 신문에 보도됐다.

감사보고서 공시 전에 산 주식, 배상받을 수 없다

법원은 역시 냉철했다. 손해배상 청구소송을 제기한 원고 가운데 김용택 씨가 대우전자 주식을 산 시점은 1997년 6월 16일이었다. 또다른 원고 김종업 씨가 사들인 시점은 1995년 4월 11일이었다. 따라서 분식 결산된 1997년과 1998년 감사보고서가 공시(1998년 3월 31일, 1999년 3월 31일)된 시점 이전에 주식을 사들인 것이므로 부실한 감사보고서를 믿고 주식투자를 했다고 볼 수 없다는 결론을 내렸다. 법원은 "원고 김용택, 김종업의 주장은 더 살펴볼 필요없이 이유없다"고 판시했다.

그렇다면 부실한 감사보고서를 공시한 이후 대우전자 주식을 사들인 원고에 대해서는 어떻게 판단했을까? 법원은 우선 사업보고서와 감사보고서는 투자자의 투자판단에 영향을 미칠 만한 중요한 자료이고, 그 서류가 공시된 이후 공개시장에서 주식을 사들인 박창근, 최영희, 김양일 씨는 감사보고서가 진실한 것으로 믿고 그에 기초하여 주식을 사들인 점을 인정했다. 이들 원고가 대우전자 주식을 사들인 뒤 주가가 하락함으로 입은 손해는 특별한 사정이 없는 한 피고인 대우전자와 김우중 등 대우전자 임원 6명, 안진회계법인 등이 배상할 책임이 있다고 판결했다.

원고들은 사업보고서와 감사보고서뿐 아니라 분기와 반기보고서도 허위로 기재됐다고 주장했다. 그러나 법원은 분기나 반기보고서에 구체적으로 어떤 허위가 있는가에 대한 아무런 주장과 입증이 없다고 판단했다. 사실 분기나 반기보고서는 감사인에게도 책임은 없다. 원고는 또

1998년뿐 아니라 1997년 감사보고서도 잘못됐다며 이에 대한 손해배상 책임을 주장했다. 그러나 1심 법원은 원고의 주식취득시점으로 보아 1998년 감사보고서를 믿고 주식을 사들였다고 인정되지만 1997년 감사보고서까지 믿었다고 인정할 증거가 없다고 밝혔다.

1심 법원은 또 안진회계법인이 감사보고서에 특기사항으로 "해외매출채권과 일부 재고자산에 대해선 감사절차를 수행할 수 없어 매출채권과 재고자산 잔액을 확인할 수 없었다"는 문구를 넣었으므로 원고들이 재무제표가 사실과 다를 수 있음을 알 수 있었다는 피고측(대우전자 등)의 주장은 이유없다고 판단했다. 대우전자측에서는 원고가 대우전자의 도산을 예상하면서도 주식을 취득하였으므로 손해배상 청구를 할 수 없다고 주장했었다. 소액투자자가 감사보고서상 특기사항만으로 기업의 부도를 예상했다고 판단하기는 어렵다는 것을 인정한 셈이다.

엉터리 감사, 책임져라

안진회계법인도 할말을 했다. 회계감사기준에 따라 정당하게 감사를 실시했고, 그 임무를 태만히 하지 않았으므로 책임이 없다고 주장했다. 그러나 1심 법원은 몇 가지 점을 들어 이유없다고 함으로써 안진회계법인의 주장을 일축했다.

우선 1998년 대우전자에 대한 회계감사에서 안진회계법인 소속 공인회계사는 전체 재고자산에 대한 기록장부 제출을 요구했으나 제출받지 못했다는 점이 지적됐다. 대우전자 광주공장에 대한 재고자산 실사에서도 안진회계법인 회계사가 입회, 일부 항목의 차이에 대한 원인을 요구했지만 회사측으로부터 설명을 듣거나 받지 못했다.

퇴직급여 충당금 과소계상도샘플을 너무 적게 뽑았다는 점이 지적됐다. 안진회계법인은 대우전자 총 2만400여 명의 직원 가운데 겨우 5명의 인사카드만 제출받아 퇴직급여 충당금의 적정여부를 검토했다. 또 장기미회수 부도발생 매출채권 내역을 제출해 달라고 요구했으나 제출받지 못했다. 매출채권의 경우 거래처에 대한 확인도 하지 않았다. 재고 폐기손실을 재고와 매출채권으로 배분해 계상했다는 점이 감사조서에 기재돼 보고됐는데도 안진은 추가적인 감사절차를 실시하지 않았다. 한마디로 엉터리 감사였던 것이다.

법원은 특히 감사범위가 제한된 해외매출채권(1조2,801억원 가운데 4,905억원)과 광주공장 소재분 재고자산(2,603억원)은 그 금액에 비춰 감사의견 형성에 중요한 영향을 미치는 것임에도 불구하고 구체적으로 액수를 밝히지 않고 그 일부에 대해서만 '한정' 의견을 제시한 것은 부실감사라고 판단했다.

법원은 더 나아가 삼성자동차와의 빅딜무산, 대우계열사의 워크아웃 등으로 대우전자의 주가가 하락했으므로 분식회계나 부실감사와 주가하락은 인과관계가 없다는 안진측의 주장을 이유없다고 했다. 특히 1998년 3월말 이후 대우의 분식회계 사실이 밝혀지기 전까지 전기전자 업종지수나 종합주가지수가 큰 폭으로 상승한 데 반해 대우전자의 주가는 큰 폭으로 하락했으니 주가하락분이 분식회계와 무관하다고 볼 수 없다고 판결했다.

다만 원고들이 대우전자에 대해 '한정' 의견을 담은 감사보고서를 보고도 무모하게 대우전자 주식을 사들였고, 1999년 11월 2일 대우전자의 재무상태가 공시한 것과는 다르다는 사실이 밝혀진 뒤에도 주식처분을 지연한 잘못을 인정해야 한다고 밝혔다. 원고의 잘못은 원고가 책임져야 한다는 것이다. 결국 법원은 원고의 과실내용에 따라 원고 박창근 씨에 대해서는 30%를, 원고 최영희, 김양일에 대해서는 40%로 피고 안진측의 손해배상 책임을 제한함이 당연하다고 판결했다.

8 위헌심판으로 중단된 소송

죄형법정주의 위배

대우계열사에 대한 형사재판과 민사소송이 진행되던 2002년 9월 26일. 서울지방법원 형사합의21부(재판장 박용규 부장판사)는 회계사들에 대한 형사재판을 중단시키는 결정을 내렸다. 1997년과 1998년 대우중공업 등의 재무제표를 부실감사한 혐의로 기소된 산동회계법인의 회계사 오씨 등이 제기한 위헌법률심판 제청을 받아들인 것이다.

오씨 등은 기업의 분식회계를 눈감아준 공인회계사 등에 대한 처벌의 근거가 되는 주식회사의 외부감사에 관한 법률[외감법] 조항이 불명확해 헌법상 죄형법정주의에 위배된다고 주장했다. 오씨 등은 당시 대우그룹 재무제표가 분식된 사실을 알고도 감사보고서에 '적정' 의견을 기재한 혐의로 형사기소된 상태였다. 대우중공업 등의 재무제표를 감사하면서 전액 대손상각해야 할 장기외화 매출채권 4,000억여 원에 대해 대손충당금 39억원만 설정한 채 모두 매출채권으로 계상하는 등 자산을 부풀리고 부채를 줄이는 장부조작을 알고도 감사보고서에 '적정' 의견을 냈다는 혐의였다.

회계사 손 들어준 재판부

재판부의 결정은 "외감법 제20조1항2호 등이 모호해 위헌소지가 있다"는 입장이었다. 재판부는 판결문에서 "문제의 법률조항은 '감사인 등이 감사보고서에 기재해야 할 사항을 적지 않거나 허위기재를 한 때' 처벌하도록 규정하고 있을 뿐 감사보고서가 무엇인지, 감사보고서에 기재해야 할 사항이 무엇인지에 관해 아무런 정의나 해설규정을 두고 있지 않다"고 밝혔다. "따라서 이 조항은 내용과 적용범위가 불명확해 어떤 행위가 금지 혹은 허용되는지 예측할 수 없고, 국가 형벌권의 차별적이거나 자의적인 법해석을 예방할 수 없어 죄형법정주의에 위배된다는 의심이 든다"고 지적했다.

'감사보고서에 기재해야 할 사항'이 금융감독위원회[금감위]의 회계감사기준 규정에 근거하도록 해석되는 부분에 대해서도 "금감위에 위임입법한 형식의 법령 보충규칙일 뿐 정식 법률은 아니다"는 것이 재판부의 입장이었다. 재판부는 특히 "해당 법률조항은 '감사보고서에 기재해야 할 사항'에 관해 하위 법령에 위임하는 아무런 근거규정을 두고 있지 않았고, 다만 같은 법 제5조 2항에 '회계감사기준은 금융감독위원회가 증권선물위원회의 심의를 거쳐 정한다'라고 규정, 위임입법을 한 것과 같은 결과가 됐으나 이 또한 헌법에서 요구하는 위임입법의 절차나 단계를 준수하지 못한 것"이라고 덧붙였다.

그래도 민사소송은 할 수 있다

그러나 재판부는 "애매한 형사처벌 근거를 명확히 할 필요가 있다는

차원으로, 민사상 불법행위에 대한 손해배상 청구소송과는 별개의 사안

<주식회사의 외부감사에 관한 법률 제20조>

제20조(벌칙)

① 상법 제635조 제1항에 규정된 자, 그 외의 회사의 회계업무를 담당하는 자, 감사인 또는 그에 소속된 공인회계사나 감사업무와 관련된 자가 다음 각 호의 1에 해당하는 행위를 한 때에는 3년 이하의 징역 또는 3천만원 이하의 벌금에 처한다.〈개정 1989.12.30, 1993.12.31, 1996.12.30, 1998.2.24〉
　1. 정당한 이유없이 제4조제1항, 제5항 또는 제4조의2제1항의 규정에 의한 기간 내에 감사인을 선임하지 아니한 때
　2. 감사보고서에 기재하여야 할 사항을 기재하지 아니하거나 허위의 기재를 한 때
　3. 제9조의 규정에 위반하여 비밀을 누설한 때
　4. 제10조의 규정에 의한 이사의 부정행위 등을 보고하지 아니한 때
　5. 제11조의 규정에 의한 주주총회에 출석하여 허위의 진술을 하거나 사실을 은폐한 때
　6. 삭제〈1989.12.30〉
　7. 재무제표, 연결재무제표 또는 결합재무제표를 작성하지 아니한 때
　8. 제13조의 규정에 의한 회계처리기준에 위반하여 허위의 재무제표, 연결재무제표 또는 결합재무제표를 작성·공시한 때
② 상법 제635조 제1항에 규정된 자 또는 그 외의 회사의 회계업무를 담당하는 자가 다음 각 호의 1에 해당하는 행위를 한 때에는 2년 이하의 징역 또는 2천만원 이하의 벌금에 처한다.〈신설 1993.12.31, 1998.1.8, 1998.2.24〉
　1. 및 2. 삭제〈1998.2.24〉
　3. 감사인 또는 그에 소속된 공인회계사에 대하여 허위의 자료를 제시하거나 사위·기타 부정한 방법으로 감사인의 정상적인 외부감사를 방해한 때
　4. 정당한 이유없이 제6조의 규정에 의한 감사인의 열람·등사·보고요구 또는 조사를 거부·방해·기피하거나 관련자료를 제출하지 아니한 때
　5. 제7조 및 제8조제2항의 규정에 위반하여 재무제표·연결재무제표 또는 결합재무제표를 제출하지 아니한 때
　6. 정당한 이유없이 제1조의3제4항 및 제15조의2 제1항의 규정에 의한 자료제출 등의 요구·열람 또는 조사를 거부·방해·기피하거나 허위의 자료를 제출한 때
　7. 제14조제2항의 규정에 위반하여 감사인의 명칭과 감사의견을 함께 기재하지 아니한 때
③ 상법 제635조 제1항에 규정된 자, 그 외의 회사의 회계업무를 담당하는 자, 감사인 또는 그에 소속된 공인회계사가 다음 각 호의 1에 해당하는 행위를 한 때에는 1년 이하의 징역 또는 1천만원 이하의 벌금에 처한다.〈개정 1993.12.31, 1996.12.30, 1998.1.8, 1998.2.24〉
　1. 정당한 이유없이 제4조의3 제1항의 규정에 의한 증권선물위원회의 요구에 응하지 아니한 때
　2. 및 3. 삭제〈1998.2.24〉
　4. 제8조 제1항의 규정에 의한 감사보고서를 제출하지 아니한 때
　5. 제11조의 규정에 의한 주주총회의 출석요구에 응하지 아니한 때
　6. 삭제〈1998.2.24〉

〈주식회사의 외부감사에 관한 법률 제5조〉

제5조(회계감사기준)
① 감사인은 일반적으로 공정·타당하다고 인정되는 회계감사기준에 따라 감사를 실시하여야 한다.〈개정 1989.12.30, 2001.3.28〉 ② 제1항의 회계감사기준은 한국공인회계사회가 정하되, 금융감독위원회의 승인을 얻어야 한다.〈개정 2001.3.28〉

이어서 큰 영향을 미치지 못할 것"이라고 말했다.

'민사소송과 별개'라는 사안을 강조한 것은 만약 헌법재판소가 위헌 결정을 내릴 경우 외감법으로 처벌된 사람들이 재심청구를 할 가능성을 의식한 것으로 보인다. 회계감사와 관련돼 지난 2000년부터 2002년까지 재정경제부, 증권선물위원회 등에서 각종 징계를 받은 공인회계사는 350명에 달하고, 검찰 기소로 재판이 진행중이거나 유죄판결을 받은 회계사는 20여 명이다. 따라서 이미 처벌을 받은 사람들의 문제가 남게 된다. 헌법재판소로서는 이 점을 의식하지 않을 수 없을 것으로 보인다.

어쨌든 서울지방법원이 헌법재판소에 위헌심판을 제청함에 따라 계류중인 3건의 외감법 위반사건에 대해 헌법재판소의 결정이 날 때까지 심리가 중단되었다.

9 또다른 위헌심판 청구

증권거래법이 불명확하다?

2002년 10월 14일, 이번에는 대우중공업 등이 제기한 위헌주장을 서울지방법원이 받아들였다. 허위공시로 인한 피해배상을 규정한 현행 증권거래법의 해당조항이 불명확하다는 것이 대우중공업측의 주장이다. 서울지방법원 민사22부(재판장 윤우진 부장판사)는 위헌법률심판 제청 결정문에서 "투자자의 손해배상액 산정기준이 되는 현행 증권거래법 제14조와 제15조는 위헌의 소지가 있다"며 위헌신청 이유를 설명했다.

재판부는 "현재 채택된 유가증권 매매거래는 증권예탁원에 의한 '증권예탁결제' 제도여서 과거 여러 번에 걸쳐 매입한 주식을 팔았다면 언제 산 주식을 언제 팔았는지 파악할 수 없다"고 말했다. 현행 증권거래법은 허위공시 이후 이를 믿고 주식을 매입한 투자자만 손해를 배상토록 하고 있다.

가령 선의의 투자자가 기업의 허위공시 후 주당 5,000원짜리 주식 1

216

만 주를 샀는데 분식회계이 드러나 주가가 급락했다고 하자. 이 경우 나중에 1만 주를 전부 주당 3,000원에 팔았다면 해당기업은 손실액 2,000만원을 물어줘야 한다. 또 선의의 투자자가 계속 보유한 경우, 재판 변론 종결일의 시장가격이 주당 2,000원이라면 해당기업은 3,000만원을 물어줘야 한다.

법원은 이같은 규정이 비현실적이라고 지적했다. 선의의 투자자가

〈증권거래법 제14조〉

제14조(허위기재 등으로 인한 배상책임)

① 유가증권신고서와 제12조의 규정에 의한 사업설명서(예배사업설명서 및 간이사업설명서를 포함한다. 이하 이 조에서 같다) 중 허위의 기재 또는 표시가 있거나 중요한 사항이 기재 또는 표시되지 아니함으로써 유가증권의 취득자가 손해를 입은 때에는 다음 각 호의 자는 그 손해에 관하여 배상의 책임을 진다. 다만, 배상의 책임을 질 자가 상당한 주의를 하였음에도 불구하고 이를 알 수 없었음을 증명하거나 그 유가증권의 취득자가 취득의 청약시에 그 사실을 안 때에는 그러하지 아니하다.〈개정 2000.1.21〉

1. 당해 유가증권신고서상의 신고자와 신고당시의 당해 법인의 이사(법인의 설립 전에 신고된 때에는 그 발기인)
2. 당해 유가증권신고서의 기재사항 또는 그 첨부서류가 진실 또는 정확하다고 증명하였거나 서명한 공인회계사·감정인 또는 신용평가를 전문으로 하는 자
3. 당해 발행인과 당해 유가증권의 인수계약을 체결한 자
4. 당해 사업설명서를 작성하거나 교부한 자
5. 매출의 방법에 의한 경우 매출신고당시의 당해 매출되는 유가증권의 소유자

② 예측정보가 다음 각호의 방법에 따라 기재 또는 표시된 경우에는 제1항의 규정에 불구하고 제1항의 각호의 자는 그 손해에 관하여 배상의 책임을 지지 아니한다. 다만, 당해 유가증권의 취득자가 취득의 청약시에 예측정보에 허위의 기재 또는 표시가 있거나 중요한 사항이 기재 또는 표시되지 아니한 사실을 알지 못한 경우로서 제1항 각 호의 자에게 그 기재 또는 표시와 관련하여 고의 또는 중대한 과실이 있었음을 증명한 경우에는 그러하지 아니하다.

1. 당해 기재 또는 표시가 예측정보라는 사실이 명시되어 있을 것
2. 예측 또는 전망과 관련된 가정 또는 판단의 근거가 명시되어 있을 것
3. 당해 기재 또는 표시가 합리적 근거 또는 가정에 기초하여 성실하게 행하여 졌을 것
4. 당해 기재 또는 표시에 대하여 예측치와 실제 결과치가 다를 수 있다는 주의문구가 명시되어 있을 것

③ 제2항의 규정은 주권상장법인 및 협회등록법인이외의 법인이 최초로 유가증권을 모집 또는 매출하기 위하여 유가증권신고서를 제출하는 경우에는 이를 적용하지 아니한다.〈전문개정 1999.2.1〉

제15조(손해배상액)

제14조의 규정에 의하여 배상할 금액은 청구권자가 당해 유가증권을 취득함에 있어서 실지로 지급한 액에서 다음 각호의 1에 해당하는 액을 공제한 금액으로 한다.
  1. 당해 유가증권에 관하여 소송제기되이 있는 때에는 변론종결시에 있어서의 시장가격(시장가격이 없는 경우에는 추정처분가격)
  2. 제1호의 변론종결전에 당해 유가증권을 처분한 때에는 그 처분가격
② 제1항의 규정에 불구하고 제14조의 규정에 의하여 배상책임을 질 자가 청구권자가 입은 손해액의 전부 또는 일부를 허위로 기재·표시하거나 중요한 사항을 기재·표시하지 아니함으로써 발생한 것이 아님을 입증한 경우에는 그 부분에 대하여 배상책임을 지지 아니한다.〈신설 1997.1.13〉

제16조(배상청구권의 소멸)

제14조의 규정에 의한 배상의 책임은 그 청구권자가 당해 사실을 안 날로부터 1년 내 또는 당해 유가증권에 관하여 유가증권신고서의 효력이 발생한 날로부터 3년 내에 청구권을 행사하지 아니한 때에는 소멸한다.

매각한 주식의 매입시점이 허위공시 이전인지 이후인지 투자자와 증권사도 구분할 수 없고 주가도 계속 변해 매각시점에 따라 배상액이 크게 차이가 나 재산권을 침해한다는 것이 재판부의 입장이다.

따라서 외감법과 증권거래법에 대한 위헌법률심판 청구가 이뤄짐에 따라 대우계열사 등 분식회계와 부실감사에 대한 민·형사상 소송이 잠정 중단된 상태이다. 법정공방은 헌법재판소의 결정이 나온 뒤에나 재개될 것으로 보인다.

10 미국의 과실행위(Malpractice) 책임이론

공인회계사, 정확히 말해 외부감사인이 왜 계약상대가 아닌 피감회사의 투자자나 채권자 등 제3자에 대해 직무상 과실 책임을 져야 하는가? 책임을 진다면 어느 범위까지 확대할 수 있는가? 또 제3자가 손해배상을 청구할 경우 그 시효와 금액은 어떻게 될까? 이같은 질문은 법학자들에게는 상당히 오래된 연구테마이다. 국내는 물론 미국이나 영국, 독일 등에서 법학적으로 많은 연구가 진행됐다. 또 몇 가지 굵직굵직한 판례를 중심으로 미묘한 법해석의 차이를 보이기도 했다. 하지만 최근 부실감사로 인해 발생하는 손해에 대한 외부감사인의 배상책임을 인정하는 법원의 판결이 잇따르는 추세임은 부정할 수 없는 현실이다.

공인회계사의 책임 범위

우선 공인회계사가 제3자에 대해 책임을 져야 하는가? 책임을 진다면 어떤 경우에 져야 하는가?에 대해 알아보자. 이는 회사의 재무제표에 대한 외부감사인의 감사 결과가 직접적이든 간접적이든 제3자 또는 일반 대중에게 영향을 미친다는 점을 근거로 한 것이다. 이때 제3자가 부실감사 때문에 손해를 봤다면 불법행위 책임을 묻거나 계약적 책임을 물을 수 있다.

'불법행위 책임'은 부실감사가 직무상 과실행위로 주의의무를 게을리 한 것이므로 불법행위를 구성한다는 점에서 출발한다. 불법행위 책임에 대한 손해배상은 계약적 책임에 대한 손해배상보다 배상액이 더 커질 수 있다. 게다가 불법행위 책임을 근거로 손해배상을 청구할 수 있는 기간(소멸시효)은 손해를 안 날로부터 계산되는 것이 통설이다.

'계약적 책임'을 묻는다면 제3자가 손해배상 청구소송을 제기할 근거가 좀 약해진다. 왜냐하면 제3자가 계약(감사계약)의 당사자가 아니기 때문이다. 계약적 책임을 묻기 위해서는 적어도 계약당사자여야 하기 때문에 제3자는 소송할 자격을 갖지 못하게 된다. 게다가 손해배상 소멸시효가 계약이 위반된 날로부터 계산되므로 소송자에게 불리하다.

따라서 계약적 책임은 외부감사인과 고객회사(피감회사) 사이에 주로 성립된다. 외부감사인이 적절한 감사절차를 통해 피감회사 내부직원의 금전횡령을 발견해 낼 수 있었는데 이를 발견하지 못하거나 횡령사실을 알고도 고의로 감춘 경우가 해당될 수 있다. 이 경우 피감회사가

〈직무상 과실행위 책임이론〉

구분	불법행위 책임	계약적 책임
근거	부실감사는 직무상 과실행위	부실감사는 계약위반행위
원고	제3자, 계약 당사자	계약 당사자
배상액	손해배상액이 크다	상대적으로 배상액이 적다
소멸시효	손해를 안 날로부터 계산	계약위반일부터 계산

회계법인을 상대로 계약의무를 소홀히 한 점을 근거로 손해배상 청구소송을 할 수 있다. 또 공인회계사가 고객과 세무상담을 하기로 계약했는데 오히려 주의의무를 게을리 해서 세금을 더 많이 내게 됐거나 벌과금을 부과받은 경우 공인회계사는 그 책임을 져야 한다.

제3자에 대한 책임

우리가 다루는 주제는 공인회계사가 지는 제3자에 대한 책임이다. 미국에서는 공인회계사의 과실로 인한 손해에 대해 제3자가 어떠한 경우 손해배상 청구가 가능하고 어떤 경우 불가능한가를 판단하기 위한 판례이론이 수없이 제기됐다. 이를 요약하면 다섯 가지 정도이다. 판례이론의 진행순서에 따라 나열하면 사적관계이론, 접촉이론, 인식된 이용자이론, 예견가능한 이용자이론, 의도된 이용자이론 등이다.

'사적관계이론(The Privity Rule)'은 공인회계사와 당사자 관계(in privity with accountant)에 있는 자, 즉 회계사의 고객에 대해서만 원고로서 적격함을 인정한다. 이 이론에 따르면 공인회계사의 고객(피감회사)에게 돈을 빌려준 은행은 회계사의 과실에 대해 손해배상 청구를 할 수 없다. 오직 공인회계사와 사적관계(계약관계)인 당사자, 즉 고객이나 피감회사만이 청구를 할 수 있다. 외부감사인의 손해배상 책임을 가장 적게 제한한 이론이다. 원칙적으로 주의의무를 게을리 한 데 따른 회계사의 과실에 대해 제3자가 손해배상을 청구할 수 없다는 입장이다. 이 이론은 원래 1931년 미국 뉴욕 주 대법원의 울트라마레스(Ultramares) 판결 이래 상당기간 고수된 원칙이었다.

'접촉이론(The Contact Rule)'은 제3자와 공인회계사 간에 어떠한 접촉이 있는 경우 주의의무를 게을리 한 공인회계사를 상대로 손해배상을 청구할 수 있다는 입장이다. 가령 피감회사가 대출을 받고자 할 때 은행이 어떠한 정보를 요구하는가를 알아보기 위해 공인회계사가 은행을 출입하게 됐다고 하자. 이때 공인회계사의 과실로 은행에 손해가 발생한 경우 은행과 공인회계사 간에 충분한 접촉(Contact) 또는 연결고리(Link)가 존재하므로 은행의 원고적격이 인정된다. 앞서 언급한 사적관계의 요건을 다소 완화한 이론이다. 미국 뉴욕 주 대법원에서 1985년 이를 채택했다.

'인식된 이용자이론(The Known User Rule)'은 외부감사인이 자신의 회계감사 결과를 '제3자가 이용하게 될 것이라는 점을 알았을 때'에는 그의 과실행위로 인하여 발생한 제3자의 손해에 대하여 책임을 진다는 것이다. 다시 말해 자신의 회계감사 보고서가 제3자에게 제공되었거나 또는 회계사의 고객이 해당 제3자에게 전달할 것이라는 점을 공인회계사가 알았을 때만 제3자의 손해배상 청구권이 인정된다는 이야기다. 단순히 예견가능한 제3자가 아니라 회계사가 자신의 감사 결과를 이용할 것이라고 인식한 제3자만 원고 자격을 갖는다는 것이다.

'예견가능한 이용자이론(The Foreseeable User Rule)'은 회계감사인의 감사보고서를 신뢰하는 사람이 존재할 것이라는 점이 '객관적이고 합리적으로 예상되는 때' 회계감사인의 직무상 과실(Malpractice)에 대해 책임을 지운다는 이론이다. 따라서 이 이론에서는 제3자의 청구권을 인정하기 위하여 특별히 회계감사인과 제3자 간의 접촉이나 사적관계 등의 여부를 묻지 않는다. 회계감사인이 인식하지 못했던 이용자그룹 가운데 객관적으로 예상할 수 있는 그룹에 대해서는 청구권이 인정된다는 것이다. 1990년 미국 캘리포니아법원에서 이 이론이 받아들여졌고 이후 여러 주법원에서 이 이론을 지배적인 견해로 받아들이고 있다. 제3자에 대한 손해배상 청구권을 가장 포괄적으로 인정한 이론이다.

'의도된 이용자이론(The intended User Theorie)'은 회계감사인이 사

〈부실감사에 대한 제3자 책임이론〉

제3자 책임이론	이론의 내용, 사례
사적관계이론 (1931년 뉴욕주법원)	• 사적계약관계 당사자만이 부실감사에 대한 손해배상 청구 가능 • 제3자는 소송자격이 없다
접촉이론 (1985년 뉴욕주법원)	• 제3자와 공인회계사가 접촉 또는 연결관계에 있을 경우 청구 가능 • 가령 공인회계사가 은행과 접촉했을 경우
인식된 이용자이론	• 공인회계사가 감사결과를 제3자에게 제공, 전달돼 이용될 것이라는 점을 알았을 때 손해배상 책임이 성립된다
예견가능한 이용자이론 (1990년 캘리포니아주법원)	• 객관적으로 감사보고서를 믿는 사람이 존재할 것이라는 점이 합리 적으로 예상될 때 손해배상 책임이 있다(CPA 인식과 무관) • 사적관계나 접촉여부와 관계없이 예견가능하면 소송 가능
의도된 이용자이론 (1992년 캘리포니아주법원)	• 공인회계사가 제3자에게 제공했거나 피감회사가 제3자에게 제공했 다는 사실을 인식할 경우 손해배상 책임이 성립

적관계가 전혀 없는 제3자에게 직접 정보를 제공했거나, 또는 자신의 고객이 제3자에게 정보를 전달할 것이라는 점을 인식하고 고객에게 해당 정보를 제공했을 것을 요구한다. 바꿔 말해 특별한 거래 또는 다른 유사한 거래에서 회계감사인의 감사결과를 신뢰할 것으로 기대되었거나(expected) 의도되지(intented) 않은, 전혀 사적관계가 없는 제3자에게는 청구권을 제한하고자 하는 것이다. 공인회계사의 제3자에 대한 책임을 다시 제한한 이론이다. 예견가능한 이용자이론이 잠재적인 청구권자의 수를 무한정 확대시킬 것이라는 우려 때문에 그 반작용으로 등장한 것이다. 1992년 캘리포니아 주 법원에서 이같은 판례가 있었다.

손해배상 청구할 수 있는 범위가 넓어진다

결국 미국 법원의 판례는 갈수록 회계감사인의 불법행위 책임에 대해 손해배상 청구를 할 수 있는 제3자의 범위를 차츰차츰 확대해 가는 추세이다. 처음에는 제3자와 회계감사인 간의 엄격한 사적관계를 요구했으나 점점 완화되면서 제3자가 공인회계사의 감사보고서를 이용할 것이 예견되는 경우까지 회계감사인에게 책임을 지우는 책임확대의 경향을 보이고 있다.

　물론 마지막 단계에 와서는 의도된 이용자이론으로 그 책임을 다시 제한하려는 모습도 나타나고 있다. 그러나 전반적인 추세는 회계사의 책임을 강화하는 것임에 틀림없다. 이처럼 진전된 미국법원의 직무상 과실행위 책임이론은 행위자인 공인회계사의 입장에서 그의 주관적인 인식을 토대로 한 것이다. 그러나 어떤 이론이든 불법행위 책임을 묻기 위해서는 결국 제3자가 외부감사인의 감사결과를 믿고 이용하였을 것이 요구된다는 점을 분명히 하고 있다.

〈회계법인의 제3자 책임구조〉

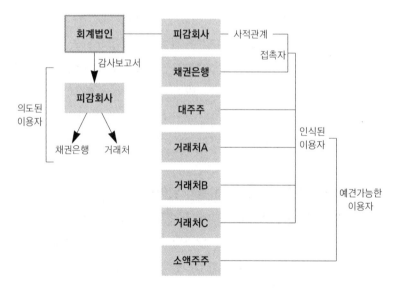

11 독일과 영국의 손해배상 청구권

독일의 계약적 책임이론

독일법에서는 계약적 책임을 근거로 외부감사인에 대한 소송청구권한을 인정한다. 따라서 외부감사인은 계약당사자인 피감회사에 대해서만 책임을 진다. 또 독일상법에 따라 피감회사와 기업결합관계에 있어 회사의 손해배상 청구권이 인정되는 경우에도 계약적 책임을 물을 수 있다. 쉽게 말해 피감회사와 피감회사의 영향을 주고받는 계열회사만 외부감사인의 부실감사에 대해 손해배상을 청구할 수 있다는 이야기다. 따라서 계약과 무관한 제3자에 대한 책임은 불법행위 책임에 의존할 수밖에 없다.

독일의 법체계는 우리나라와 비슷하다. 독일에는 우리나라의 증권거래법 제14조처럼 외부감사인의 책임규율을 위한 '증권거래소법 제45조'가 있다. 또 우리나라 민법과 같이 독일 민법에서도 일반 불법행위 규범을 정한 조항이 있다. 그러나 독일 민법을 근거로 손해배상을 청구하려면 그 요건이 엄격하다. 생명이나 신체 소유권 등 '권리를 침해하는 경우'로 제한하고 있기 때문이다. 주가하락 등 직접적인 재산적 손해를 봤다고 해서 손해배상 청구를 하기는 힘들다는 것이다. 외부감사인의 '고의'에 의한 위법행위일 경우에만 손해배상 청구권을 인정하는 분위기다.

결국 독일 민법에서 외부감사인의 과실책임을 지울 수 있는 근거는 제826조인 '선속위반으로 인한 손해배상책임'이다. 이를 근거로 과실에 대한 손해배상 청구가 인정될 수 있다.

영국의 2단계이론

영국에서는 외부감사인의 제3자에 대한 책임을 전적으로 불법행위의 영역으로 해결하고 있다. 외부감사인과 피감회사 간의 계약적 책임에서 손해배상 청구권의 근거를 찾으려는 독일법과는 대조적인 대목이다. 이는 영국계약법의 핵심원칙인 '계약당사자 관계요건(Privity of Contract)'이 계약관계로부터 발생하는 의무를 계약당사자가 아닌 자에게까지 확장하는 것을 꺼리기 때문으로 풀이된다. 이 때문에 이른바 '2단계이론(Two-Tier-Test)'이 등장한다.

2단계이론은 1970년대 들어 등장했다. 외부감사인의 과실책임이 보다 확장되는 계기가 된 2단계이론은 Anns판결(1977년)에서 비롯되었다. 이 사건은 주택소유자가 관할지역 건축공무원을 상대로 제기한 소송이다. 공무원들이 건축계획과 건축승인을 하면서 주의의무를 태만하게 함으로써 주택소유자들이 손해를 봤다는 주장이다. 원고가 수리비와 감가분의 배상을 요구했는데 모두 원고의 승리로 결론났다. 이 판결이 외부감사인의 과실책임에도 영향을 주게 된 것이다.

즉 과실책임 구조가 2단계로 판단하되 1단계는 외부감사인과 제3자

간에 상당히 밀접한 관계가 존재하는지를 판단한다. 밀접한 관계가 존재하면 원칙적으로 외부감사인에게 과실책임을 물을 수 있는 근거가 된다. 다음 2단계에서는 배상책임의 제한에 대한 판단이다. 이는 판사의 법 정책적 비교형량을 통해 이루어지게 된다. 여기서 법 정책적 가치판단이란 구체적인 사정에 따라 과연 공인회계사의 정보제공이 제3자에게 이용될 것이 예견될 수 있는가에 대한 판단이다. 요약하면 1단계는 밀접한 관계의 존재여부를, 2단계에서는 배상책임을 어느 정도로 할 것인가에 대한 법적 판단여부를 시행하는 것이 2단계이론이다.

그러나 1980년대에는 2단계이론이 무시된 판례가 이어진다. 1단계 판단기준인 '상당히 밀접한 관계' 기준이 무시되고 그 대신 '손해의 예견가능성'을 핵심기준으로 등장시킨다.

대표적 사례로 스코틀랜드에서 일어난 한 판례를 보자. 이 소송 건에선 피고 외부감사인이 피감회사가 새로운 투자자를 찾고 있다는 사실을 알지 못하고 있었다. 그런데도 투자자들은 피고 감사인이 감사한 연말 결산보고서가 부실하게 작성되었다는 점을 이유로 손해배상을 청구했다. 법원은 외부감사인은 자신이 감사한 결산서류가 잠재적 투자자에게 언제든지 제공될 수 있다는 사실을 알고 있기 때문에 그런 점에서 외부감사인은 제3자에 대해 과실책임을 진다고 판결했다. 그만큼 외부감사인의 과실 책임영역이 더 넓어진 것이다.

카파로 판결

1990년대에 들어서 영국법원은 외부감사인의 과실책임을 축소하려는 경향을 보인다. 대표적인 판결이 카파로 판결이다. 카파로 판결은 과실책임에 대한 보수회귀의 경향을 보여준다. 카파로 판결을 살펴보자.

원고인 카파로 사는 런던증권거래소에 상장된 피델리티 사 주식을 보유하고 있었다. 그런데 피델리티 사가 발표한 1984년 3월말 현재 연말결산보고서가 문제였다. 결산 이전에 공표된 예상이익에 훨씬 못 미치는 이익을 낸 것으로 발표된 것이다. 그에 따라 주가는 상당히 큰 폭으로 하락했다. 카파로 사는 연말결산보고서가 공시되기 전에 공표된 예상이익을 기초로 피델리티 사의 주식을 사들였고, 더 나아가 피델리티 주식에 대한 공개매수를 통해 기업을 인수했다.

원고인 카파로 사는 회계법인을 상대로 연말결산보고서의 감사가 부실했다는 손해배상 청구소송을 제기했다. 피델리티 사가 감사보고서에서처럼 120만파운드의 세전이익을 낸 것이 아니라 사실은 40만파운드의 적자였다는 것이다. 원고는 이와 관련된 이사 2명을 상대로 사기혐의로 고소했다. 피델리티를 감사한 공인회계사를 상대로 '경영진의 분식회계를 밝혀냈어야 함에도 불구하고 그 주의의무를 태만히 한 것'이라고 주장하고 손해배상 청구를 한 것이다.

이 사건에 대한 법원의 판결은 좀 복잡하게 전개되었다. 항소법원은 이 문제에 대하여 피델리티 사의 기존 주주인 경우(Actual shareholder)와 잠재적 주주(Potential shareholder)인 경우를 구별했다. 기존 주주의 경우 책임의 근거가 되는 주의의무를 인정했으나 잠재적 주주의 경우에는 인정되지 않는다고 판결했다. 결국 연말결산보고서의 공표시점에 이미 해당회사를 인수한 회사나 지분을 갖고 있는 회사가 그렇지 않은 경우에 비해 유리한 입장이라는 결론에 이르게 된 것이다.

그러나 1990년 영국 대심원(House of Lords)은 이보다 더욱 보수적인 판결을 내렸다. 대심원은 잠재적 투자자는 물론 기존 주주에게도 손해배상의 청구권 적격을 인정하지 않는다고 밝혔다. 대심원의 판결은 연말결산보고서가 투자를 위한 판단의 기초를 제공하는 기능을 갖고 있지 않다는 견해를 토대로 한 것이다. 또 기존 주주를 손해배상 청구권자의 범위에 포함시킬 경우 외부감사인의 책임이 무한정하게 넓어질 수밖에 없다는 점을 우려한 것으로 풀이된다.

4부 전세계를 휩쓴 회계부정의 회오리

4부 전세계를 휩쓴 회계부정의 회오리

회계부정은 한국만의 일이 아니다. 대우사태 이후 2년이 지난 2001년 12월 2일, 미국의 거대 에너지기업 엔론이 파산을 신청했다. 엔론 이후 글로벌크로싱, 월드컴, 제록스 등 대형 회계부정 사건이 미국에서 도미노처럼 확산되었다. 미국뿐만이 아니었다. 일본의 종합금융서비스그룹인 오릭스도 회계조작 의혹에 휩싸였다. 영국의 BP, 스웨덴의 에릭슨, 프랑스의 비방디유니버셜, 네덜란드의 아홀드까지 내로라 하는 기업들이 모두 회계조작을 일삼았음이 드러났다.

이들 기업의 회계부정이 드러날 때마다 주식시장은 요동을 쳤고, 외환시장 역시 출렁거렸다. 특히 엔론사태는 미국식 글로벌 스탠더드에 대한 심각한 의구심을 자아내기에 충분했다. 경영성과에 따라 경영진의 보수가 결정되는 미국식 시스템에서 경영자라면 누구나 재무제표에 나타난 실적을 부풀리려는 욕심을 냈을 것이기 때문이다. 정경유착의 연결고리와 임직원의 모럴해저드, 그 속에서 미국의 거대기업 엔론은 썩어가고 있었다. 결국 엔론은 미국경제를 더욱 허약하게 만들었다. 국제시장에서 달러화의 약세현상은 더욱 심화되었고, 10여 년 장기호황시대를 누리던 미국경제는 아직까지도 새로운 활력을 찾지 못하고 있다. 강한 달러시대는 가고 약한 달러시대가 온 것이다.

투명회계는 자본시장을 지탱하는 기본적인 전제이다. 회계가 불투명한 기업으로 낙인찍히면 그 기업의 모든 회계정보를 불신에 찬 눈초리로 바라보는 것이 투자자들이다. 투자자와 소비자의 신뢰를 먹고사는 것이 기업이다. 국제금융시장도 마찬가지다. 회계부정 의혹을 받는 기업이 많은 국가일수록 그 나라 통화는 약해질 수밖에 없고, 해당기업 역시 주가 즉, 기업가치가 떨어질 수밖에 없다. 엔론이 그랬고, 글로벌크로싱이 그랬다. 월드컴과 제록스, 비방디유니버설과 아홀드 등도 회계부정으로 기업가치가 하락한 케이스다.

이제 엔론사태부터 살펴보자.

1 거대기업 엔론의 흥망사

세계 최대그룹이 최대규모 파산신청회사가 되기까지

세계 최대의 에너지 거대그룹 엔론. 2000년 〈포천(Fortune)〉이 선정한 세계 500대 기업 중 7위를 차지한 공룡기업이다. 엔론이 거래하는 가스와 전기량은 미국 전체시장의 25%를 차지했다. 게다가 온라인과 오프라인을 성공적으로 접목시킨 잘나가는 회사였다. 2001년 8월 〈포천〉지는 엔론의 주식을 앞으로 10년간 성장 가능성이 높은 10개 주식 중 하나로 선정하기도 했다.

그런 엔론이 역사상 최대규모의 파산신청회사가 됐다. 2000년 주당 80달러 이상으로 치솟았던 엔론의 주가는 2001년 12월에는 1달러 이하로 폭락했다. 이 거대기업의 회계부정이 어떻게 이루어졌는지, 그 전개과정은 어땠는지 점검해 보자.

잘나가던 기업, 엔론

1985년 휴스턴 천연가스와 인터노스가 합병해 탄생한 엔론은 1980년대 말까지 텍사스지역의 천연가스 공급업체에 불과했다. 그런 업체가 이후 15년여 만에 일약 세계 최대 에너지기업으로 발돋움했다. 1990년대 들어 경영을 맡은 케네스 레이 회장이 이 회사를 급성장시킨 것이다. 엔론은 세계 최대의 천연가스 사업자이자 미국 내 최대 전기사업자가 됐다. 전세계에 2만 명이 넘는 직원을 거느리고 있었으며, 지난 2000년에는 1,000억달러(약 130조원) 이상의 매출액을 올리기도 했다.

또한 '사업구조조정의 교과서' 'e-비즈니스의 총아'로까지 불렸다. 한때 하버드 경영대학원에서 성공적인 기업경영 사례로 연구대상이 될 정도였다. 엔론은 하버드대와 스탠포드대 MBA 출신의 인재를 대거 스카우트해 이 우수한 두뇌들에게는 엄청난 연봉을 줬다. 그러나 실력이 처진 직원에게는 매정했다. 실제로 '높은 지위 아니면 해고(Rank or Yank)'라는 시스템을 도입했고, 모든 직원들의 실적을 5단계로 나눠 가장 낮은 단계인 하위 15%를 해고하기도 했다. 미국 언론은 엔론을 '가장 혁신적인 회사(포천)' '새로운 미국 직장의 모델(뉴욕타임스)'이라고 부르며 격찬했다.

엔론은 지난 1996년부터 2001년 사이에 〈포천〉이 주는 미국 최고의 혁신기업상 등 상도 많이 받았다. 독일의 전기와 가스시장을 개방하는 데 기여했고, 영국에 가스저장시설을 만들었다. 세계 최대 온라인 상품 거래 사이트의 선구자라는 점에서 혁신적이라는 평판도 받았다.

교묘하고 복잡한 속임수

그런 엔론이 왜 파산했을까? 문제는 파생상품 회계처리에서 비롯됐다. 레이 회장은 당시 규제완화 추세에 발맞춰 첨단 금융기법을 바탕으로 한 에너지 중개시장을 개척했다. 심지어 날씨 파생상품에까지 손을 댔다. 날씨 파생상품은 쉽게 말해 날씨 변화로 기업들이 입게 될 손익을 일종의 권리형태로 사고파는 것이다. 초기에는 에너지 관련업체가 수요 자였지만, 지금은 기후에 영향을 받는 모든 회사들이 관심을 갖는 상품 이 됐다.

물론 엔론은 초기에 에너지를 기초자산으로 한 상품거래를 통해 재 미를 봤고 그 범위를 확대해 신용 파생상품까지 취급했다. 말 그대로 수 익률을 올리기 위해 치고 빠지는 헤지펀드 성격의 월스트리트형 회사로 탈바꿈한 것이다. 엔론은 에너지를 종이 위 숫자로 만들어 선물시장에 내놓는 마법을 썼다. 회계법인 아더앤더슨의 도움을 받아 분식회계라는 요술방망이를 두들겼으며, 에너지 파생상품의 거래는 전문가의 눈을 속 일 수 있을 만큼 회계방법이 교묘하고 복잡했다.

무모한 사업확장, 불행의 씨앗

엔론의 파산원인을 좀더 자세히 살펴보자. 엔론의 무모한 사업확장 은 에너지거래뿐만 아니라 수력발전과 초고속통신사업, 파생상품에까 지 펼쳐지면서 통제가 불가능한 수준의 고위험 상태에 놓였다. 경기호 황기 때에는 대규모 자금조달이 가능했기 때문에 이같은 확장전략이 기 업의 성장으로 확대재생산된다. 그러나 호황은 오래 가지 않았고 엔론 은 무리한 확장으로 파산하게 된 것이다.

실제로 미국경기는 1980년대 후반부터 10년이 넘는 장기호황시대를 누렸다. 다우지수도 10여 년 동안 수직상승했다. 그러나 2000년대 들어 경기가 둔화세를 보였다. 이때 엔론은 막대한 자금수요를 감당하지 못 했던 것이다. 게다가 2001년 여름 에너지가격이 급락하면서 여기저기 서 부실이 터져나왔고 이를 감추기 위해 회계부정이 본격화된 것이다.

2001년 10월 중순 엔론은 3분기 순이익이 6억3,800만달러의 적자로 돌아섰다고 뉴욕증시에 공시했다. 그때부터 엔론의 자금난은 표면화됐다. 당시 재무제표를 공개하면서 엔론은 5년 동안 순이익을 5억8,600만 달러나 부풀렸고, 부채를 6억2,800만달러나 감춘 사실이 밝혀졌다. 엔론은 하는 수 없이 경쟁회사인 다이너지를 상대로 M&A(기업인수·합병)라는 마지막 수순을 밟았다. 엔론을 다이너지로 넘겨 두 회사를 합병시킬 셈이었다. 양측의 협상이 계속됐지만 실사과정에서 6억9,000만달러의 부외부채가 추가로 발견됐다. 다이너지는 130억달러의 부채를 짊어지는 조건으로 엔론을 100억달러에 인수하려 했으나 부외부채가 신경쓰였다.

때마침 S&P, 무디스 등 신용평가회사들이 엔론의 신용등급을 정크본드 수준으로 하향조정했다. 당연히 협상에 차질이 생길 수밖에 없었다. 급기야 2001년 11월 28일 다이너지는 엔론 인수를 포기한다고 선언했다. 신용등급 하향과 합병무산에 자극받은 채권단은 채무상환날짜를 앞당길 움직임을 보였다. 엔론은 당시 130억달러의 부채를 갖고 있었고, 그 중 2002년말까지 갚아야 할 부채가 90억달러에 달해 이미 빚을 갚기에는 버거운 상태였다.

또 당시 16억달러의 현금을 보유하고 있다고 밝혀 최소한 25억달러의 현금을 보유하고 있을 것으로 예상한 애널리스트들을 실망시켰다. 현금보유액이 예상보다 9억달러나 적다는 사실에 대해 시장의 반응은 냉정했다. 다이너지의 인수포기로 2000년 8월에는 주당 90달러에 달했던 엔론의 주가가 연일 하락하더니 2001년 11월 30일, 주당 26센트로 추락했다.

결국 엔론 파산의 원인은 에너지 이외 분야의 파생상품 등에 대한 방만한 투자, 순익을 부풀리기 위한 회계조작 등이었던 것이다. 실제로 엔론이 파산한 뒤 엔론의 내부보고서에서도 이같은 지적이 있었다. 엔론 파산 진상조사위원회가 2002년 2월 3일 밝힌 내부조사보고서에는 '엔론의 파산은 최고경영층의 방만한 경영, 외부감사인과 법률조언을 책임진 기관들의 직무소홀 등으로 인한 것'이라고 지적했다. 여기에 에너지 가격이 하락한데다 무모한 사업확충, 회계조작을 통한 순이익 부풀리기 등이 어우러져 엔론의 파산을 몰고온 것이다.

〈엔론의 탄생부터 파산까지〉

1985년 7월	휴스턴 천연가스와 인터노스 합병으로 엔론사 탄생 텍사스주 내 가스공급회사로 출발
1989년	천연가스상품 판매 시작
1994년 6월	전기사업 진출, 첫 판매
1999년 11월	최초의 전세계 상품거래 웹사이트 '엔론온라인' 개설
2000년 9월 10일	케네스 레이 회장, 조지 부시 대통령 후보진영에 29만달러 이상 기부
2000년 10월 10일	클린턴 행정부의 린다 로버트슨, 연방정부 담당 부사장으로 영입. 기업의 민주당 로비스트 영입에 반대하는 공화당 지도자들 반발
2000년 10월 20일	국세청(IRS) 문건. 톰 딜레이 공화당 하원 부총무(텍사스)와 관련있는 정치단체의 50만여 달러 모금 폭로. 이 중 엔론사 기부금 5만달러 포함
2001년 1월 3일	부시 대통령, 레이 회장을 정권이양팀 자문역에 임명
2001년 2월	제프리 스킬링, 엔론사 CEO 취임. 레이 회장직 유지
2001년 5월 19일	미 의회, 부시 대통령의 에너지안 입법 착수
2001년 6월 5일	부시 대통령 고위보좌관 칼 로브, 에너지 국방 제약회사 주식처분. 당시 로브, 엔론·보잉·제네럴일렉트릭·화이자 등에 주식 10만달러 각각 보유
2001년 6월 30일	백악관, 로브가 에너지회사 주식을 보유하고 당시 에너지정책에 관여한 사실 인정
2001년 8월 14일	엔론사를 가스공급회사에서 세계적인 에너지회사로 키운 스킬링 CEO 사임, 레이 회장 CEO 겸직

2001년 10월 12일	아더앤더슨 직원, 엔론 감사서류 파기지시받아
2001년 10월 16일	엔론, 3분기 6억1,800만달러 손실 공시 2억달러 규모 주식감자 방침 공시
2001년 10월 22일	증권거래위원회(SEC), 엔론사에 앤드루 패스토우 CFO가 설립한 외부 투자 파트너들과의 관계를 밝힐 것을 요구. 엔론사 주가 20% 급락
2001년 10월 24일	패스토우 CFO 해고
2001년 11월 8일	엔론사, 경쟁업체인 다이너지와 매각협상 시작
2001년 11월 9일	엔론사, 1997년 이래 5억6,700만달러 수익조작 공개
2001년 11월 10일	엔론사, 다이너지의 인수제의 수락
2001년 11월 19일	증권거래위원회(SEC), 엔론의 분식회계 적발 공표. 1997년부터 2000년까지 4년간 5억8,600만달러 순익 부풀려
2001년 11월 28일	다이너지 인수안 결렬
2001년 12월 2일	엔론사 파산신청. 12억달러 감자 발표 주가 90달러에서 1달러로 폭락
2002년 1월 3일	조지프 리버먼 상원의원(민주), 상원 조사특별위원장 취임. 엔론 간부 들 위원회에 소환
2002년 1월 10일	법무부, 엔론사 파산관련 수사착수

240

2 사상 최대의 파산규모

파산규모 655억달러

2001년 12월 2일, 다이너지와의 합병에 실패한 엔론은 뉴욕 남부 파산법원에 파산보호신청을 냈다. 동시에 다이너지에 대한 고소장도 접수했다. 엔론의 파산은 미국 최대규모를 경신한 것이다. 2000년 12월말 기준으로 엔론의 파산규모는 655억달러. 이 정도면 1987년 텍사코가 세웠던 자산 359억달러를 넘어선 파산규모다. 미국 파산보호신청 사상 최대규모라는 신기록이 탄생한 것이다.

엔론은 다이너지에 대한 고소장에서 "다이너지가 부당하게 인수협상을 중단했고 그로 인해 최소한 100억달러의 손실을 입었다"고 주장했다. 또 다이너지가 정당하게 계약중단을 한 것이 아니기 때문에 천연가스 파이프라인 업체인 노던천연가스를 인수할 수 있는 옵션을 행사할 수 없다고 강변했다. 다이너지의 대주주(26% 지분 보유)인 세브론텍사코가 노던천연가스 지분 100%를 인수하기 위해 150만달러를 다이너지에 지불했던 점을 의식한 것이다.

함께 몰락하는 엔론과 아더앤더슨

엔론 파산 직후인 2001년 12월 13일, 레이 회장은 1년 안에 구조조정을 통해 회생하겠다는 의지를 밝혔다. 가스수송관과 발전소 등 핵심사업에 집중하는 대신, 에너지 거래사 등 자산을 매각해 40~60억달러를 마련하고 경영진의 3분의1을 감원할 것이라는 계획이었다. 그러나 엔론의 회생은 그때부터 불가능해 보였다.

엔론의 부채규모만 봐도 회생불가를 쉽게 알 수 있다. 파산신청 뒤에 밝혀진 사실이지만 엔론의 부채가 당초 알려진 바와는 달리 무려 1,000억달러에 이르는 것으로 나타났다. 이는 싱가포르의 국내총생산보다 많고 한국 GDP의 20%를 넘는 액수이다. 부채규모를 밝힌 사람은 엔론의 신임 최고경영자인 스티브 쿠퍼. 그는 2002년 4월 12일 직원들을 대상으로 한 기업설명회에서 "엔론의 재무상태가 예상보다 훨씬 심각하다"며 "엔론의 총부채는 당초 예상치 400억 달러의 2배가 넘는 1,000억달러에 육박한다"고 전격 발표했다.

2002년 1월 엔론의 최고경영자 자리를 맡게 된 구조조정 전문가 쿠퍼는 이 자리에서 엔론의 부실책임을 묻기 위해 소송을 준비중이라는 점도 밝혔다. 16년 동안 엔론의 회계감사를 맡았던 아더앤더슨과 전임 최고경영자 케네스 레이가 회계조사를 의뢰했던 빈슨 앤 엘킨스 사를 고소하겠다고 한 것이다. 세계 최대규모의 파산신청은 이렇게 소송의 회오리 속으로 빠져들고 있었던 것이다.

뿐만 아니다. 2002년 1월 17일, 엔론은 아더앤더슨을 외부감사인에서 해임했다. 엔론사태가 터지자 2002년 4월 중국은행도 아더앤더슨과 결별을 선언했다. 중국은행 홍콩법인은 담당 회계법인을 아더앤더슨에서 프라이스 워터하우스 쿠퍼스로 바꿨다. 이렇게 되니 엔론이나 아더 앤더슨의 구조조정 노력도 수포로 돌아갔다. 실제로 2002년 4월 8일 엔론은 총인력 2만6,000명의 약 25%인 7,000명을 감원한다고 발표했다. 아더앤더슨도 자구노력을 한다며 자산매각을 진행했다. 경쟁 회계법인 DTT와 KPMG로 고객(외부감사 대상회사)을 넘기고 회계사업부를 매각하기 위해 사전계약도 체결했다. 전세계 아더앤더슨 회계법인의 네트워크로 구성된 아더앤더슨 월드와이드(84개 법인, 8만5,000명) 또한 각국 사업부의 매각을 추진했다. 엄청난 빚더미와 떨어져가는 고객들, 엔론과 아더앤더슨은 그렇게 몰락의 길을 걷고 있었다.

〈SK글로벌과 엔론〉

SK글로벌	구분	엔론
국내 4대 종합상사 (시장점유율 16.5%)	기업규모	미국 최대 에너지기업 (가스 · 전기시장 점유율 25%)
무역, 휴대폰 · 에너지 유통업	업종	전기가스공급업, 전기사업
6조9,755억원	자산	855억달러(약 86조원)
18조363억원	매출액	1,000억달러(약 130조원)
부채숨기기(1조1,881억원)	분식수법	부채숨기기(39억달러)
1970년대~1999년	분식기간	1992년~2001년
문서보관창고	분식관련서류	감사조서 등 문건파기
이면계약, 부당내부거래	부당거래	자회사 내부거래, 파생상품거래
영화회계법인(E&Y)	회계법인	아더앤더슨

※ 시장점유율, 자산, 매출액: SK글로벌은 2001년, 엔론은 2000년 기준

3 수차례 이어진 파산주의보

회계장부에서 드러난 파산예감

놀랍게도 엔론의 부도는 수차례 예고됐다. 엔론의 부도가능성을 날카롭게 지적한 사람은 미국 경제전문 격주간지 〈포천〉의 여기자 배더니 맥린이었다.

맥린은 엔론이 부도나기 10개월 전인 2001년 2월 '엔론 주가는 과대평가됐는가' 라는 커버스토리 기사를 썼다. 맥린은 이 기사에서 재무제표와 사업보고서에 결정적인 정보들이 빠져 있다는 점을 지적했다. 그러나 경쟁사 기자나 동료기자, 데스크까지 이 기사의 의미를 몰랐다. 물론 엔론측은 다급했다. 엔론측은 본사인 휴스턴에서 〈포천〉지 편집실이 있는 뉴욕으로 쫓아와 맥린 기자에게 "기사는 오보"라며 "구체적으로 사실이 확인되지 않은 기사를 보도함으로써 엔론에 큰 상처를 줬다"고 주장했다. 급기야 케네스 레이 엔론 회장까지 나섰다. 레이 회장은 〈포천〉의 편집담당 릭 커크랜드 국장에게 전화를 걸었다. "맥린 기자의 기사는 엔론의 주가를 하락시켜 큰 이익을 보려는 사람을 취재원으로 해서 작성된 것"이라고 강변했다.

그러나 〈포천〉은 흔들리지 않았다. 엔론측의 로비를 받았지만 기사를 수정하거나 빼지 않았다. 그럼에도 불구하고 경쟁 언론사들은 이 기사에 깊은 관심을 보이지 않았다. 맥린 기자도 회계장부 내용이 이상하다는 것 외에는 더이상 증거가 없어 후속기사를 쓰지 못했다. 엔론의 이사회나 외부감사인 아더앤더슨이 엔론의 회계관행에 대해 문제를 제기하지 않았기 때문에 후속기사의 자료가 더이상 없었다. 정작 엔론사태가 터지자 맥린 기자의 분석력이 높이 평가되기 시작했다. 유명 TV들이 맥린의 출연을 요청했고 맥린은 하루아침에 인기스타가 됐다.

10년 동안 울린 '엔론주의보'

엔론의 부도를 예감한 것은 맥린 기자뿐이 아니었다. 엔론 본사가 있는 휴스턴의 소규모 투자회사인 샌더스 모리스 해리스 그룹에서도 '엔론주의보'가 발동됐다. 그것도 10년 동안 계속된 주의보였다. 주인공은 이 그룹의 에너지 담당 리서치팀장인 존 올슨. 와튼스쿨 MBA 출신인 그는 1980년대 말부터 줄곧 "엔론의 주가가 실적 이상으로 부풀려져 있다"는 분석자료를 내왔다. 모건스탠리에서 드렉셀 브라만 람베르트, 퍼스트 보스턴 등 소속회사를 옮기면서도 그가 써낸 분석보고서의 기조는 바뀌지 않았다. 그가 엔론에 대한 부정적인 리포트를 계속 써내자 견디다 못한 케네스 레이 회장이 친필로 항의편지를 써 보낼 정도였다.

기자나 애널리스트뿐 아니라 한 주식투자자도 엔론의 몰락을 예견했다. 경력 20년의 베테랑 공매도 투자자인 짐 채노스. 사설 투자자문회사를 운영하고 있는 채노스는 매년 2월 '올해의 하락종목 20선'을 선정해 왔다. 엔론은 2001년 그가 지목한 '하락종목'에 포함됐다. 당시 엔론은

2000년 8월 90달러까지 치솟을 정도로 투자자들의 인기를 끌던 종목이었다. 채노스는 회계장부의 현금흐름을 주목한 결과 엔론의 부실징후를 감지했다고 밝혔다. 엔론, 타이코와 같이 M&A(기업인수·합병)가 잦았던 기업들은 숨겨진 부실이 많이 있을 가능성이 높다는 것이다. 이 때문에 공매도 연구가들은 주어진 시간 가운데 75%를 M&A가 잦았던 기업을 살피는 데 쏟는다. 채노스는 '회계장부 현금흐름을 주목하라' '꺼림칙하면 경영진의 뒤를 캐라' '공매도 투자자의 움직임을 살펴라' 등 부실주식 판별요령 3가지를 소개하기도 했다.

아더앤더슨도 알고 있었다?

엔론의 외부감사를 맡았던 아더앤더슨도 회계부정의 위험을 경고했다. 가장 가까이서 회사의 재무상태를 살펴보고 있던 아더앤더슨의 경고는 어찌 보면 당연한 일이다.

아더앤더슨은 엔론 파산 2년 전인 1999년부터 엔론의 문제점을 파악하고 있었다. 이는 2002년 4월 2일 미국 하원 에너지 상무위원회가 공개한 아더앤더슨의 메모에 의해 확인됐다. 메모에 따르면 아더앤더슨의 칼 배스 회계사는 지난 1999년 12월 엔론의 재무제표 중 몇몇 투자건의 회계처리에 문제가 있다고 지적했다. 그는 당시 이메일을 통해 아더앤더슨 본사의 임원들에게 "이러한 회계관행을 지지할 수 없다"는 입장을 전하기도 했다. 2000년 2월에도 이메일을 통해 엔론의 특정거래건과 관련해 강력한 경고메시지를 전달했다. 왓킨스 엔론 부사장이 회사의 부실을 폭로하기 전부터 이미 아더앤더슨 내부에서 엔론의 문제점을 우려하고 있음을 보여준 대목이다. 아더앤더슨은 이후 엔론측의 요구로 배스 회계사를 엔론담당에서 해촉시켰다. 배스 회계사는 "내가 엔론 문제를 심각하게 보고 있다는 사실을 엔론측이 어떻게 알게 됐는지 궁금하다"고 말했다. 그러나 배스 회계사의 지적은 아더앤더슨 내부인사를 통해 엔론측에 전달되었을 것이다.

엔론의 내부고발자도 있었다. 엔론의 한 직원은 2001년 8월 케네스 레이 회장에게 엔론의 옳지 못한 회계관행이 중단되지 않을 경우 "우리들이 회계스캔들로 인해 파산할 것"이라고 경고한 이메일을 보냈다. 이 직원은 "엔론은 더이상 일하기 위험한 회사다. 잇단 회계부정으로 조만간 파산될까 두렵다"며 파산위험을 예고했다. 엔론이 파산된 뒤 밝혀졌지만 이 직원은 메일을 보낸 뒤 레이 회장과 4시간 동안 직접 만나 파산위험을 경고했다고 한다.

"나는 우리가 저지른 일을 알고 있다" – 내부고발자

마지막으로 엔론의 회계부정에 대해 경고를 한 주인공은 다름아닌 셰론 왓킨스 당시 부사장이었다. 그녀는 엔론의 분식회계 문제가 불거지기 2개월 전인 2001년 8월, 케네스 레이 회장에게 보낸 8장짜리 편지를 통해 회계상의 문제점을 조목조목 지적하며 파산위험을 경고했다. 그녀의 경고는 충격적이었다. 이 사건으로 미국에서는 당시 '내부고발자(Whistleblower)'라는 말이 유행했을 정도였다.

셰론 왓킨스는 엔론 파산 이후 열린 청문회에서 "케네스 레이 전 회장에게 엔론의 회계비리를 보고했으나 제프리 스킬링 최고경영자(CEO)와 앤드류 패스토우 최고재무책임자(CFO)가 레이 회장과 이사회를 상대로 사기와 협박을 자행했다"고 증언했다.

> 〈공매도〉
> 약세장이 예상되는 경우 주식이나 채권을 가지고 있지 않은 상태에서 매도주문을 체결하고 이후 주가가 하락하면 낮아진 가격에 주식을 사서 주식현물을 넘겨 시세차익을 내는 방법을 말한다.

4 회계기준의 허점을 노리다

10년의 호황이 끝나고…

2001년 12월 2일, 파산을 선언한 엔론. 파생상품거래를 하면서 자금난에 시달린 것이 파산의 원인이었다. 경기상승이 마냥 이어질 수 없었고, 고속성장을 가능케 했던 '부(富)의 확대재생산 전략'은 더이상 시장에 먹혀들지 않았다. 이른바 거품경제가 끝난 것이다. 미국경제가 10여 년 호황을 누릴 때 거품은 또다른 거품을 낳으면서 성장의 촉매제 역할을 했다. 그러나 경기가 침체되면서 사정은 달라졌다. 거품은 말 그대로 부실이 되었고, 기업활동에 큰 짐으로 작용했다.

사실 엔론이 어떤 방식으로 이익을 부풀렸는지는 명확하게 드러나지 않았다. 외부감사인인 아더앤더슨이 감사조서 등 각종 문서를 파기했기 때문이다. 이후 진행된 엔론 청문회를 통해 몇몇 사실들만 입증되었을 뿐이다. 엔론의 회계부정은 '분식의혹'이 있을 뿐 분식회계가 완벽하게 입증된 것은 아니라는 이야기다. 그러나 엔론이 파산한 뒤 몇몇 언론에

서 엔론의 회계처리상의 문제점을 지적했다. 그 과정에서 엔론의 부외
부채 문제가 심각하게 제기되었고, 그 규모 또한 만만치 않았던 것으로
드러났다.

부채인가 파생상품거래인가

엔론 파산 후 2개월이 지난 2002년 2월, 〈뉴욕타임스〉는 엔론의 부외
부채 문제를 가장 먼저 제기했다. 엔론이 1992년부터 2001년까지 10년
동안 39억달러(약 5조원)의 빚을 숨겨왔다는 지적이다. 엔론은 시티그
룹, CSFB, JP모건 등 월가의 대형 금융회사로부터 돈을 빌려놓고도 이
를 부채로 처리하지 않았다. 명백하게 부채로 기재해야 할 거래를 장부
에 파생상품거래라고 써놓은 것이다.

이 때문에 엔론의 장부상 부채규모는 80억~100억달러 수준으로 발
표되었다. 그러나 시티그룹의 사례만 보더라도 실제 부채규모는 달라진
다. 시티그룹은 엔론과 스와프 계약을 맺는 방식으로 24억달러를 빌려
주었다. 물론 시장상황에 따라 원리금 상환규모가 달라진다는 조건이
붙었다. 형식은 파생상품거래이지만 일반적인 은행대출과 큰 차이가 없
었다. 이 정도면 파생상품거래냐 대출이냐 하는 논란이 제기될 만했다.

이같은 논란에 종지부를 찍을 만한 결정적 단서가 드러났다. CSFB
가 엔론에 1억5,000만달러를 빌려준 거래가 그것이다. CSFB는 국제유
가의 변동에 따라 상환규모를 다르게 하는 조건으로 돈을 빌려줬다. 파
생상품거래이자 돈을 빌려준 대차거래였다. CSFB는 이 돈을 대출로 회
계처리했다. 즉, 미래에 받을 돈으로 장부에 적은 것이다. 그러나 엔론
은 이를 파생상품거래로 처리했다. 돈을 빌려준 쪽과 빌린 쪽의 회계처
리가 달랐던 것이다.

엔론은 주로 특수목적회사(SPC)를 통해 파생상품거래를 했다. 파생

상품시장에선 세금이나 법적인 문제 등을 해결하기 위해 조세피난처에 SPC 같은 페이퍼컴퍼니를 만들어 거래하는 일이 종종 있다. 케이만군도 같은 조세피난처에 SPC를 설립하고 이를 통해 파생상품을 거래하면서 돈을 빌려 자금을 조달한 것이다. 당연히 애널리스트들이 파생상품 거래내역에 대해 의혹을 제기했다. 그럴 때마다 엔론 관계자는 "파생상품거래는 자금조달과는 무관한 상품거래"라며 거짓말을 했던 것이다.

미국식 회계기준의 허점 이용한 엔론

엔론의 장부조작은 여기서 끝나지 않았다. SPC를 통해 자금을 조달해 온 엔론은 SPC의 파생상품거래를 본사회계와 분리시켜야 할 필요가 있었다. 돈을 빌려놓고도 자금조달과 상관없는 파생상품거래라고 발뺌

〈엔론의 분식회계〉

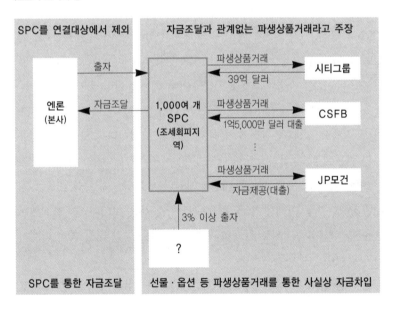

250

은 했지만 뒷맛이 개운치 않았던 것이다. 아무래도 미국에선 개별재무제표보다 자회사 실적까지 한데 묶은 연결재무제표가 주로 사용된다는 점이 거슬린 것이다. 그래서 좀더 '완벽한 처리방법'을 찾게 되었다.

완벽한 처리를 궁리했던 엔론은 미국식 회계기준인 GAAP에서 돌파구를 찾았다. 유럽식 회계기준은 특수목적회사(SPC)를 실질적으로 지배하느냐 여부가 SPC를 연결재무제표에 포함시키느냐 마느냐의 기준이 된다. 이에 반해 미국식 회계기준인 GAAP에는 특정회사가 설립한 SPC라도 지분 3% 이상을 다른 기업이 보유하면 연결재무제표에서 SPC를 뺄 수 있는 조항이 있다.

엔론은 이런 맹점을 이용해 SPC를 분식회계 수단으로 활용한 것이다. 실제로 돈을 빌려놓고 마치 SPC를 통한 파생상품거래인 것처럼 회계처리를 한 것이다. 보통 연결재무제표에서는 관계회사와의 매출 · 매입과 채권 · 채무 등 내부거래가 모두 상계된다. 그런데 GAAP에서는 SPC와의 거래를 연결시키지 않아도 되는 탈출구가 있었던 것이다.

여기서 아더앤더슨 관계자의 말을 들어보자. A회계법인 J회계사. 그는 엔론의 파산은 과도한 선물거래에서 비롯됐다고 진단했다.

"일반적으로 엔론 파산의 원인을 SPC 2개 사의 문제로 설명한다. 하지만 엔론은 1,000여 개가 넘는 SPC를 설립했다. 엔론이 현물을 사고팔 때는 10~15% 마진이 나오는 정상경영을 했다. 그러다가 파생상품거래를 늘리면서 선물거래 명목계정(Nominal Account)이 많아졌다. 그에 따라서 많은 선물회사들이 엔론에 현금공탁을 요구했고 공탁금 부담이 갈수록 커졌다. 그 결과 자금난에 시달리며 파산한 것으로 보인다."

파생상품거래로 자금조달

엔론은 당연히 투자자에게 왜곡된 회계정보를 제공했다는 비판을 받았다. SPC를 통해 파생상품거래를 하면서 사실상 자금을 조달했고, 이를 감추기 위해 SPC를 연결대상에서 제외시키는 마무리 회계조작까지 했던 것이다. 만약 엔론이 파생상품거래라고 주장한 39억달러를 부채로 기재하고 이같은 SPC의 거래를 연결대상에 포함시켰다면 사정은 달랐을 것이다.

연결재무제표는 자회사의 실적까지 포함한 것이다. 매출과 매입, 채권과 채무, 자본의 상호출자 등이 모두 상계된다. 그 대신 외부와의 거래는 모두 한데 묶어 처리된다. 모회사와 자회사를 하나의 단위로 보고 작성한 재무제표인 것이다. 따라서 SPC가 월가의 금융회사와의 거래시에 파생상품거래가 돈을 빌리는 거래였다고 시인하면 엔론의 부채규모는 더욱 커졌을 것이다.

게다가 늘어난 부채를 감안해 신용평가등급이나 투자의견이 낮아졌을 것이다. 신용평가등급이 낮아지면 그만큼 자금을 조달할 때 가산금리를 얹어야 하고, 그에 따라 가뜩이나 심각한 자금난은 더욱 가중되었을 것이다. 투자의견 역시 낮아지면 주가가 하락하게 되고 주식시장에서 증자를 통한 직접금융조달도 쉽지 않게 된다. 엔론은 이 점을 의식해 회계부정을 저질렀던 것이다.

5 아더앤더슨의 시인, 이어지는 청문회

아더앤더슨, "우리의 판단이 잘못됐었다"

엔론이 파산을 신청한 지 열흘 뒤인 2001년 12월 12일. 엔론의 회계 감사를 맡았던 아더앤더슨은 의외로 자신의 잘못을 수긍하는 태도를 보였다. 당시 열린 미국 의회 청문회에서 아더앤더슨 최고경영자(CEO)인 조 베라르디노는 아더앤더슨이 엔론의 감사과정에서 위법행위를 발견했었다고 시인했다. 그는 "엔론이 연결재무제표에 포함되지 않는 특수목적회사(SPC)와의 자금내역과 관련된 핵심정보를 제공하지 않았다"고 진술했다. 결과적으로 당시 내린 전문가로서의 판단이 잘못된 것으로 드러났다며 회계처리의 위법가능성에 대해 12월 2일 엔론의 감사위원회에 통보했다고 털어놓았다.

또한 엔론이 특수목적계열사인 추코 사를 설립하고 엔론의 자산을 은행에 담보로 제공하고 추코 사 명의로 거액의 자금을 빌렸다고 밝혔다. 추코 사의 자금거래에 대해 "엔론의 재무제표 결산 및 수정과정에서 80% 변동을 초래할 정도로 엄청난 규모였다"고 그 위험성을 인정했다. 더불어 엔론이 또다른 자회사 LJM1과의 거래에서도 이와 비슷한 위법적 거래가 있었으며 회계감사에서 차입금이 누락된 잘못에 대해서도 책임을 시인했다.

엔론은 SPC 30여 개를 만들어 자금조달을 쉽게 하거나 재무위험이 회계장부에 반영되지 않도록 조작해 온 것이다. 베라르디노도 "특수목적회사인 추코나 LJM1, LJM2 등 계열사의 계약과 관련된 위험과 이익을 반영할 수 있도록 회계기준이 수정돼야 한다"며 제도적인 문제를 지적했다.

아더앤더슨, 초기대응 실패

1개월여 지난 2002년 1월 20일, NBC와의 인터뷰에서 베라르디노는 청문회 때와는 사뭇 다른 태도를 보였다. "엔론의 파산은 불법적인 관행의 결과가 아니라 비즈니스모델이 실패했기 때문"이라고 강변했던 것이다. 특히 "아더앤더슨의 회계는 이같은 엔론의 경영실적을 그대로 드러냈을 뿐 큰 결함은 없었으며 현재 엔론 이외의 고객과도 별다른 문제가 없다"고 주장했다.

베라르디노는 또 엔론이 컨설팅 비용으로 매년 1억달러라는 거액을 지불했기 때문에 아더앤더슨이 회계감사를 의도적으로 태만히 하지 않았느냐는 물음에도 단호하게 대응했다. 1억달러라는 액수는 아더앤더슨 전체 매출 100억달러의 1%에 불과하며 엔론에 대한 자산평가는 적절한 방법에 따라 이루어졌고 문제는 엔론의 자산가치가 갑자기 폭락한 것일 뿐이라며 의혹을 부인했다. 청문회에서 잘못을 시인하던 모습과는 대조적인 태도였다. 이것은 청문회 때 너무 솔직하게 잘못을 인정한 것 아니냐는 아더앤더슨 내부의 반발의견이 작용했을 것으로 보인다.

'모르쇠' 청문회

본격적인 엔론 청문회는 2002년 1월 24일 두 개 상임위원회의 청문회가 동시에 열리면서 시작되었다. 의회는 엔론의 회계부정과 정경유착에 대한 의혹을 집중적으로 파헤칠 작정이었다. 의회는 6주 동안 9개 청문회를 잇따라 개최한다는 계획도 세웠다. 그러나 청문회가 생각만큼 수월하게 진행되지는 않았다. 핵심증인들이 입을 다물었기 때문이다.

특히 엔론의 외부감사를 담당했던 아더앤더슨의 파트너, 데이비드 던컨이 입을 열지 않았다. 던컨은 당초 아더앤더슨의 변호사 낸시 템플의 지시에 따랐을 뿐이라며 엔론사건 조사에 협조하겠다는 입장이었다. 그러나 미 하원 에너지상무위원회 감독조사소위의 청문회에서 질책이 쏟아지자 던컨의 입은 얼어붙었다. 짐 그린우드 감독조사소위원장이 "엔론은 은행을 강탈했고, 아더앤더슨은 도주차량을 제공했으며 (자동차)열쇠는 귀하가 갖고 있었다"며 던컨을 비난했다. 던컨은 변호사의 조언에 따라 증언하지 않겠다고 밝힌 뒤 청문회장을 떠나버렸다.

케네스 레이 전 엔론 회장도 '모르쇠'로 일관하기는 마찬가지였다. 청문회 출석 여부로 관심을 모았던 그는 2002년 2월 12일 상원 청문회에 모습을 드러냈다. 그러나 자신에게 불리한 발언을 거부할 수 있는 수정헌법상의 기본권 조항을 들어 증언을 거부했다. 레이는 "전·현직 임직원과 주주들에 대한 애석한 심정으로 이 자리에 섰으나 증언하지 말라는 변호인의 조언에 따르기로 했다"고 말했다.

의회증언 앞두고 의문의 죽음

청문회가 본격적으로 진행되려는 순간 뜻하지 않은 사건이 발생했다. 엔론사태의 핵심인물 중 하나인 존 클리포드 백스터 전 엔론 부회장. 그가 2002년 1월 25일 새벽 미국 슈가랜드시에서 머리에 총을 맞은

채 자신의 차 안에서 발견됐다.

그의 죽음을 두고 자살인가 타살인가 논란이 많았다. 그도 그럴 것이 엔론의 회계부정에 대한 갖가지 이야기가 의혹의 꼬리를 물며 끊임없이 이어졌기 때문이다. 백스터 전 부회장의 죽음에 의문을 더하는 것은 그가 의회 상원의 증언을 앞두고 죽었다는 점이다. 자신이 소유한 주식 3,000만달러어치를 처분하고 회사의 위기를 경고한 뒤 2001년 5월 엔론을 퇴직한 그는 이후 컨설팅사에서 일하고 있었다. 그가 회사를 떠난 뒤 사건이 불거졌고 엔론스캔들의 의혹이 조지 W. 부시 미국 대통령에게까지 번지고 있던 시점에 사망한 것이다.

백스터의 죽음을 놓고 '이탈리안식 해법'이 아니냐는 의혹이 제기되었다. 이탈리아 마피아들은 문제가 되는 사건이 터지면 당사자를 자살시켜 사건을 마무리하고 그 대신 자살한 동료의 가족을 책임지는 관행이 있기 때문이다. 정경유착의 의혹이 짙었던 만큼 사건의 파문을 막기 위해 엔론측에서 그런 방법을 썼을 것이라는 추측이 난무했다. 메가톤급 증언을 할 만한 인물의 입을 확실하게 막는 방법이 될 수 있기 때문이다.

엔론스캔들이 정치권에까지 확산되는 것을 막기 위해 희생양이 필요했던 당시의 정황과 조 베라르디노 아더앤더슨 CEO가 이탈리아인인 점을 감안할 때 이탈리안식 해법은 상당히 가능성있는 이야기다. 그러나 그의 죽음에 대한 수수께끼는 여전히 풀리지 않았다.

'Enron : ⑧ 파산하다'

엔론의 분식회계와 아더앤더슨의 부실감사는 1개월이 넘도록 미국 의회의 청문회 도마에 올랐다. 그 과정에서 여러가지 비유와 은유가 쏟아졌다. 2002년 1월 24일 미 상원 행정위원회 청문회 리처드 더빈 의원

256

(민주당, 일리노이 주)은 "엔론의 내부인사들은 배(엔론)가 가라앉고 있다는 사실을 깨닫고도 아녀자와 직원, 투자자들이 침몰하도록 내팽개친 채 자기들만 구명정에 매달렸다"고 비난했다. 엔론의 파산위기를 알고 자신들이 보유한 주식을 파산 전에 처분한 경영진을 빗댄 말이다.

톰 대슐 상원 민주당 원내총무는 고유명사인 엔론을 동사로 전용하기도 했다. 대슐 원내총무는 2002년 1월 23일 기자회견에서 5년만에 다시 적자예산 편성방침을 밝힌 조지 W. 부시 대통령의 재정정책에 대해 "I don't want to enron the American people"이라고 답변해 화제를 모았다. 엔론이 변칙거래와 부실회계로 도산하면서 직원들과 투자자들을 하루아침에 빈털터리로 만든 상황에 빗대 "미국민을 파산시키기를 원하지 않는다"는 의미로 말한 것이다.

6 엔론의 정경유착

정경유착의 의혹들

"켄이 도와달라는데…."(돈 에반스 상무부 장관)

"음… 나도 전화를 받았어."(폴 오닐 재무부 장관)

아프가니스탄의 전쟁이 혼미를 거듭하던 2001년 10월 29일. 미국의 조지 W. 부시 정부 경제팀의 주례 오찬회의에서 두 장관 사이에 오간 대화다. '켄'은 케네스 레이 엔론 회장의 애칭. 장관들이 애칭을 쓰는 것만 봐도 레이 회장과의 친분이 꽤 깊었음을 쉽게 알 수 있다.

레이 회장은 2000년 대선 때 공화당 선거대책위 의장을 맡았던 에반 스 장관과 함께 부시 대통령 만들기를 위해 동분서주했다. 그 사실 하나 만으로도 엔론의 정경유착 관계에 대한 온갖 추측과 의혹을 낳기에 충 분했다.

엔론사태, 정치스캔들로 번지다

"구제금융을 달라는 거야. 1998년 롱텀캐피탈매니지먼트 사가 받았으니 자기가 받기에도 어렵지 않다는 거지."(에반스 장관)

"벌써 피터(피셔 재무부 차관)에게 검토를 시켜봤어. 그런데 그건 정치적 자살이나 마찬가지라는 거야."(오닐 장관)

2002년 1월 13일자 〈워싱턴포스트〉지는 레이 회장의 정경유착을 이렇게 묘사했다. 두 장관 사이에 이같은 말이 오간 뒤 1개월여 지난 2001년 12월 2일, 엔론은 사상 최대규모인 161억달러의 부채를 안고 파산신청을 했다. 당시 엔론의 파산과 정경유착 의혹은 9·11테러에 대한 반격전과 성탄절 분위기에 묻혀 있었다. 그러나 해가 바뀌면서 엔론 파문은 기업스캔들에서 거대한 정치스캔들로 서서히 부풀어오르고 있었다. 엔론을 둘러싼 의혹들은 정치스캔들로서의 요소를 백화점처럼 고루 갖추고 있다. 이해할 수 없을 정도로 고속팽창을 거듭하던 기업의 갑작스러운 몰락, 기업주의 막강한 정치적 배경과 인맥, 정부의 각종 특혜의혹과 몰락 직전의 치열한 구명로비가 엔론스토리에 담겨 있기 때문이다.

사정이 이렇게 되자 연방검찰은 엔론의 파산신청에 대해 수사에 착수했다. 그러나 정작 핵심관료인 존 애쉬크로프트 법무부 장관은 연방검찰의 지휘선상에서 제외됐다. 그가 상원의원 시절에 레이 회장의 개인헌금 2만달러를 포함해 5만7,499달러의 정치헌금을 받은 사실이 드러났기 때문이다. 이와 비슷한 사례는 엔론의혹을 가장 먼저 조사한 증권거래위원회(SEC)에서도 나타났다. SEC는 2001년 10월 22일 주가조작과 분식회계에 대한 해명을 요구하며 엔론에 대한 조사에 착수했다. 하지만 당시 위원장인 하비 피트가 엔론 사의 외부감사인인 아더앤더슨의 변호사로 활동했던 사실이 뒤늦게 드러나 도중하차할 위기에 놓이기도 했다.

정권 최고의 실세인 딕 체니 부통령도 마찬가지였다. 체니 부통령은 에너지정책개발팀의 위원장으로 레이 회장의 로비를 받았으며, 그의 비서실장인 루이스 리비가 막대한 수량의 엔론 주식을 소유했던 것으로 알려져 있기 때문이다. 체니 부통령과 레이 회장의 인연은 사실 더 오래 전에 맺어졌다. 레이 회장이 지역사업으로 휴스턴에 프로야구 구장인 엔론스타디움을 건립했을 때 공사계약을 따낸 것은 체니 부통령이 최고경영자로 있던 힐스버러 사였다.

권력층에 뻗어 있던 레이 회장의 손길

레이 회장의 인맥은 미국 정치엘리트의 권력지도나 마찬가지였다. 부시 대통령의 '주머니칼'로 불리는 칼 로브 정치고문은 25만달러의 엔론 주식을 소유했고, 토마스 화이트 육군장관은 10년 동안이나 엔론 중역을 지낸 뒤 2001년 공직취임 전 엔론 주식 스톡옵션 수백만달러어치를 행사했다. 로버트 졸릭 미 무역대표부(USTR) 대표는 심지어 엔론의 고문이다. 2002년 1월12일 〈뉴욕타임스〉는 '부시 대통령이 당초 선거대책위원회 고문이었던 레이를 상무부 장관이나 재무부 장관에 기용하려 했다. 그러나 그 대신 그의 인맥을 송두리째 자기 주변에 포진시키기로 했다'고 비꼬았다.

공화당에선 부시 대통령이 2002년초 전당대회의장으로 임명한 마크 라시코트가 엔론의 공식적인 워싱턴 로비스트로 활약했다. 원로 상원의원인 필 그램(텍사스 주) 또한 정치헌금을 받았고 한국계 부인인 웬디 그램이 엔론에 깊게 연루돼 은퇴길에 망신을 당할 가능성이 있는 것으로 알려졌다. 웬디 그램 여사는 선물거래위원장 재직시 에너지업계에 유리한 결정을 주도했다. 그녀가 퇴임 후 곧바로 엔론 이사진에 취임한 것도 엔론 네트워크의 단면을 보여주는 대목이다.

엔론의 본사가 텍사스에 있다는 것도 부시 집안과 엔론의 긴밀한 사이를 짐작케 한다. 지금까지 부시 대통령이 엔론 사로부터 받은 합법적인 정치자금은 60만달러에 달해 그 밀착성을 더욱 명확히 해준다. 미국 선거법에서 하드머니(Hard money)라고 부르는 정치헌금은 개인에게 주는 돈으로 1,000달러 이상 헌금하지 못하도록 돼 있다. 그러나 소프트머니(Soft money)라고 부르는 정치헌금은 정당에 돈을 주는 것으로 금액에 제한이 없다. 열악한 재무구조에도 불구하고 엔론이 막대한 대선자금을 제공한 데에는 대가성이 있다는 의혹은 당연했다. 공화당은 엔론 사가 파산으로 치닫던 2001년 11월, 10만달러짜리 수표를 급히 엔론에 돌려주기도 했다.

막대한 정치헌금

광범위한 주식로비 의혹도 불거졌다. 부시 행정부 내 요직에 있는 사람 가운데 35명이 엔론 주식을 보유하고 있었던 것이다. 이들이 엔론 주식을 보유하게 된 경위는 밝혀지지 않았지만 엔론과 정계 관계와의 밀착성을 다시 한번 확인할 수 있는 대목이다. 칼 로브 대통령 정책 자문이 10만 단위의 엔론 주식을 보유하고 있었으며, 로런스 린지 백악관 경제자문은 2000년 대선 전 당시 조지 부시 대통령후보의 경제자문이자 파산한 엔론의 자문 자격으로 엔론으로부터 5만달러의 자문료를 받았다. 로버트 졸릭 미 무역대표부 대표, 시어도어 카신거 상무부 최고 자문역, 윌리엄 슈버트 해양부장관 등도 엔론 사로부터 자문료를 받은 것으로 알려졌다.

엔론은 공화당, 민주당할 것 없이 영향력있는 정치인들에게 빠짐없이 기부금을 보냈다. 특히 엔론 직원들은 부시 대통령이 후보였을 때 선거기간 동안 62만3,000달러를 모아서 선거자금으로 줬다. 엔론과 케네스 레이 회장은 부시 대통령의 취임식 행사를 위해 20만달러를 쾌척하기도 했다. 정치감시단체인 정치책임센터는 민주당을 포함, 상원의원의 4분의3과 하원의원의 절반이 엔론 사의 자금을 받은 적이 있다고 밝혔다. 이 센터에 따르면 지난 13년 동안 엔론 사가 정당과 정치인에게 기부한 금액이 총 600만달러에 달하는 것으로 집계됐다. 정치헌금은 공화당 74%, 민주당 26%로 분할되어 공화당이 훨씬 더 큰 수혜자였다.

대가는 무엇인가

문제는 엔론이 이같이 정관계에 주식과 정치자금 또는 그와 비슷한 성격의 자문료를 뿌린 대가가 무엇인가이다. 모든 돈에는 대가가 있는 법이기 때문이다. 당시 관심을 모았던 것은 체니 부통령이 2001년 운영한 에너지태스크포스팀과 엔론측의 '면담록' 이었다.

가뜩이나 케네스 레이 회장이 1997년 여름 당시 빌 클린턴 대통령을 만나 엔론측에 유리한 쪽으로 지구온난화 정책을 펴도록 요청한 사실이 알려진 터였다. 게다가 1998년 대형 헤지펀드인 롱텀캐피털매니지먼트(LTCM)가 금융 파생상품거래에 따른 엄청난 적자로 파산했을 때 연방준비제도이사회(FRB) 등이 신속하게 40억달러의 구제금융을 투입했던 사례가 있었다. 명분은 전세계 금융계에 미칠 파장을 막는다는 것이었다. 이 때문에 엔론의 위기를 알고서도 부시 행정부가 관계기관과 국민에게 알리지 않은 것 자체가 특혜라는 의견이 비등했다.

어쨌든 이런 상황에서 면담록은 엔론사태의 정경유착 의혹을 밝혀줄 핵심문건이었다. 이 면담록이 주목받는 것은 부시행정부가 2001년에 발표한 친에너지기업정책이 엔론의 지속적인 로비에 의한 것이었는지를 밝힐 수 있기 때문이다. 특히 회계장부를 비롯한 엔론의 주요서류가 이미 파기된 상태여서 엔론의 내부고발이 없는 한 면담록이 유일한 증거자료였다. 당연히 미국의회 회계감사원(GAO)은 면담록을 의회에 제출할 것을 요구했다. 제출하지 않으면 소송을 걸겠다며 체니 부통령을 압박했다. 그러나 체니 부통령은 면담록을 공개하지 않을 것이라면서 "공개할 바에는 차라리 법정에 출두하겠다"고 말했다. 기록을 공개할 경우 백악관이 누구에게나 자문할 수 있는 헌법상의 권리가 침해될 것이라는 게 공개거부 이유였다. 또 "자료제출 거부는 대통령의 뜻이기도 하다"고 일축했다. 이에 데이비드 워커 GAO 원장은 "우리는 헌법상 기구인 부통령이 아니라 부통령이 맡았던 국가에너지정책개발그룹의 의장에게 자료제출을 요구하고 있는 것"이라고 반박했다. 그러나 면담록은 끝내 공개되지 않았다.

미국 전체에 파고든 엔론의 끝없는 유혹

엔론의 손길은 정계나 관계뿐 아니라 언론계와 국제회계기구에도 넘나들었다. 엔론은 저명한 학자, 칼럼니스트, 경제전문가를 컨설턴트로 기용해 연간 수만달러를 지급했다. 보수계 이론가인 빌 크리스톨과 진보계 경제이론가이자 〈뉴욕타임스〉 칼럼니스트 폴 크루그만을 포용할 만큼 엔론의 로비는 진보와 보수 모두를 망라했다.

엔론은 국제적인 회계표준을 정하는 기구에까지 영향력을 행사하려 했다는 의혹을 받았다. 국제회계표준위원회(IASB) 재단 이사장을 맡고 있는 폴 볼커 전미 연방준비제도이사회(FRB) 의장이 2001년 2월 레이 회장에게 IASB 재단에 50만달러의 기부금을 내도록 요구했다는 사실이 밝혀진 데 따른 것이다. 이는 칼 레빈 미시간 주 상원의원이 엔론사태를 조사하던 중 볼커 이사장의 기부금 요청에 관한 이메일을 발견하면서 드러났다. 이 이메일은 엔론의 회계감사를 맡은 아더앤더슨 회계법인의 전 수석 파트너 데이비드 던컨이 아더앤더슨 경영진 및 몇 명에게 보낸 것이다.

던컨의 이메일에는 "볼커가 레이에게 전화를 걸어 엔론이 IASB에 매년 10만달러씩 5년간 기부금을 지불하라고 말했다"는 내용이 들어 있었다. 엔론이 이 기부금을 실제로 전달했는지 여부는 밝혀지지 않았다. 케빈 스티븐슨 IASB 분과위원장이 엔론으로부터 기부금을 받은 적이 없다고 강하게 부인했기 때문이다. 레빈 의원은 그러나 이 이메일이 "엔론이 회계정책에 영향력을 행사하려 했다는 결정적인 증거"라고 주장했다.

〈하드머니와 소프트머니〉

미국의 선거법은 정치헌금을 하드머니(Hard money)와 소프트머니(Soft money)로 나누고 있다. 하드머니는 정치인 개인에게 주는 돈으로 1,000달러 이상 헌금하지 못하도록 되어 있다. 그러나 소프트머니는 정당에 돈을 주는 것으로 금액에 제한이 없다.

2002년 4월 소프트머니가 정치와 기업을 유착시키기 때문에 선거법 규정을 바꾸자는 논의가 활발하게 일어났다. 공화당의 존 메케인 상원의원이 제안한 선거법 개정안은 기업이나 노조, 개인이 정당에 제한없이 기부할 수 있는 정치자금인 이른바 소프트머니를 전면금지하고 기업, 노조와 기타 이익단체의 정책광고를 금지시키는 대신, 선거법상 규제대상인 하드머니를 1인당 연간 1,000달러에서 2,000달러로 올리는 것이 주요 내용이다. 이 법안은 59대 41로 상원을 통과해 하원으로 넘겨졌다. 그러나 반대론도 만만치 않다. 이 개정안은 하원에서 심의과정을 거치게 되는데 상당수의 하원의원들이 반대의사를 표시하고 있다. 설령 하원을 통과한다고 해도 조지 부시 대통령이 제한적 지지 또는 간접적인 거부의 뜻을 밝히고 있어 실제로 실행될지는 미지수다.

7 극심한 모럴해저드

'기업은 망해도 경영자는 돈을 번다'

엔론게이트 이후 우리사주에 투자했던 수만 명의 엔론 사 직원과 일류기업이라는 바람몰이에 홀린 주식투자자들의 분노가 들끓었다. 엔론의 파장은 미국인들의 신뢰를 뿌리째 흔드는 비극적 파산이기도 했다. 국민들에게서 기업과 정치에 대한 신뢰를 앗아간 것이 엔론 사 파산의 가장 큰 손실이 된 것이다. 그런 와중에 엔론 파문의 핵심인물과 주변인물들의 모럴해저드가 극심했다는 점이 드러나면서 다시 한번 투자자들을 실망시켰다. '기업은 망해도 경영자는 돈을 번다'는 사실이 미국에서도 벌어지고 있었다.

우선 케네스 레이 회장이 2001년 파산신청 직전에 엔론 주식 1억달러어치를 시장과 회사측에 매각했다. 2001년 2월부터 10월까지 팔아치운 주식만 7,000만달러가 넘는다. 이 중 상당부분은 샤론 왓킨스 전 부사장이 파산가능성을 경고한 8월 이후 이루어졌다. 레이 회장은 자신의 대출금을 갚기 위해 7,000만달러어치 주식을 자금사정이 어려운 회사 측에 매각했다고 변명했다. 그러나 자신의 주식을 팔면서도 종업원에게 는 자사주를 사라고 강요하다시피 했다. 게다가 2000년에 130만달러의 기본급과 700만달러의 보너스를 받았으며 2001년에는 750만달러어치 의 주식까지 지급받았다. 이렇게 케네스 레이 회장을 비롯한 엔론의 임원이 파산신청 전에 매각한 주식규모만 10억달러에 이른다.

위장계열사를 이용한 모럴해저드

엔론의 CFO인 앤드류 패스토우는 자신이 관여하고 있던 위장계열사인 특수목적회사 LJM2와 엔론의 거래를 성사시켜 LJM2로부터 3,000만 달러를 챙겼다. 패스토우는 케네스 레이 회장과 이들 회사와의 자산매매를 허용하는 안건을 이사회에 올려 통과시켰다. LJM2는 사실상 앤드류 패스토우가 지배하고 있었던 것으로 드러났다.

전직 북미법인 사장이던 마이클 코퍼 역시 추코 인베스트먼트, LJM 등 엔론의 계열사 주식을 사들였다가 되팔아 시세차익을 챙겼다. 그것으로 끝난 게 아니었다. 엔론의 경영진은 파산신청을 낸 뒤인 2001년 12

〈엔론의 모럴해저드〉

구분	모럴해저드 내용
엔론	- 1996~2000년 조세피난처를 이용, 3억8,200만달러 법인세 환급 - 2000년 경영진 스톡옵션 공제로 2억7,800만달러 법인세 환급 - 파산신청 후 주요간부에게 5,500만달러 보너스 지급
엔론 임원	- 케네스 레이 회장(CEO): 2001년 파산신청 직전 보유주식 1억달러 매각 　　　　　　　　　종업원에게는 자사주를 사라고 강요 　　　　　　　　　2000년 130만달러 기본급+700만달러 보너스 수령 　　　　　　　　　2001년 자사주 750만달러어치 수령 - 앤드류 패스토우(CFO): 위장계열사 LJM2와 엔론의 거래로 3,000만달러 이득 - 마이클 코퍼(북미법인사장): 엔론의 계열사인 추코, LJM 주식을 저가매수 고가 　　　　　　　　　매도로 시세차익의 이득

월 5일 주요 간부들에게 5,500만달러의 보너스를 지급하기도 했다.

엔론은 또 1996∼2000년 사이 4년 동안 조세피난처를 이용해 법인세를 한푼도 내지 않았다. 오히려 세금을 환급받았으며, 그 규모가 3억 8,200만달러에 달했다. 엔론이 조세피난처에 세운 특수목적회사는 무려 881개. 케이만군도에 692개를 비롯해 투르크앤드, 카이코스군도, 버뮤다 등에 119개를 두었다. 엔론은 조세피난처에 있는 이런 자회사에 이익을 빼돌리는 방법을 써서 법인세를 내지 않았다. 또 경영진에 제공한 스톡옵션 공제를 통해 2000년 한해에만 2억7,800만달러의 세금을 환급받았다.

〈조세피난처(Tax haven)〉

지금까지는 버뮤다의 미약한 법체계 때문에 주로 보험업체나 범죄집단이 선호했지만, 최근에는 제조업체도 비용을 낮출 목적으로 버뮤다로 옮기는 중이다. 산업장비 제조업체 잉거솔 란드는 버뮤다로 옮긴 뒤 버뮤다 정부에 매년 2만7,653달러의 수수료를 지불하는 대신 연간세금이 1억5,500만달러에서 1억1,500만달러로 줄어드는 효과를 봤다. 또다른 제조업체인 쿠퍼 인더스트리스도 기존 1억3,400만달러의 세금이 버뮤다로 옮기면서 8,000만달러로 급감했다.

버뮤다 본사에는 사무소나 추가인력도 필요없이 우편물 배달 대행서비스만 쓰는 셈이어서 비용이 거의 들지 않는다. 그러나 미국기업으로 활동이 보장되고 국외수입이 면세되는 바람에 엄청난 세금 이점을 누릴 수 있다. 특히 버뮤다는 미국과 지리적으로 인접하고 정치적으로 안정돼 있으면서 미국 법체계와 유사해 매력적인 피난처로 손꼽힌다.

8 미궁에 빠진 분식회계 - 문서파기

세계적인 회계법인, 아더앤더슨

여기서 잠깐 아더앤더슨에 대해 알아보자. 89년의 역사를 자랑하는 아더앤더슨은 미국 5위의 회계법인이다. 1913년 시카고에 설립된 이후 84개국 385개 지사를 둔 세계적인 회계법인으로 성장했다. 지난 1947년 부터 1963년까지 재임했던 레너드 스페식 최고경영자가 독립적인 회계 관행을 강조하며 아더앤더슨을 키웠다. 회계법인으로서의 독립성을 지켜 지난 50년 동안 업계에서 존경을 받았다. 1979년에는 세계 최대의 전문 경영컨설팅 회사로 발돋움했고, 1989년에는 회계 및 컨설팅 부문을 분리하는 등 지속적인 변신을 꾀했다. 2001년 매출액은 100억달러이고 직원수는 2만6,000명이다.

사실 아더앤더슨은 1990년대 후반부터 여러 번의 회계스캔들에 휘말려왔다. 2001년 6월에는 회계법인에 부과되는 벌금으로는 가장 큰 규모인 700만달러를 미국 증권거래위원회(SEC)에 냈다. 당시 SEC는 사기혐의를 받고 있는 웨이스트매니지먼트(쓰레기처분업체)의 분식회계와 부실감사를 조사했었다. 이에 외부감사인인 아더앤더슨은 웨이스트매니지먼트의 1992년부터 1994년까지 세전순이익에 대해 부실감사를 했다는 사실을 인정하고 SEC로부터 벌금조치를 받는 데 합의한 것이다. 당시 최대규모의 벌금이었기 때문에 업계에선 큰 충격으로 받아들여졌다. 아더앤더슨은 또 선빔에 대한 회계감사문제가 생기면서 선빔 주주들로부터 민사소송을 당해 손해배상금 1억1,000만달러를 주고 화해하는 사건을 겪기도 했다.

미증유의 문서파기

두 차례 굵직한 회계스캔들에 휘말린 터에 엔론의 파산은 아더앤더슨에게는 감당할 수 없는 부담이었다. 1985년부터 줄곧 엔론의 외부감사를 맡아왔던 아더앤더슨은 이 때문에 '감사조서 등 문서파기'라는 극단적인 처방을 택했는지도 모른다. 엔론이 파산한 뒤 본격적으로 '미증유의 문서파기'에 대해 문제를 삼은 사람은 미 하원 상무위원회 민주당 간사인 존 딩얼 의원이다. 그는 2002년 1월 14일 엔론의 파산과정에 부실회계와 함께 내부자거래의 의혹이 짙다고 주장했다. 딩얼 의원은 상무위원회의 조사가 엔론관련 서류의 파기와 그렇게 하라는 지시에 초점을 맞춰야 한다고 강조했다.

문서파기 사건에 대해 언론도 만만치 않게 대응했다. 〈타임〉 지는 2002년 1월 21일자 보도를 통해 문서파기 사건을 낱낱이 소개했다. 엔론의 회계감사를 맡은 아더앤더슨의 한 변호사가 2001년 10월 12일 메모를 통해 회계사들에게 사소한 문서를 제외하곤 종이서류와 이메일 등 모든 회계문건을 파기하도록 지시했다고 보도한 것이다. 또한 2001년 11월초 엔론의 부실회계를 조사한 SEC가 관련문서를 제출하라고 요구할 때까지 서류를 파기하라는 지시가 계속 내려왔다고 전했다. 엔론은 파기지시가 있은 지 나흘 뒤인 10월 16일 3분기 실적이 6억1,800만달러(약 8,000억원)의 적자라고 전격 발표했다. 서류를 파기한 뒤에 자금난에 봉착했음을 처음으로 시인한 것이다. 이후 엔론 사는 SEC의 조사에서 1997년 이후 5억6,700만달러의 수익을 과대계상한 것으로 밝혀졌다. 부실회계 의혹은 그렇게 꼬리에 꼬리를 물었다.

〈타임〉지뿐 아니라 ABC방송도 문서파기문제를 심층적으로 파헤쳤다. 2002년 1월 21일 이 방송은 모린 캐스터네다라는 엔론의 전직이사에 대한 회견을 방송했다. 캐스터네다는 방송에서 "2001년 11월말부터 휴스턴 본사의 19층 회계담당 부서 사무실에서 문서파기 작업이 시작됐다. 문서파기는 적어도 2002년 1월 중순까지 계속됐다"고 말했다. 엔론의 해외투자담당 부서의 책임자로 일했던 캐스터네다는 방송에서 조각조각난 문서가 담긴 상자를 보여주면서 이렇게 덧붙였다. "내가 평소 사용하던 물건을 담아왔던 상자인데 이 상자 말고도 파기된 문서를 담은 상자가 많이 있었다. 내가 회사를 그만둔 1월 둘째주까지 문서파기 작업이 계속됐다."

"부실감사의 흔적을 없애라"

이후 청문회 과정에서 문서파기는 핵심적인 내용으로 다루어졌다. 다음은 2002년 1월 24일 미 하원 에너지상무위원회 내용이다.

"정부의 조사를 방해하기 위해 장부를 파기하라는 지시를 받지 않았느냐?"(미 하원 에너지상무위원회 짐 그린우드 의원)

"……."(전 아더앤더슨 엔론 담당 파트너 데이비드 던컨)

"엔론과 관련된 장부를 파기한 직원들에게 초과근무수당을 지급했다는 내용이 이 메모에 있지 않느냐? 솔직하게 답변하라."(짐 그린우드

의원)

"······."(던컨)

아더앤더슨 소속 파트너로 엔론의 외부감사를 담당했던 던컨은 끝까지 묵비권을 행사했다. 불리한 진술을 강요받지 않도록 규정한 수정헌법 제5조를 들며 증언을 거부했다. 아더앤더슨은 던컨이 장부를 보존할 책임을 혼자서 지고 있었다며 그에게 모든 책임을 전가했다. 그리고 던컨을 해고했다. 던컨은 2002년 1월 중순까지 아더앤더슨에 근무했다.

같은 날 다른 증인의 증언을 들어보자.

"엔론에 대한 연방차원의 조사가 시작됐다는 사실을 알고 난 뒤 엔론 관련서류의 파기 또는 보존을 지시한 적이 없다. 장부파기와 관련해서는 어떤 행위도 아는 바 없다."(아더앤더슨 변호사 낸시 템플)

"엔론 장부파기는 회사 내의 다른 사람과 전혀 협의를 거치지 않고 이루어진 것으로 안다. 만일 그렇지 않다면 법률고문과 협의했을지 모른다."(아더앤더슨 간부 도시 배스킨)

낸시 템플 변호사는 증거인멸의 핵심적인 역할을 해온 것으로 알려졌다. 아더앤더슨 시카고 본사에 근무하는 템플 변호사는 2001년 10월 휴스턴 지사에 "엔론 관련서류를 적절히 처리하라"는 내용의 이메일을 발송한 것으로 밝혀졌다. 그녀는 직접 파기지시를 내리지 않았다고 주장하지만 미 의회 조사팀은 템플의 이메일을 간접적인 파기지시나 마찬가지로 간주했다.

사실 아더앤더슨의 서류파기는 템플 변호사의 이메일이 전달된 후부터 SEC가 서류제출을 요구한 2001년 11월 8일까지, 이후 2002년 1월 중순까지 계속됐다. 이 대대적인 문서파기에는 트럭까지 동원되었다. 2001년 12월 문서파기 대행회사인 인슈레드코의 대형 파쇄트럭이 엔론의 휴스턴 본사에 모습을 드러낸 것이다. 이 트럭은 시간당 3.5톤의 각

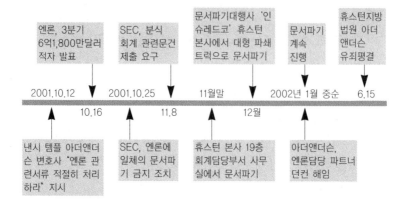

〈아더앤더슨의 엔론관련 문건파기〉

엔론, 3분기 6억1,800만달러 적자 발표 — 2001.10.12

SEC, 분식 회계 관련문건 제출 요구 — 2001.10.25

문서파기대행사 '인슈레드코' 휴스턴 본사에서 대형 파쇄 트럭으로 문서파기 — 11월말

문서파기 계속 진행 — 2002년 1월 중순

휴스턴지방 법원 아더 앤더슨 유죄평결 — 6.15

10.16 — 낸시 템플 아더앤더슨 변호사 "엔론 관련서류 적절히 처리하라" 지시

11.8 — SEC, 엔론에 일체의 문서파기 금지 조치

12월 — 휴스턴 본사 19층 회계담당부서 사무실에서 문서파기

아더앤더슨, 엔론담당 파트너 던컨 해임

종서류를 파기할 수 있는 대형파쇄기를 탑재했다. 문서를 잘게 잘라 섞기 때문에 복원이 불가능하다. 엔론의 내부문건은 이 파쇄트럭에 실려 조각조각 잘려나갔다. 엔론측은 "파쇄처리한 문건들은 법원의 압류대상에서 제외된 영업제안서, 급여관련 서류 등이며 문서파기는 회사의 내부문서 관리규정에 따른 것이므로 증거인멸을 위한 문서파기 행위는 없었다"고 주장했다.

그러나 검찰수사팀은 엔론사건이 불거진 직후인 2001년 10월 25일 일체의 문서파기 행위를 금지했다. 이를 위반했을 때는 법적 제재가 있을 것이라는 경고까지 했었다. 그런 경고를 무시하고 파쇄기까지 동원해 문서를 없앴으니 법적인 조치가 취해질 수밖에 없었다. 결국 엔론에 대한 감사조서와 관련서류들이 모두 조각조각 파쇄됐다. 엔론의 분식회계나 부실감사에 대한 모든 증거가 사라진 것이다. 엔론에 대한 정확한 부실감사 실태는 이렇게 미궁 속으로 빠져들고 말았다.

272

유죄평결, 사라지는 아더앤더슨

아더앤더슨에 대한 첫 유죄평결이 나온 것은 2002년 6월 15일 미국 휴스턴 연방지방법원. 죄목은 공무집행 방해였다. 엔론의 회계부정을 감추려고 문서를 파기한 것이 죄목이었다. 배심원들은 열흘간의 심리 끝에 아더앤더슨이 당국의 수사를 방해하기 위해 엔론 사와 관련된 회계장부와 컴퓨터 파일을 파기했다고 결론지었다. 배심원들은 특히 아더앤더슨의 변호사인 낸시 템플이 데이비드 던컨 전 아더앤더슨 회계담당자에게 엔론에 관한 서류를 '적절히 처리하라' 는 이메일을 보냈다는 점을 중요한 증거로 채택했다. 물론 아더앤더슨측은 문서파기가 일상적 업무활동이었다고 거듭 주장하며 즉각 항소할 뜻을 밝혔다.

유죄평결이 내려지자 아더앤더슨은 2002년 8월 31일까지 상장기업에 대한 모든 회계감사업무를 중단하겠다고 미 증권거래위원회(SEC)에 통보했다. 해체수순을 밟은 것이다. 아더앤더슨은 이미 엔론의 주주

〈아더앤더슨 유죄평결 사건일지〉

2001년 12월 2일	미 최대 에너지기업 엔론 파산신청
2002년 1월 15일	엔론 투자자들, 아더앤더슨 상대로 민사소송 제기(오클라호마 툴사법원)
2002년 1월 21일	아더앤더슨, 엔론 주주와 채권단에 6억달러 포괄적 소송합의금 제시, 원고측 변호인단 거절
2002년 3월 5일	폴 볼커, 아더앤더슨 이사회 의장 취임
2002년 3월 14일	미 연방법원 아더앤더슨 분식회계 조장 혐의로 형사기소
2002년 3월 26일	조셉 베라르디노 최고경영자(CEO) 사임
2002년 4월 18일	아더앤더슨-법무부 협상결렬
2002년 5월 4일	폴 볼커, 이사회 의장직 사임
2002년 5월 6일	형사소송 첫 공판(휴스턴 지방법원)
2002년 6월 15일	휴스턴 지방법원, 유죄평결

들과 채권단으로부터 줄줄이 제소당한 상태였다. 사면초가에 놓인 아더앤더슨은 2002년 5월 전세계 비즈니스컨설팅 사업을 현금과 주식 약 4억달러를 받고 KPMG에 넘겼다. 이어 다음달인 6월 미국 내 비즈니스 컨설팅 부문 또한 6,300만달러를 받고 KPMG에 매각했다. KPMG는 컨설팅 부문을 넘겨받아 7월에 자사와 통합시켰다. 이렇게 89년 역사의 아더앤더슨은 그 자취를 감추고 있었다.

〈내부자거래〉

상장기업의 주요 주주나 임직원이 미공개정보를 이용해 자기 회사의 주식을 매매하는 것을 말한다. 내부자는 다른 투자자보다 회사의 정보를 빨리 입수할 수 있어 불공정한 거래를 할 가능성이 높다. 증권거래법에서는 투자자 보호를 위해 내부자거래를 금지하고 있다. 내부자거래를 통해 6개월 이내에 이익을 챙기면 그 차익을 회사에 돌려주는 단기매매차익반환제도라는 장치도 있다.

내부자거래를 하면 1,000만원 이하의 벌금 또는 2년 이하의 징역에 처하도록 규정돼 있다. 증권거래법상 내부자는 상장회사 또는 코스닥등록기업의 임직원과 주요주주이다. 이때 주요 주주는 명의에 관계없이 자기계산으로 의결권 있는 발행주식 총수 또는 자본금의 10% 이상을 갖고 있는 소유자와 대통령령이 정하는 자를 말한다.

내부자거래는 공정거래법상 부당 내부거래와는 다르다. 내부거래는 대규모 기업집단에 소속된 계열회사끼리의 거래행위이다. 내부거래 즉, 계열사간의 거래가 모두 불법적인 것은 아니지만 부당 내부거래는 불공정거래행위에 해당된다. 제품가격, 거래조건 등에서 계열회사에 유리하게 하는 차별거래, 임직원에게 자사 제품을 사거나 팔도록 강요하는 사내판매 강요행위, 납품업체에 자기 회사 제품을 사도록 떠맡기는 거래강제, 정당한 이유없이 비계열사와의 거래를 기피하는 거래거절 등이 부당 내부거래이다.

9 봇물처럼 쏟아지는 소송

꼬리에 꼬리를 무는 소송

엔론이 파산하자 엔론의 경영진은 물론 회계법인, 법무법인 등을 상대로 한 민·형사 소송이 봇물을 이루었다. 엔론의 회계를 맡았던 아더앤더슨은 엔론이 파산하기 훨씬 전부터 엔론의 회계에 문제가 있다는 사실을 알고도 이를 묵인한 것으로 볼 수 있다. 엔론은 2002년 1월 17일 아더앤더슨과의 회계용역계약을 해지했다.

엔론 주주들은 이미 케네스 레이 회장과 제프리 K 스킬링 전 대표이사 회장, 엔론 이사회 멤버들을 내부자거래 혐의로 고소했다. 엔론의 채권기관인 삼손 인베스트먼트는 아더앤더슨의 회계감사 내용을 근거로 엔론에 투자를 했다가 큰 피해를 보게 됐다며 아더앤더슨을 고소했다.

레이 회장이 엔론의 내부고발자인 셰론 왓킨스 부사장으로부터 엔론 회계에 문제가 있다는 내용의 서한을 받은 후 엔론의 회계관행이 별 문제가 없다는 식으로 결론을 낸 법무법인 빈슨앤엘킨스도 민·형사상 책임을 면치 못하게 됐다.

아더앤더슨에 대한 계속되는 소송

아더앤더슨에 대한 첫 민사소송은 2002년 1월 15일 오클라호마에서
제기됐다. 엔론 주식을 사들였던 주식투자자들은 아더앤더슨을 상대로
손해배상을 청구했다. 엔론의 파산신청과 그에 따른 주가폭락으로 손해
를 봤다며 엔론의 부실회계를 알고도 눈감아준 아더앤더슨에게 손해금
액을 물어달라는 것이다.

소송은 이뿐만이 아니었다. 엔론 주주들이 민사소송을 건 지 하루가
지난 2002년 1월 16일, 이번엔 엔론과 거래를 했던 샘슨 투자회사 등
100여 개 회사가 아더앤더슨을 상대로 사기와 감사태만 혐의로 민사소
송을 제기했다. 이들은 소장에서 "탄화수소나 천연가스를 매매할 때 아
더앤더슨의 감사의견을 전적으로 믿고 엔론과 계약했다"며 "아더앤더
슨은 엔론의 의심할 만한 금융거래에 대해 무모할 만큼 소홀했다"고 지
적했다. 이들은 또 "SEC에 제출된 엔론 관련자료들은 심각하게 잘못됐
다"며 "아더앤더슨은 엔론의 감사를 합리적으로 수행하지 않았다"고 강
조했다. 또 "아더앤더슨이 의무를 제대로 수행했다면 우리는 엔론과 계
약하지 않았을 것"이라고 소송이유를 밝혔다. 특히 "아더앤더슨은 최소
한 1997년부터 엔론의 회계장부가 잘못돼 있는 점을 알고 있었던 것으
로 파악된다"며 "이 당시 엔론은 5억달러 이상의 부채를 누락시켰다"고
주장했다.

다급해진 아더앤더슨은 6일 후인 1월 21일 엔론의 주주와 채권단에
게 6억달러의 포괄적 소송합의금을 제시했다. 그러나 원고측 변호인단
은 아더앤더슨측이 제시한 6억달러가 주주들이 입은 피해액의 2%도 안
된다며 아더앤더슨측의 제의를 거절했다.

〈아더앤더슨에 대한 주요 소송〉

일시	소송내용
2002년 1월 15일	오클라호마의 주식투자자(엔론주주)가 아더앤더슨 상대 손해배상 청구소송 제기
2002년 1월 16일	엔론과 거래했던 샘슨 투자회사 등 100여 개사, 아더앤더슨 상대 손해배상 청구소송 제기 "아더앤더슨은 최소한 1997년부터 엔론의 회계장부가 잘못됐음을 알고 있었다"고 주장
2002년 1월 21일	아더앤더슨, 엔론주주 · 채권단에 6억달러 포괄적 소송 합의금 제시. 원고측 거부
2002년 1월 28일	엔론의 전현직 직원 400명, 아더앤더슨 상대 소송 제기

엔론마저 아더앤더슨을 상대로 소송

엔론의 전현직원 400여 명도 2002년 1월 28일 회사 경영진과 아더앤더슨을 상대로 소송을 제기했다. 종업원들은 텍사스 주 휴스턴 연방지방법원에 제출한 소장에서 회사의 불안정한 재정상태에 관해 아무런 통보도 받지 못한 채 엔론 주식에 투자하도록 권유받았다고 주장했다. 케네스 레이 전 회장과 제프리 스킬링 회장, 앤드루 패스토우 전 재무책임자 등 회사 경영진과 함께 엔론의 종업원 퇴직연금 수탁기관인 노던 트러스트, 회계법인인 아더앤더슨이 피고로 지목됐다.

기업연금 401K를 통해 엔론주식에 투자했던 종업원들은 평생 모은 돈을 날렸던 것이다. 엔론 종업원들은 401K 퇴직연금 운용과정에서 60% 정도를 자사주식에 투자해 수십억달러의 손실을 봤다. 아더앤더슨은 소송에 시달리자 딜로이트 투시 토마츠(DTT) 사와 합병을 논의중이라고 밝혔다. 법적인 책임을 회피하기 위해 미주를 제외한 유럽 등 다른 지사를 분할하는 방안도 검토했다.

89년 역사 회계법인의 처참한 말로

엔론의 주주와 거래회사, 채권단은 물론 엔론의 전현직 직원까지 아더앤더슨을 상대로 소송을 제기했다. 엉터리 감사보고서를 믿고 주식투자를 하고 돈을 빌려줬거나, 상거래를 하다가 손해를 봤다는 것이 이들의 주장이다. 이후 아더앤더슨에 대한 소송이 줄을 이었고 아더앤더슨은 소송의 회오리에 휘말리게 되었다.

2002년 8월 31일, 아더앤더슨은 상장기업의 회계감사업무를 중단하겠다고 발표했다. 사실상 89년 역사의 막을 내리겠다는 발표였다. 회계감사가 회계법인의 핵심업무이고, 그 중 상장기업에 대한 감사가 가장 중요하다는 점을 감안하면 아더앤더슨의 감사포기는 스스로 청산절차를 밟겠다는 것과 다를 바 없었다.

아더앤더슨이 회계감사를 포기하겠다고 하는 데는 이유가 있었다. 소송이 잇따른데다 감사조서 등 관련문건을 파기했다는 것을 이유로 휴스턴 지방법원이 2002년 6월 15일 '공무집행 방해죄'라는 유죄평결을 내렸기 때문이다. 법원의 유죄평결이 나온 이상 민사소송에서도 승산이 없었던 것이다. 감사절차를 제대로 지켰다고 자신할 수 없었던 아더앤더슨은 그렇게 89년 역사에 종지부를 찍고 말았다.

〈401K 퇴직연금〉
401K란 기업이 종업원들을 위해 미리 퇴직준비금을 적립하지 않고 종업원과 함께 일정 금액을 낸 후 투자는 종업원에게 맡기는 기업연금으로 대부분의 종업원들이 가입하고 있다. 세제혜택을 주고 있는 퇴직소득보장법 401조K항에서 따온 이름이다.

10 계속되는 회계부정, 제2·제3의 엔론

'엔론이티스'

'엔론이티스(Enronitis)'라는 신조어가 있다. 2002년 2월, 당시 엔론처럼 분식회계를 통한 주가조작 의혹을 받고 있는 기업들을 지칭하던 말이다. 실제로 2002년 상반기에만 미국의 17개 간판기업이 분식회계 혐의로 미국 증권거래위원회(SEC)의 조사를 받았을 정도였다. GE, IBM, 시스코시스템스, 컴퓨터어소이에이츠(CA) 등 이름만 들어도 알 만한 간판기업이 분식회계 의혹에 휘말렸다. 엔론이티스는 제2의 엔론, 글로벌크로싱부터 시작된다.

제2의 엔론, 글로벌크로싱

글로벌크로싱은 미국의 거대 초고속통신망업체이다. 하이테크산업의 기린아로 불렸던 글로벌크로싱은 미국으로 연결되는 광섬유 통신 네트워크의 20%를 차지하고 있다. 아시아지역에 처음으로 광통신망을 연결한 업체이기도 하다.

2002년 당시 글로벌크로싱은 전세계 27개국 200개 도시를 잇는 글로벌 네트워크 구축작업을 추진하고 있었다. 1999년 미국 5위 장거리 전화사업체 프론티어와 케이블앤와이어리스 해저광케이블 사업을 인수하면서 적극적으로 사업을 확장했다. 그러나 닷컴 열풍이 꺼지면서 데이터 전송서비스 수요가 급감했고 통신망 투자가 포화상태에 이르면서 무리한 가격인하 경쟁에 나서게 되었다. 투자자들이 빠져나가면서 막대한 채무부담을 이기지 못해 결국 법정관리를 신청하기에 이른 것이다.

게리 위닉 창립자 겸 회장은 2000년 경영격주간지 〈포브스〉지에서 초고속통신처럼 빨리 재산을 불린 인물로 주목받던 인물이다. 그러나 글로벌크로싱은 1998년부터 4년 동안 무려 5명의 최고경영자들이 거쳐가는 등 투자자들의 불안을 초래했다. 엔론사태와 마찬가지로 월가가 글로벌크로싱 등 통신업체들의 고속성장을 방조해 무리한 사업확장을 초래했다는 비난도 일고 있다.

글로벌크로싱이 파산보호신청을 낸 것은 2002년 1월 28일. 224억달러에 달하는 이 회사의 파산은 미국 역사상 4번째 규모다. 글로벌크로싱의 존 르기어 최고경영자는 "매출부진에 따른 자금난을 이기지 못해 파산보호를 신청하기로 했다"며 "그러나 자회사인 아시아글로벌크로싱은 이번 결정에 영향을 받지 않고 종전대로 서비스가 계속될 것"이라고 말했다. 르기어 회장은 파산보호 신청과 함께 홍콩의 허치슨 왐포아, 싱가포르 테크놀로지스 텔레미디어 등 2개 사가 7,500만달러의 현금을 투자해서 글로벌크로싱 지분을 공동인수하기로 했다고 밝혔다.

어쨌든 글로벌크로싱의 주가는 파산신청 당일 뉴욕증시에서 하루새 41%나 폭락해 주당 30센트에 거래가 마감됐다. 한때 61달러까지 치솟았던 글로벌크로싱의 주가는 이 파산신청일을 마지막으로 거래가 정지

되었다.

다시 등장하는 아더앤더슨

아더앤더슨은 글로벌크로싱의 파산에도 등장했다. 아더앤더슨은 글로벌크로싱의 회계감사와 함께 컨설팅업무까지 병행해 온 것으로 드러났다. 아더앤더슨은 지난 2000년 글로벌크로싱으로부터 회계감사 수수료 230만달러, 컨설팅 수수료 1,200만달러를 각각 받았다.

여기에 아더앤더슨은 글로벌크로싱과 퀘스트커뮤니케이션스에게 스왑(맞교환)기법을 알려줬다는 의혹까지 받았다. 미국 증권거래위원회 (SEC)는 2000년과 2001년 2년 동안 두 회사가 스왑기법을 이용해 비정상적으로 수입을 부풀린 것으로 보고 아더앤더슨의 조언에 의한 것인지 조사했다. 자산을 서로 맞교환할 경우 자산가치의 하락이 상대방 회사의 몫으로 넘어가기 때문에 실적을 과다하게 부풀릴 수 있기 때문이다.

아더앤더슨은 업계에서 스왑회계를 가장 장려했던 것으로 알려졌다. 48페이지짜리 백서를 통해 스왑의 개념과 통신회계 분야에서 어떻게 스왑을 접근하는가를 설명했다. 물론 아더앤더슨의 패트릭 돌턴 대변인은 "SEC가 글로벌크로싱의 회계에 동의했다. 백서의 내용은 SEC가 동의한 것과 결코 다른 것이 아니다"고 강변했다.

어쨌든 아더앤더슨은 글로벌크로싱에게 외부감사와 함께 컨설팅용역까지 제공했다. 학교 선생이 학생에게 시험문제를 내놓고 문제풀이 방식까지 가르친 격이다. 이 때문에 이후 회계법인이 외부감사를 하는 기업에게 컨설팅용역을 제공하지 못하도록 하는 것이 세계적인 추세가 되었다.

월드컴의 사상 최대 회계조작

미국 2위의 장거리 통신회사 월드컴의 회계조작은 그 규모 면에서 엔론보다 컸다. SEC가 발표한 월드컴의 분식회계 규모는 38억달러이다. 비용으로 잡아야 할 돈을 설비투자에 지출한 것처럼 현금흐름을 꾸미며 이익 38억달러를 부풀렸다는 것이 SEC의 설명이다. 엔론이 1997년부터 특수목적 자회사를 이용해 5억9,000만달러의 이익을 부풀린 것으로 추정된다는 점을 감안하면 월드컴의 회계부정은 사상 최대규모의 회계조작이 될 것이다.

월드컴은 2001년 14억달러, 2002년 1분기에는 13억달러의 이익을 냈다. 그러나 조작된 38억달러를 제대로 장부에 반영했을 경우 월드컴은 창사 이래 최대의 적자를 낼 수밖에 없었다. SEC에 의해 회계조작이 밝혀지자 월드컴의 창업자이자 전 최고경영자인 버나드 에버스는 최고재무책임자 스콧 셜리번과 데이빗 마이어스 부사장을 즉시 해임했다. 그러나 셜리번 단독으로 회계부정을 저질렀다고 보는 사람은 없을 것이다. 월드컴의 회계부정은 경영진 전체가 공모했을 가능성이 크다. 월드컴의 창업자 버나드 에버스는 주가를 끌어올리기 위해 자사주식을 사들이는 데 회사돈을 3억8,000만달러나 대출받기도 했다.

월드컴의 회계감사인 역시 엔론과 글로벌크로싱을 맡았던 아더앤더슨이었다. 아더앤더슨이 월드컴의 분식회계를 알고도 눈감아줬거나 아니면 엉터리 감사보고서를 작성했을 가능성이 높다. 이 때문에 2002년 6월 26일 SEC는 월드컴을 사기혐의로 뉴욕 연방법원에 고소했다.

제록스, 최대규모 회계조작 다시 경신

복사기 제조업체로 잘 알려진 제록스. 이 회사도 60억달러 이상의 매출이 부적절하게 처리된 것으로 드러났다. 60억달러의 장부조작은 사상 최대규모였던 월드컴의 회계부정 38억달러를 다시 경신한 것이다. 2001년 4월, SEC와 제록스는 회계부정 조사 타협안에 따라 1997년부터 2001년까지 5개년을 대상으로 감리를 실시키로 했다. 감리 결과 제록스가 부적절하게 부풀린 매출액 규모는 당초 SEC가 추정했던 30억달러 규모를 훨씬 넘어선 60억달러에 달했다.

부풀린 매출액의 규모를 놓고 제록스와 SEC 간에 신경전이 벌어졌다. 제록스는 주로 다음해에 처리해야 할 매출액을 미리 앞당겨 장부에 기록하는 방법(매출액 부풀리기)을 썼다. SEC의 조사를 받을 때 크리스타 카론 제록스 대변인은 "SEC의 조사로 인해 조정될 매출액은 당초 보고했던 매출액 925억달러 가운데 20억달러 미만이 될 것"이라고 말했다. 그러나 제록스는 임대한 프린터를 판매한 것으로 회계장부에 기록하는 방식으로도 매출을 부풀린 것으로 드러났다.

결국 제록스는 SEC와 1,000만달러(130억원)의 벌금을 내기로 합의했다. 1,000만달러의 벌금 규모는 SEC가 부실회계와 관련해 상장회사에 부과한 최대규모 액수이다. 제록스는 어떠한 잘못을 했다고 시인하거나 부정하지는 않았다.

SEC는 제록스의 회계감사를 맡은 KPMG에 대해서도 회계부정을 방

〈스왑(Swap)〉

스왑거래란 장래 특정일 또는 특정기간 동안 일정상품 또는 금융자산(부채)을 상대방의 상품이나 금융자산과 교환하는 거래를 말한다. 스왑거래는 장래의 자산과 부채에 관한 거래이다. 일정장소가 있는 거래소시장에서의 거래가 아니라 일종의 선도거래 (Forward transaction)에 속한다.

교환대상이 상품인 경우 상품스왑, 금융자산 또는 부채인 경우는 금융스왑이라고 한다. 상품스왑의 대표적인 거래상품에는 원유, 벙커-C유, 곡물 등이 있다. 금융스왑의 대상으로는 외환이나 채권 등이 있다. 스왑거래는 이자율이나 환율의 변동위험을 없애거나 차익거래(Arbitrage)를 통해 투자이익을 증대시키는 데 목적이 있다.

관한 혐의로 2003년 1월 뉴욕 맨해튼 법원에 민사소송을 제기했다. 피고는 KPMG와 전현직 파트너 4명이었다. 이들은 1997년부터 2000년까지 제록스의 재무제표를 부실감사한 혐의를 받았다. SEC는 소장에서 "KPMG의 유럽, 브라질, 캐나다와 일본 법인들이 제록스의 매출과 수익이 과대계상됐다는 점을 여러 차례 지적했음에도 불구하고 번번이 무시했다"면서 "이로 인해 제록스 투자자들이 큰 피해를 입었다"고 지적했다. 사상 최대규모의 회계조작 기록을 경신했던 제록스의 회계부정 역시 회계법인까지 소송에 휘말리는 결과를 가져온 것이다.

11 끝없는 회계부정

엔론사태 이후 더 늘어난 회계부정

미국에선 2002년 상반기에만 약 20건에 달하는 회계부정 사건이 연쇄적으로 터졌다. 글로벌크로싱과 월드컴, 제록스뿐 아니라 메릴린치, 아델피아, 타이코 등이 줄을 이었다. 엔론사태 이후 회계부정이 잇따른 이유는 무엇일까. 무엇보다 엔론사태를 통해 회계법인의 외부감사가 깐깐해졌기 때문이라고 전문가들은 분석한다. 아더앤더슨에 있었던 한 회계사의 말을 들어보자.

"회계법인이 쓰러질 정도로 큰 회계부정 사태가 발생하면 공인회계사들은 긴장하게 마련이다. 특히 새로 감사를 하게 될 경우 자신이 감사하지 않았던 종전의 재무제표에 대해 의구심을 갖는다. 그래서 기초자산 등 기초밸런스를 전기오류수정 등으로 고칠 수 있는 한 고치려고 한다. 현대건설의 경우 삼일회계법인이 특별손실로 부실을 털었지만 이후 삼정회계법인으로 외부감사인이 바뀌었다. 이 과정에서 삼정회계법인은 삼일회계법인이 그동안 감사해 온 재무제표를 믿을 수 없다며 기초밸런스를 수정하려고 했던 것으로 안다. 이처럼 대형 회계부정 사건이 터지면 회계사들은 더욱 엄격하게 감사하기 때문에 크고 작은 회계부정 사건이 잇따를 수밖에 없다."(J회계사)

엔론사태 이후 수많은 기업이 일시에 회계부정을 저지른 것이 아니라 외부감사인인 공인회계사가 감사를 쎄게 했기 때문에 빚어진 결과일 수도 있다는 해석이다. 그러나 회계부정 사태가 있으면 감사강도를 높이고, 그렇지 않으면 감사강도를 낮춘다는 것 자체가 문제다. 물론 감사의 강도는 회계법인에 따라 나름대로의 기준이 있다. 문제는 회계사가 얼마만큼 객관적이고 독립적으로 기업의 재무제표를 감사하느냐일 것이다. 어쨌든 2002년 상반기에 미국은 물론 전세계를 뒤흔들었던 회계부정 기업들과 그들의 혐의내용을 정리할 필요는 있을 것 같다.

미국을 뒤흔든 회계부정 기업들
메릴린치
엔론 등 기업의 분식회계 사건이 잇따라 터지자 월스트리트의 투자은행들도 금융 당국의 조사대상에서 벗어날 수 없게 되었다. 투자은행의 애널리스트들은 "무가치하다고 판단되는 주식들을 투자자들에게 매수하기를 권했다"는 혐의를 받고 있다. 애널리스트들이 이처럼 '허위조언'을 한 이유는 투자은행의 고객인 기업으로부터 일거리를 따내기 위해서였다.

메릴린치는 뉴욕 주 엘리엇 스피처 검찰총장과 1억달러의 합의금을 내놓기로 타협을 보았다. 유죄를 인정하지 않는다는 조건으로 돈을 내놓은 것이다. 메릴린치는 이 사건을 계기로 애널리스트들의 연봉을 투자은행업 수익과 연결시키는 행위를 완전히 중단키로 했다.

아델피아 커뮤니케이션스

미국 6위의 케이블TV사업자로 창업주 존 리가스 등이 31억달러의 자금을 빼돌린 혐의를 받았다. 아델피아는 SEC의 조사를 받아오다가 2002년 6월 25일 파산신청을 했다. SEC의 조사에서 아델피아는 2001년부터 2년 동안 케이블TV 가입자 수를 부풀리는 방식으로 수익을 조작한 것으로 드러났다. 이 회사의 외부감사인인 딜로이트&투치도 큰 망신을 당했다.

타이코

창업자 데니스 코즐로프스키는 2002년 6월초부터 1,300만달러 상당의 미술품을 구입하면서 100만달러를 탈세한 혐의로 사법당국의 조사를 받았다. 그는 사법 당국의 기소와 동시에 사임했지만 증거인멸죄 등 추가혐의로 조사를 받았다. 코즐로프스키 개인의 탈세사건으로 보이지만 투자자들은 SEC의 조사가 타이코의 부실회계 적발로 이어질 우려가 있다고 보고 있다.

컴퓨터 어소시에이츠(CA)

수익실적이 악화됐다고 발표하기 며칠전 창업주 찰스 왕과 임원들이 10억달러어치의 주식을 나누어가진 혐의로 SEC가 조사에 들어갔다.

듀크에너지

에너지 사업자끼리 같은 가격과 같은 시간에 사고파는 방법으로 지난 2000년부터 3년 동안 10억달러의 매출을 부풀려온 것으로 드러났다.

다이너지

SEC는 다이너지가 현금흐름을 부풀리기 위해 협력업체들에게 가스 구매를 요청한 이른바 '프로젝트 알파' 합의사건을 조사했다. 다이너지는 천연가스 거래와 관련한 회계처리 문제가 불거지면서 재무보고서를 재작성한 결과 7,900만달러의 이익이 부풀려진 것으로 드러났다.

아임클론 시스템스

생명공학업체인 아임클론의 창업주 샘 왁살은 FDA(미국 식약청)가 아임클론의 암치료 신약 '에르비툭스' 승인 신청을 기각한다는 사실을 미리 알고 가족들에게 회사 주식을 팔도록 조정했다. 결국 내부자 주식거래 혐의로 체포된 것이다. 왁살은 2001년 12월 28일 FDA가 신약승인 신청을 기각하기 하루 전 아임클론 주식 3,928주를 22만8,000달러에 매각한 것이다. 꽃꽂이, 요리, 여성지 등으로 유명한 '마사 스튜어트 리빙' 의 창업자이자 TV사회자, 칼럼니스트로 유명한 마사 스튜어트도 아임클론 주식의 내부자거래 의혹을 받았다.

K마트

최고경영자인 찰스 코너웨이가 2002년 1월 경영실적 부진으로 회장직을 박탈당했다. 그러나 최고경영자 자리는 유지했다. 파산한 K마트로서는 그를 대체할 만한 인물을 찾을 수 없다는 것이 이사진의 판단이었다. K마트는 회계처리방식을 바꿔 수익을 부풀린 혐의로 SEC의 조사를 받았다.

288

루슨트 테크놀로지

회계처리 시점을 조정해 2000년 매출을 6억7,900만달러나 부풀린 혐의로 SEC의 조사를 받았다.

네트워크 어소이에이츠

소프트웨어 판매의 회계처리시점을 조정한 혐의가 있었다.

페레그린 시스템스

2000년부터 3년 동안 1억달러 상당의 매출회계처리 오류가 발생해 SEC가 조사중이다.

퀘스트

미국 4위의 지역전화회사인 퀘스트 커뮤니케이션스는 회사자산과 인터넷 장비거래에 대한 부실회계처리 혐의를 받았다. 특히 주가하락에도 불구하고 조지프 나치오 전 최고경영자에게 스톡옵션 외에도 2,700만달러의 보상금을 지급해 주주들로부터 강력한 항의를 받기도 했다.

라이트 에이드

라이트 에이드는 미국 3위의 약국체인업체이다. 회사수익을 부풀리고 투자자들을 속인 혐의로 SEC로부터 모든 경영진들이 23억달러에 달하는 세전소득에 대해 다시 작성하도록 명령을 받았다. 이로 인해 마틴 그래스 전 회장을 비롯한 경영진들이 줄줄이 소환당해야 했다.

12 회계부정으로 휘청이는 세계경제

자존심 무너진 유럽기업

엔론사태로 전세계가 시끄럽던 2002년 7월 9일. 프랑스 증권감독원 (COB)은 세계적인 미디어그룹 비방디유니버셜의 회계부정을 조사하고 있다고 밝혔다. 미국 대륙을 흔들었던 회계부정이 대서양을 건너 유럽으로까지 번진 것이다. 이 사건이 드러나기 전까지만 해도 유럽만큼은 회계부정의 청정지대로 여겨졌다. 엔론사태가 터졌을 때 유럽기업들은 국제회계기준을 유럽식으로 맞춰야 한다고까지 주장했다. 기업의 특수성을 지나치게 감안한 미국식 회계기준은 국제회계기준으로서 문제가 있으며 유럽식 회계기준이 더욱 엄격하므로 국제적으로 통용되는 기준으로 손색이 없다는 주장이었다.

그러나 이같은 주장도 비방디유니버셜의 회계부정 사건이 터지자 순식간에 쏙 들어갔다. 프랑스의 이름없는 수도회사에서 세계 2위의 미디어기업으로 도약한 비방디유니버셜마저 회계부정에 휘말렸기 때문이다. 비방디유니버셜은 투자수익을 조작하려다 프랑스 증권감독원에 적발됐다.

아이러니하게도 비방디유니버셜의 외부감사를 맡은 회계법인은 엔론, 글로벌크로싱, 월드컴을 감사했던 아더앤더슨이었다. 비방디유니버셜과 아더앤더슨은 2002년 2월 매각절차가 끝나지 않은 영국 미디어기업 브리티시 스카이 브로드캐스팅 그룹 주식 4억 주의 매각차익을 미리 순이익에 포함시키려다 발각된 것이다.

이 때문에 비방디유니버셜의 주가가 폭락했고 신용평가회사도 비방디의 신용등급을 낮췄다. S&P는 비방디유니버셜의 신용등급을 투자부적격 수준으로 떨어뜨렸다. 비방디유니버셜은 이미 그 전부터 무리한 사업확장으로 재무구조가 악화돼 부도위기에 처해 있었다. 미디어 공룡으로 떠오르는 데 결정적인 역할을 했던 유니버설스튜디오를 기업공개(IPO)하는 등 비방디유니버셜은 대대적인 회사분할 작업에 착수했다. 그러나 비방디유니버셜의 신임 CEO인 장 레네 포르투는 "최근 비방디유니버셜이 파산위기에 처했지만 고비를 넘겼다"며 위기설을 일축했다.

회계부정 사례는 비방디유니버셜에서 그치지 않았다. 세계최대 미디어군단 AOL타임워너의 최고경영자는 2002년 8월 매출조작 가능성을 인정했다. 뿐만 아니라 2001년 보유지분을 처분하기 직전에 실적전망을 부풀렸다는 새로운 혐의가 추가돼 미국 증권거래위원회(SEC)의 조사를 받았다.

유럽기업의 회계부정 도미노

비방디유니버셜 이후 수많은 유럽기업이 회계부정에 휘말렸다. 스웨덴의 정보통신기기업체인 에릭슨은 제품을 수주하는 단계부터 매출에 포함시키는 방법으로 사실상 매출을 부풀리고 있다는 지적을 받았다. 2002년 7월 9일에는 스위스와 스웨덴 간의 합작 엔지니어링 그룹인 ABB가 과거 일부 직원들의 순이익 부풀리기 시도를 적발해 이들을 해고했다고 밝혔다. 유럽기업의 회계조작 시도가 미국기업 못지 않음을 드러낸 대목이다.

영국 최대 석유업체인 BP 역시 예외는 아니었다. BP는 알래스카 지역의 유전을 개발하면서 회계부정을 저질렀다는 의혹을 미국 하원으로부터 받았다. 에드워드 마키 미 하원의원(민주당)은 BP가 세계적인 수준의 회계부정 스캔들과 관련이 있는 석유업체 중 하나라고 주장했다. 그는 이어 알래스카 유전에 관심있는 업체들이 유전개발과 관련된 비용을 투자자에게 완전히 공개하기를 거부하고 있다고 설명했다.

이밖에 벨기에의 음성인식 소프트웨어 제조업체인 러놋& 호스피는 500만달러의 가짜 매출을 올려 장부를 조작했다. 영국의 한 대형여행사도 실적을 부풀린 것으로 드러났다.

수익전망 불확실, 일본 오릭스

미국에서 대서양을 건너 유럽으로 확산되었던 회계부정의 소용돌이는 태평양을 건너 일본으로까지 전염됐다. 엔론, 월드컴, 비방디유니버셜의 회계조작 충격파가 가시기도 전에 일본의 최대 리스업체인 오릭스가 회계부정의 의혹에 휩싸인 것이다. 2002년 7월 11일 오릭스의 주가는 회계조작설로 인해 장중 한때 7% 가까이 급락, 1999년 이후 최저인 8,320엔으로 주저앉았다.

오릭스는 승용차, 비행기, 장비 등의 리스업무와 할부금융, 생명보험, 소매금융 등을 아우르는 종합금융서비스 그룹이다. 우리들에게는 한화그룹과 함께 대한생명을 인수한 기업으로도 알려져 있다. 그런 오릭스의 회계부정 의혹은 2002년 6월 3일 한 보고서를 통해 제기되었다. 도이체증권 도쿄지점의 애널리스트 오키 마사미츠는 기업분석 보고서를 통해 오릭스가 매출, 일반관리비용, 계열사 관련 세부항목 등을 제대로 공시하지 않아 수익전망 자체를 불투명하게 만들고 있다고 지적했다. 이에 대해 오릭스 관계자는 "철저하고 완벽한 공시를 하고 있다"며 오키 애널리스트의 지적은 근거가 없다고 일축했다.

그러나 2002년 7월 9일 오키 애널리스트는 또다른 보고서를 냈다. 이번엔 오릭스가 왜 미국회계기준에 따른 수익규모가 일본회계기준을 적용했을 때보다 더 커지게 되는지 그 이유를 설명하지 못하고 있다고 꼬집었다. 오릭스는 미국과 일본식 회계기준을 모두 사용해 결산보고서를 작성하고 있었다. 오키는 "오릭스가 엔론처럼 미국회계규정을 위반했다고 지적하는 것은 아니지만 오릭스의 불성실한 공시로 수익전망이 불확실하다"고 말했다.

세계 3위의 소매업체 아홀드마저 조작

세계 3위의 소매업체 아홀드. 네덜란드의 식료품 유통업체로 출발한 아홀드는 1990년대 미국업체들을 공격적으로 인수했다. 그 결과 미국의 월마트와 프랑스의 까르푸에 이어 세계 3위 식료품체인으로 올라섰다. 27개국 35개 수퍼체인을 갖고 있으며 4,000만 명의 고객을 확보하고 있는 아홀드는 미국 자회사 스톱앤숍 등을 보유하고 있다. 1993년 이후 190억유로를 들여 50개의 크고작은 기업을 사들이면서 2 · 3분기 연속 두 자릿수 성장신화를 만들기도 했다. 이에 힘입어 아홀드의 기업 가치는 2001년 최고 300억유로에 달하기도 했으며, 2002년 매출액은 약 790억달러에 달한다. 그런데 115년의 역사를 자랑하는 거대기업 아홀드마저도 회계부정의 소용돌이를 일으킨 것이다.

아홀드의 회계부정은 오랜 기간의 자체조사 결과 그 전말이 드러났다. 2002년초 아홀드는 2001년 순이익이 미국회계기준 변경에 따라 90% 급감했다고 밝혔다. 이 발표는 당시 시장에 적지 않은 충격을 주었다. 그때부터 아홀드의 회계부정은 싹텄다. 2003년 2월 24일, 아홀드는 "2000년에 인수한 미국 식품유통업체 US푸드서비스의 이익이 2001년과 2002년 2년 동안 5억달러 이상 부풀려진 것으로 드러났다"고 밝혔다. 이뿐 아니다. 스칸디나비아에서 합작 운영하고 있는 ICA아홀드, 포르투갈 합작체인점 제로니모 마르틴스, 아르헨티나의 수퍼체인 디스코 인터내셔널도 회계가 조작되었다. 아홀드가 지분을 갖고 있는 브라질 수퍼체인 봄프레스코와 중남미의 파이스아홀드 역시 회계부정 여부를 조사받고 있었다.

물론 아홀드의 회계부정은 그룹을 파산으로 몰고갈 지경까지는 아니었다. 부채규모가 129억달러 정도로 일부 자산을 매각하면 충분히 감당할 만한 수준이었다. 그러나 아홀드그룹은 회계부정에 대한 책임을 물어 체스 반 데르 훼벤 최고경영자와 미카엘 뮈어스 최고재무책임자를 해고했다.

아홀드그룹의 회계부정은 미국 내 집단소송으로 이어졌다. 뉴욕의 법무법인 볼프할덴슈타인아들어프리만은 아홀드 주주들을 대신해 2003년 2월 25일 연방법원에 집단소송을 제기했다. 소송 이유는 아홀드가 명백하게 잘못된 발표를 함으로써 연방증권거래법을 위반했다는 내용이다. 뉴욕의 다른 법무법인인 콜리 겔러 바우먼 코츠 앤드 러드먼도 연방법원에 소송을 제기했고 워싱턴의 코언, 밀스테인, 하우스펠드 앤드 톨은 아홀드 미국본사가 있는 버지니아 주 인근 알렉산드리아법원에 비슷한 소송을 냈다. 필라델피아의 법무법인 버거앤드몬태그 역시 2003년 1월 8일부터 2월 21일까지 아홀드 주식을 사들인 투자자들이 아홀드의 회계부정으로 손해를 봤다며 손해배상 청구소송을 제기했다. 수입을 부풀림으로써 증권거래법과 증권거래위원회의 규정을 어겼다는 것이 소송이유였다.

세계경제 뒤흔든 회계부정과 소송…소송들

결국 대우사태와 엔론사태에 이은 글로벌크로싱과 월드컴, 비방디유니버셜, 오릭스, 아홀드 등 아시아와 미국, 유럽은 모두 회계부정의 회오리 영향권에 있었다. 이들 회계부정 기업의 공통점은 M&A 등으로 사업확장을 해오면서 고속성장을 했다는 점이다. 고속성장 과정에서 실적을 부풀릴 수밖에 없는 구조가 있었고, 그것이 어느 정도 한계에 다다르자 들통나고 만 것이다.

항상 고속성장의 이면에는 거품이라는 것이 있게 마련이다. 성장에 성장을 거듭하고, 확대재생산이 이루어지지만 그것은 어느 정도 거품을 동반한다. 그 거품이 기업 스스로 가누기 힘들 정도가 되면 파산하는 것이고, 견딜 만한 수준이 되면 자산매각 등으로 메워나갈 수 있는 것이다. 거품경제, 성장일변도의 경제를 경계해야 하는 이유가 바로 여기에 있다.

5부 회계부정 뿌리뽑기

5부 회계부정 뿌리뽑기

회계부정을 어떻게 하면 뿌리뽑을 수 있을까? 유리알처럼 투명한 회계가 정착된 사회를 앞당길 수 있는 방법은 없을까? 이 같은 궁금증을 풀기 위해 우선 정부에서 내놓은 증권관련 집단소송제를 자세하게 다루었다. 여기에 집단소송제란 무엇이고 어떤 장단점을 갖고 있는지, 그 유래는 어떻게 되는지 정리했다.

물론 회계의 투명성을 높이기 위해 그동안 정부 당국의 노력은 무엇이었고, 엔론사태 이후 미국의회가 마련한 회계제도개혁안은 어떤 것인지도 짚고 넘어갈 일이다. 감사인과 피감회사 간의 유착관계 없애기, 회계법인끼리 제대로 감사하고 있는지 살펴보는 상호감리제도 도입하기, 분기감사를 통한 사실상 상시감사제도 실시하기 등 다른 과제에 대해서도 언급해 놓았다.

개발경제시대에 재무제표는 서로 속고 속이는 하나의 필요악으로 여겨졌다. 수출을 독려하고, 성장하는 기업에 많은 혜택을 주는 환경에서 기업은 또다른 성장의 발판을 마련하기 위해 거짓회계를 일삼을 수밖에 없었고, 회계정보 이용자들도 '누이 좋고 매부 좋으면 그만'이라는 식으로 부푼 성장의 열매를 따먹었다. 그러나 그같은 악순환으로 결국 거대기업의 파산과 국가경제의 위기라는 쓰디쓴 경험을 하지 않았는가.

회계의 투명성을 높이기 위한 방안이라면 실험적인 것이라도 우선 도입해야 한다. 이제는 갖가지 처방약을 써도 시원치 않을 상태이다. 국내시장은 물론 세계시장에서 우리기업이 과연 투명하게 경영한다고 할 수 있을까. 그렇게 자신할 수 있는 기업은 미국증시에 상장된 일부 기업 정도일 것이다. 이제 집단소송제를 시작으로 회계부정 뿌리뽑기에 들어가보자.

1 2년마다 터진 대형 회계부정

정해진 수순, 대우계열사 워크아웃

1997년 11월 21일, 정부가 IMF(국제통화기금)에 구제금융을 신청하기로 결정했다. 한국은 국가부도라는 일대 위기에 빠졌다. 사실상 모라토리엄 선언과 동시에 IMF의 채무상환 스케줄에 따라야 했던 한국. 그것은 경제 국치일이었다. 그리고 IMF 이전까지 부풀 대로 부풀었던 경제적 버블이 꺼져갔다. 이 과정에서 모든 경제주체의 실체가 드러났다. 구조조정이라는 말이 일상화되었고 이른바 '글로벌 스탠더드(Global Standards)'라는 것이 모든 의사결정의 기준이 되었다. 정책 당국은 기업의 투명성을 강조했고 갖가지 대책을 내놓았다. 그 결과 회계 등 경영정보가 상당히 투명해진 것도 사실이다.

그러나 약 2년 뒤인 1999년 7월 19일. 대우계열사에 대한 워크아웃(Work-out: 기업개선작업) 조치가 발표됐다. 그것은 사실상 대우를 해체하기 위한 정책 당국의 '정해진 수순' 가운데 하나였다. 부실기업을 잇

따라 인수해 세계 경영의 신화를 일구어냈던 대우. 당시 대우는 동맥경화와 심근경색으로 호흡이 가쁜 상황이었다. 금융 당국은 산소호흡기(금융기관이 인수한 대우계열사 발행 CP와 회사채)로 연명하던 대우에서 호흡기를 떼내는 수순을 밟았던 것이다.

워크아웃 조치 이후 22조원이라는 엄청난 분식회계가 드러났고 그 때문에 대우를 외부감사했던 대형 회계법인 산동이 문을 닫았다. IMF 이후 드러난 한국의 대표적인 버블기업, 내실보다는 외형성장에 바빴던 대우는 결국 해체되고 말았다.

10여 년의 장기호황에 찬물, 엔론의 파산

또다시 2년 뒤인 2001년 12월. 세계 7위 기업으로 손꼽히던 미국의 거대 에너지기업 엔론이 파산신청을 냈다. 89년의 역사를 자랑하던 세계적인 회계법인 아더앤더슨은 이 때문에 사실상 문을 내렸다. 이어서 미국 상장기업들에서도 분식회계 의혹이 끊이지 않았다.

IMF 이후 '절대선(善)'처럼 여겨지던 글로벌 스탠더드의 중심이 된 나라, SEC의 강력한 분식회계 기소권한으로 회계부정 없이 투명한 기업경영이 이루어지고 있는 것으로 인식됐던 나라, 미국. 그 나라에서도 회계부정의 소용돌이가 일었고 그것은 미국 월스트리트뿐 아니라 세계 증시를 뒤흔들었다. 10여 년 장기호황을 자랑하던 미국경제도 회계부정 사태라는 또다른 악재에 발목이 잡혔다.

끝나지 않은 회계부정의 영향

최근 2년마다 터진 일련의 회계부정 사건들. 이들 사건을 통해 기업의 투명경영, 회계의 투명성 등이 강조되고 많은 개선책이 나왔다. 그러나 이 사건들은 우리에게 많은 시사점을 던져주고 있다. IMF 경제신탁

통치는 한국의 버블경제에 대한 국제적인 심판이었다. 그리고 금융 당국의 대우계열사 워크아웃 결정은 곡예사의 접시돌리기처럼 세계 각국에서 위태롭게 기업을 운영해 왔던 대우에 대한 당국의 응징이었다.

그러나 그것으로 모든 것이 끝난 것이 아니다. 정부는 IMF 이후 온갖 부실기업에 수십조원의 공적자금을 쏟아부었다. 공적자금을 조달하기 위해 국민의 피와 땀을 짜내야 했다. 적자재정이 이루어질 수밖에 없었고 그 후유증은 고스란히 국민의 부담으로 남아 있다.

일련의 회계부정 사건들은 아직 끝나지 않은 것이다. 기업의 성적표인 재무제표. 그것을 거짓으로 만들어 많은 경제 주체들에게 피해를 입혔다면 당연히 손해배상을 해야 한다. 그 성적표가 거짓인 줄 알면서 눈 감아줬다면 기업과 똑같은 배상책임을 져야 한다. 국가나 기업이 부도나고 다시 회생하는 그런 과정을 거쳤다고 해서 모든 일이 끝난 게 아니다. 분식회계와 부실감사에 대한 책임은 분명히 거짓 회계장부로 인해 피해를 입은 모든 사람을 상대로 져야 한다. 분식회계나 부실감사를 한 기업과 회계법인은 정부 당국이나 국제사회뿐 아니라 일반투자자나 채권금융기관에 대한 손해배상 책임도 져야 한다는 이야기다.

2 회계부정, 막을 길은 없는가

기업의 분식회계와 이를 눈감아주는 회계법인의 부실감사를 뿌리뽑을 수는 없을까. 기아자동차와 대우계열사 분식회계 사태 이후 정부와 감독 당국은 수차례 분식회계 근절대책을 마련했다. 그러나 1조5,000억 원이 넘는 SK글로벌의 분식회계가 드러나면서 당국의 제도개선 노력에도 헛점이 드러났다.

이 때문에 회계법인이 엄격하게 기업의 재무상황을 감시할 수 있도록 상시감사제도를 도입하고 거짓 회계를 철저히 응징할 수 있는 집단소송제를 하루 빨리 도입해야 한다는 목소리가 커지고 있다. 이와 함께 금융감독원의 감리제도도 효율적인 방향으로 손질해야 한다는 지적이 나오고 있다.

과거를 청산하라
"분식회계는 언젠가 드러나게 돼 있고 그렇게 되면 기업이 치러야

할 코스트는 상상 외로 커진다는 점을 분명히 알아야 합니다."(한국회계연구원 김경호 상임위원)

회계제도를 개혁했지만 분식회계가 완전히 뿌리뽑히지 않고 있는 것이 현실이다. 그러나 전문가들은 제도를 뜯어고치고 처벌을 강화하는 것만이 능사가 아니라고 말한다. 국내기업의 장부조작 관행을 없애는 것도 중요하지만 회계투명성을 확보하기 위해선 '부실의 대청소'가 필요하다는 것이다. 어떤 개혁이든 과거에 대한 청산작업부터 진행되어야 한다. 특히 과거의 잔재가 현재 그리고 미래에까지 영향을 줄 땐 과거청산이 가장 근본적인 개혁과제가 된다.

과거의 장부조작으로 누적된 부실을 어떻게 처리할까. 여기에는 채찍이 아니라 당근이 필요하다는 것이 전문가들의 지적이다. 스스로 부실을 털어내는 기업에게는 행정처벌과 금융제재를 면제해 줘야 한다는 이야기다. 물론 민사상 손해배상소송 문제는 해당기업이나 회계법인이 감당해야 할 몫이다. 하지만 회계장부가 깨끗해야 회계투명성이 확보될 수 있는 만큼 기업이 부실을 털어낼 기회를 주어야 한다는 것이다.

뒤에서 자세히 보겠지만 미국은 기업이 스스로 분식회계를 자수하는 경우도 있다. 증권거래위원회(SEC)가 수시로 기업의 재무제표를 점검해 분식회계 혐의가 있으면 본격적인 조사에 착수하므로 스스로 장부조작 사실을 자백할 수밖에 없는 것이다. 또 가벼운 분식회계에 대해선 기소하지 않고 벌금형으로 끝내는 경우도 많다. 기업 스스로 회계장부를 클린화할 수 있는 조건과 분위기가 조성돼 있는 것이다.

지난 2001년 4월 정부와 여당이 2001년 12월까지 분식회계를 털어내는 기업에 대해 행정처벌과 감리, 금융제재를 하지 않겠다고 발표한 적이 있다. 그러나 당시 주주총회까지 마친 12월 결산법인은 그 혜택을 받지 못했다. 이 때문에 "12월 결산법인들은 분식회계를 털고 싶어도 정부 당국의 처벌과 금융상의 불이익 때문에 눈치만 보고 있는 형편"이라는 이야기도 나온다. 채찍뿐 아니라 당근도 줘야 회계장부가 깨끗해지고 회계투명성이 높아질 것이다.

회계법인과 기업의 유착관계를 끊어라

외부감사인인 회계법인과 피감회사의 유착관계도 해결해야 할 문제다. 최근 회계감사가 매우 깐깐해진 것은 사실이다. 청운회계법인과 산동회계법인이 부실감사 때문에 문을 닫게 된 데 따른 학습효과인 셈이다. 회계사들은 "장부조작을 눈감아주면 우리가 망한다"며 회계사와 기업 간의 유착관계는 없다고 주장하고 있다.

과거에는 감사수임계약을 계속 맺을 테니 대충대충 감사하고 적정의견을 달라는 의견매수(Opinion Shopping)가 많았다. 그에 따라 회계법인은 엉터리 감사를 하기 일쑤였다. 성장을 먹고사는 주식시장은 가짜 재무제표에 따라 춤을 췄다. 대우계열사를 봐도 그렇다. 물론 실패로 끝났지만 젊은 회계사들이 대우가 분식회계를 했다고 양심선언을 시도할 정도로 회계법인과 기업 간의 유착관계는 심각한 수준이었다.

그렇다면 최근의 사정은 어떠한가. 한 회계사의 말을 들어보자.

"회계감사를 하면서 오히려 기업회계기준의 범위 내에서 이익을 부풀리는 방법을 알려주는 것이 현실이다. 가령 재고자산 평가방법을 달리 바꾸면 이익이 늘어난다든지, 감가상각방법을 바꾸라고 권한다든지, 여러가지 방법들을 알려준다. 그래야 적정이 나오고 기업도 회계법인도 편해진다."
(S회계법인 K회계사)

이른바 감사와 컨설팅을 함께 하는 것이다. 회계감사를 하다가 지적될 만한 사안이 있으면 이를 합법화하는 방법까지 알려주는 것이다. 이 때문에 미국에선 회계법인이 한 회사에 대해 감사업무와 컨설팅업무를 겸할 수 없도록 해놓았다. 국내에서도 감사인의 독립성을 강화하기 위해 감사와 컨설팅 겸업을 금지하자는 논의가 진행되고 있다.

회계법인을 5년마다 한번씩 바꾸도록 한 미국의 회계개혁법안도 참고할 만하다. SK글로벌의 경우 영화회계법인이 10년이 넘도록 감사를 해왔다. 물론 영화회계법인이 SK글로벌의 분식회계를 알고도 눈을 감아줬는지, 감사절차를 제대로 밟지 않아 장부조작을 눈치채지 못했는지는 밝혀지지 않았다. 그러나 10년 넘게 외부감사를 맡아왔다는 이유 하나만으로 기업과 밀착관계에 있지 않았느냐는 의구심이 들기에 충분하다.

감사인의 독립성 확보는 기업과의 밀착유혹이나 가능성을 배제할 수 있어야 가능하다. 3년이든 5년이든 외부감사를 맡는 회계법인을 바꾸도록 한다면 유착 가능성은 줄어들 것이다. 실제로 많은 회계사들이 "어느 회사든 새로 외부감사를 맡으면 그 전 회계법인이 감사했던 재무제표로 계산된 기초 자산, 부채, 자본 등 기초 밸런스를 다시 한번 점검하게 된다"고 말하고 있다. 그만큼 기업의 재무상태를 다시 한번 확인할 수 있는 기회가 되는 것이다.

회계법인을 바꾸지 않고 담당 파트너만 바꾸도록 하는 것은 눈가리고 아웅하는 격이다. 회계법인이 바뀌어야 기초 밸런스에 대한 전면적인 재검토가 제대로 이루어질 수 있다.

미연에 방지하라 – 상시감사제

매년 2, 3월은 엉터리 감사가 양산되는 달이다. 이때쯤 되면 회계사들은 눈코뜰새 없이 바쁘다. 12월 결산법인에 대한 외부감사를 불과 2

개월 새에 모두 끝내야 하기 때문이다. 2003년 2월말 기준으로 상장기업 682개 가운데 84.5%인 576개 기업이 12월 결산법인이다. 858개 코스닥등록기업 중 12월 결산법인은 801개(93.4%)에 달한다. 실사와 입증, 조회확인 등을 거치는 감사는 1년에 단 한 번뿐인데 12월 결산법인이 집중돼 있다는 현실을 감안하면 감사를 대충대충할 수밖에 없는 구조인 셈이다.

물론 회계법인이 반기보고서를 검토하도록 해놓았다. 그러나 분기보고서는 기업이 작성한 그대로 공시된다. 기업이 조작을 목적으로 작성한 분기보고서는 회계정보 이용자들에게 고스란히 전해진다는 얘기다. 이 때문에 분기보고서도 회계법인의 검토 또는 감사를 받도록 해야 한다는 목소리가 커지고 있다. 투자자들이 신뢰할 수 있을 만한 재무제표가 공시돼야 한다는 이야기다. 분기보고서도 회계법인의 검토 또는 감사를 받게 되면 회계법인이 1년 12달 내내 기업의 내용을 감사하는 상시감사체제가 갖춰진다. 수시로 재고조사도 하고 채무확인도 하는 감사체제가 되면 장부조작은 거의 불가능한 수준이 될 것이다.

물론 상시감사제도에 대해 기업이나 회계법인이 주저하고 있는 것은 사실이다. '돈' 문제 때문이다. 상시감사를 하려면 회계사를 더 투입해야 하고 그에 따라 감사수임료도 높아져야 한다. 이 때문에 기업에게 부담을 주기도, 회계법인이 스스로 추가비용을 부담하기도 어려운 상황이다. 그러나 기업 입장에서는 상시감사로 장부가 깨끗하다는 점을 시장에 알리면 그만큼 주가도 높아진다는 이점이 있다. 한 외국계 기관은 한국기업의 회계투명성만 보장된다면 현재 주가수준보다 24% 더 높은 프리미엄을 주고 주식을 살 생각이 있다는 조사결과를 내놓은 적이 있다.

회계법인으로서도 마찬가지다. 12월에 집중되는 감사업무로 부실감사가 발생하고 그에 따라 손해배상 청구소송에 휘말리게 될 경우 엄청난 비용을 감당해야 한다는 점을 생각해야 한다. 그보다는 어느정도 추가비용을 부담하더라도 상시감사제도를 도입해 연중감사, 항시감사체제를 갖추는 것이 장기적으로 안정된 감사체제라는 점을 인식해야 한다. 기업이나 회계법인이 이같은 점을 감안해 감사수임료를 합리적인 수준에서 결정한다면 상시감사제도의 도입이 어려운 것은 아니다.

감리방식을 바꿔라

"경제개발협력기구(OECD) 국가 가운데 기업을 무작위로 추출해서 감리를 하는 나라는 한국뿐입니다. 무작위 추출로 감리하면 기업과 회계법인의 불안심리를 가중시킵니다. 미국처럼 평소에 재무제표 심사를 강화하고 분식회계 혐의가 있는 경우 직접 조사 또는 수사에 착수하는 것이 바람직합니다."(S회계법인 K회계사)

2003년 2월 금융감독원은 회계감독국을 확대개편했다. 회계감독 1국과 2국, 2개로 늘리는 한편 감리인력도 증원했다. 분식회계 근절을 위한 당국의 의지가 반영된 것이다. 전문가들은 그러나 감리방식에 문제가 있다고 지적한다. 무작위 추출방식으로 일반감리 대상을 정할 게 아니라 미국처럼 평소에 재무제표에 대한 심사를 강화해서 분식혐의가 있으면 곧바로 특별감리를 하는 체제가 돼야 한다는 것이다. 다시 말해 몇몇 기업만 감리하는 표본조사를 할 게 아니라 모든 기업에 대해 심사를 강화하는 전수조사를 해야 한다는 이야기다.

현재 우리나라의 감리방식은 크게 3가지이다. 상장·코스닥등록기업에 대해 무작위로 추출해 감리하는 일반감리, 분식혐의가 있는 기업에 대해 조사하는 특별감리, 비상장·비등록 기업에 대한 감리권한을 한국공인회계사회에 넘기도록 한 위탁감리 등이다. 전문가들이 지적하는 것은 일반감리다. 무작위 추출방식으로는 불안감만 조성될 뿐 근본적인 회계부정을 막을 수 없다는 것이다. 일반감리를 없애되 공시심사 차원에서 분기·반기·연간재무제표를 엄밀하게 심사하는 기능을 두고 그 과정에서 분식혐의가 있으면 특별감리를 해야 하는 것이 바람직하다는 얘기다.

이와 함께 회계법인끼리 서로 제대로 감사했는지를 살펴보게 하는 '상호감리제도(Peer Review)'의 도입도 중요하다. 상호감리제도는 전문가들이 감사한 내용을 전문가들로 하여금 점검해 보도록 하는 것이다. 회계감사준칙에 따라 제대로 감사된 것인지를 서로 맞바꿔 조사해 보면 부실감사를 없앨 수 있다는 이야기다. 금융감독원과 한국공인회계사회가 상호감리제도를 도입한다고 발표한 것은 지난 2000년이었다. 2002년부터 실시한다는 목표를 세웠지만 현재까지도 여전히 지지부진한 상태이다.

〈투명회계를 위한 대안〉

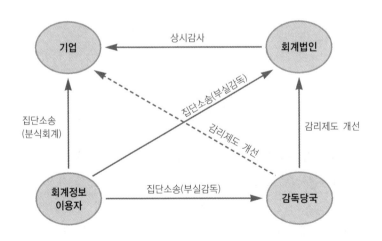

집단소송제를 서둘러라

증권관련 집단소송제의 도입도 서둘러야 한다는 게 전문가들의 지적이다. 집단소송제는 소송당사자뿐만 아니라 피해를 입은 투자자 등 이해관계 집단에 판결의 효과가 그대로 적용되는 제도를 말한다. 이 제도는 거짓회계라는 불법행위로 인해 피해를 입은 모든 선의의 투자자를 보호할 수 있는데다 분식회계나 부실감사를 사전에 방지할 수 있는 효과도 있다.

미국의 경우 언스트&영이 프랜차이즈 기업인 센단트를 부실감사해 기관투자가와 소액주주에게 3억달러가 넘는 돈을 배상하기로 합의한 적도 있다. 물론 미국에서도 집단소송의 폐해가 거론되고 있는 만큼 집단소송의 남발을 막는 등 보완장치도 필요하다.

3 집단소송의 다양한 사례들

38만 유방확대수술 피해자들의 봉기

2003년 1월 실리콘 제품을 사용하다 피해를 본 한국인들도 보상을 받게 된다는 기사가 보도되었다. 실리콘 제품을 만든 회사는 미국의 다우코닝 사. 이 회사는 미국뿐 아니라 전세계 각국에 그리고 우리나라에도 이 제품을 팔았다. 성형외과 의사들은 부작용이 전혀 없다며 이 제품으로 유방확대수술을 했다. 당연히 자신의 성적 매력을 강조하고픈 여성들이 성형외과로 몰려들었다.

수술을 받은 여성들은 한동안 부푼(?) 가슴에 만족스러워했다. 그러나 몇 년 지나지 않아 부작용이 여기저기서 발생했다. 서울에서 유방확대수술을 받은 50대 중반의 여성 K씨가 대표적인 사례. K씨는 유방확대수술을 받은 뒤 몇 개월이 지나지 않아 가슴에 통증을 느꼈다. 금방 가라앉겠거니 생각하고 참았다. 그러나 2년 정도 후엔 유방 안에 있던 실리콘 포장재가 터져 젤이 몸 안으로 흘러들면서 살이 썩고 만 것이다.

결국 다우코닝 사의 실리콘 제품이 불량한 탓에 K씨는 유방을 도려내야 했다. 가슴을 키웠다는 뿌듯함은 순식간에 가슴없는 여성으로서의 좌절감과 우울증으로 돌변하고 말았다.

2003년 초 미국법원이 다우코닝 사가 만든 실리콘 제품을 사용한 사람들에게 피해를 배상하라는 판결을 내렸다. 미국에서 집단소송이 이루어졌고 그 판결에 따라 모든 피해자가 배상을 받을 수 있게 된 것이다. 전세계 피해자는 38만 명이었고 배상금액은 30억달러(4조원)라는 엄청난 돈이었다. 한국인 여성 1,200명도 이 소송에 참가해 300억원 이상의 피해배상을 받을 수 있게 됐다. 가슴은 없어졌지만 그나마 위로를 받을 수 있는 길이 열린 것이다.

소송에 참가하지 않아도 배상받는다

미국은 집단소송제가 명문화돼 있다. 다우코닝 사가 집단소송에서 패소함에 따라 다우코닝 사의 실리콘 제품으로 유방확대수술뿐 아니라 얼굴성형, 성기확대수술 등을 받아 피해를 입은 사람도 배상받을 수 있게 된 것이다. 소송에 참가하지 않았더라도 똑같은 피해를 입은 모든 사람이 배상을 받을 수 있는 것이 바로 집단소송제이다. 미국에서는 유방성형수술뿐 아니라 공산품의 결함, 환경공해, 인종차별, 증권사기 등에 집단소송제가 적용된다. 우리나라에서는 2003년 내에 증권관련 집단소송제가 입법화될 예정이다.

아이스크림 먹고 배탈나도 집단소송감

1994년 미국 미네소타 주에서 있었던 일이다. 주민들 1만3,000명이 갑자기 배탈이 났다. 그것도 동시에 발생했다. 근처 병원은 배탈과 식중독에 걸린 주민들로 인산인해를 이루었다. 병원을 찾아온 사람마다 증상이 똑같았다. 그러나 이유를 몰랐다. 신문은 원인을 알 수 없는 식중독에 걸린 사람이 수만 명에 달할 것이라고 보도했다. 전문가들의 조사결과 살모넬라균에 오염된 아이스크림이 문제였다.

병균이 든 아이스크림이 식중독의 원인임이 밝혀지자 피해를 입은 주민들은 아이스크림을 만든 회사를 상대로 집단소송을 냈다. 병균이 든 아이스크림을 팔았기 때문에 그에 대한 손해배상 책임을 져야 한다는 것이다. 마침 아이스크림이 살모넬라균에 오염됐다는 사실이 입증된 터여서 이들의 소송은 수월하게 진행됐다.

문제는 아이스크림을 제조한 회사가 엄청난 부담을 안게 된다는 것이었다. 아이스크림 회사가 진 부담은 1인당 수천달러에 달했다. 결국 오염된 아이스크림을 팔았다가 수억달러(수천억원 이상)에 달하는 손해배상을 해야 한 것이다. 당연히 아이스크림 회사는 문을 닫을 정도로 휘청거릴 수밖에 없다.

美 페놀사건, 1,000억원 물어줘

이처럼 집단소송에 한번 휘말려 패소하게 되면 기업은 엄청난 돈을 물어내야 한다. 아이스크림 같은 제조물뿐이 아니다. 1981년 미국에선 페놀이란 물질이 미시시피강을 오염시킨 일이 생겼다. 강물이 오염되자 강 근처에 살고 있는 주민들이 페놀을 방류한 회사를 상대로 집단소송을 냈다. 강 유역에 사는 주민은 자그마치 100만 명에 달했다. 미시시피강에 페놀을 흘려보냈던 회사는 주민 100만명에게 총 9,000만달러(약 1,000억원)를 물어주었다. 회사 입장에선 소송에 참가하든 안하든 피해 당사자 모두에게 배상해야 한다. 집단소송에서 패소하면 물어줘야 할 돈이 수천억, 수조원에 달하는 것이다.

집단소송제는 범법행위자를 강력하게 처벌하는 효과가 있다. 모든

314

피해자를 구제할 수 있다는 장점도 있다. 불법을 저지르면 반드시 손해배상을 해야 한다는 법치주의 원칙에 맞는 제도인 것이다. 대형 회계부정 사건이 터질 때마다 집단소송제를 실시해서 분식회계와 부실감사를 뿌리뽑아야 한다는 목소리가 나오는 것도 이런 이유에서다.

분식회계에 내려진 철퇴, 센단트사건

그렇다면 이제 미국에서 일어났던 분식회계와 부실감사에 대한 집단소송 사례를 살펴보자. 미국의 대형 회계법인인 언스트&영(Ernst & Young)의 이야기다. 시계는 1998년 4월 15일로 돌아간다. 언스트&영이 뉴욕증시에 상장된 프랜차이즈업체 센단트를 외부감사하고 있을 때였다.

센단트는 아비스렌터카, 라마다호텔, 센추리21, 콜드웰뱅커, ERA부동산 등 유명 프랜차이즈를 운영하는 업체다. 1997년 CUC와 HFS인터내셔널이 합병돼 탄생한 회사로 세계 100여 개 국가에 프랜차이즈를 두고 있어 직원수만 해도 2만8,000여 명에 달한다.

이 회사가 돌연 "1997년도 재무제표를 다시 쓰겠다"고 자수했다. CUC의 몇몇 사업부문에서 회계상의 잘못으로 1997년 순이익이 실제로는 1억달러인데 1억1,500만달러로 부풀려졌다고 발표한 것이다. 센단트는 정확한 회계부정의 내용을 파악하기 위해 아더앤더슨에게 실사를 맡겼다.

1998년 7월 14일 센단트의 두 번째 자백이 이어졌다. 센단트의 전신인 CUC와 센단트의 1995년, 1996년, 1997년 재무제표 그리고 해당연도의 모든 분기 재무제표를 다시 쓰겠다는 내용이다. 센단트는 또 CUC가 HFS인터내셔널과 합병하기 전에 가공의 수입을 장부에 적고, 가짜 매출액을 계상한데다, 합병차익까지 조작하는 등 광범위한 회계부정이 있었다는 점을 스스로 고백했다. 급기야 1998년 8월 28일 센단트는 CUC 의 22개 사업부문에서 17개 사업부문의 회계처리가 조작됐고 그에 따라 경상이익이 5억달러나 부풀려졌다는 혐의로 SEC의 조사를 받게 됐다.

센단트가 재무제표를 다시 쓰겠다고 처음 발표한 다음날인 4월 16일 센단트 주식은 1억800만 주나 거래되면서 주당 35달러에서 19달러로 폭락했다. 이어 1998년 7월 14일과 8월 28일에 센단트의 주가는 11달러 수준으로 추가 하락했다. 주가가 폭락하자 주주들이 가만히 있을 리 없었다. 4월 15일 첫 발표 이후 50건이 넘는 소송이 뉴저지 주 법원에 접수됐다.

'회계부정' 집단소송 사상 최다 배상금

1998년 9월 17일, 법원은 센단트 사건을 집단소송으로 처리하기로 하고 3그룹의 대표소송자를 지명했다. 1995년에 개정된 증권소송법에 따라 뉴욕주립퇴직기금, 캘리포니아주립연금기금(CalPERS), 뉴욕시연금기금이 선정됐다. 법원은 이어 1998년 10월 9일 이들의 소송대리인까지 지명했다. 대표소송자들이 선정한 '배랙 · 로도스앤바신' 과 '번스타인 · 리토위츠버거앤그로스만LLP' 가 적정한 변호사 수임료를 받고 피해자 입장에서 변론을 맡게 됐다.

1998년 12월 14일, 2개 소송대리인은 센단트와 CUC 주식보유자를 대표해서 정식으로 소송을 제기했다. 피고는 센단트와 몇몇 임원, CUC 의 전임원, 연방증권법을 어긴 혐의를 받고 있던 언스트&영이었다. 원고는 1995년 3월 31일부터 8월 28일까지 센단트와 센단트의 전신인 CUC의 주식을 사들인 개인 또는 법인투자자들이었다.

이듬해인 1999년 세 차례에 걸쳐 법원의 심리가 진행됐다. 그러나 법원은 번번이 원고에게 유리한 결정을 내렸다. 피해자의 범위를 제한시키려는 언스트&영의 시도도 묵살됐다. 급기야 1999년 12월 7일 대표소송자들은 센단트와 합의에 이르렀다. 센단트와 센단트의 전현직 임원들이 원고들에게 28억3,000만달러의 배상금을 지불한다는 내용이다. 이어 1999년 12월 21일 언스트&영은 3억3,500만달러의 배상금을 주기로 합의했다. 원고와 피고의 최종합의는 2000년 4월 법원에 의해 승인됐고 배상금 분배절차에 들어갔다.

센단트와 언스트&영이 물어주기로 한 합의금은 모두 31억6,500만달러(약 4조원)에 이른다. 미국의 증권관련 집단소송사례 가운데 가장 큰 규모의 합의금액이다. 또 언스트&영이 물어주는 3억3,500만달러도 회계법인이 배상한 금액 중 가장 큰 돈이다. 이처럼 분식회계와 부실감사로 소송을 당하면 엄청난 돈을 물어줘야 한다.

4 집단소송제란 무엇인가

집단소송제란

집단소송제(Class Actions)는 피해집단의 대표가 소송을 하고 그 판결의 효력은 피해집단이 모두 공유하는 소송제도이다. 한 사람이 집단소송에서 이기면 똑같은 피해를 입은 다른 모든 사람이 배상을 받을 수 있게 된다. 피해자들로선 소송비용을 절감하는 효과가 있다. 피해자들이 제각각 개별소송을 제기하면 비용이 많이 들기 때문이다. 주로 영미법 계통을 따르는 국가들이 이 집단소송제도를 시행하고 있다.

집단소송의 원조는 영국이다. 영국의 형평법 법원이 중복된 분쟁을 한꺼번에 묶어 소송을 진행하도록 한 집단적 소송제도(Group Litigation)가 18세기에서 19세기 전반에 걸쳐 확립됐다. 이 제도가 미국에 도입됐고 뉴욕, 캘리포니아 등 몇몇 주에서 입법됐다. 1937년에는 연방민사소송규칙 23조로 입법화되었고, 이후 1966년에 전면적으로 개정돼 대표당사자소송제도의 요건이 상세히 규정됐다.

독일에서는 1965년 부정경쟁방지법으로 소비자단체의 제소권을 인정하면서 단체소송이 본격적으로 도입됐다. 독일의 단체소송은 주로 소비자단체가 불공정 거래행위나 불량제품 등에 대해 소송할 수 있도록 한 점이 미국과 다르다. 1986년 이 부정경쟁방지법이 개정되면서 소비자단체에게 제한된 범위 내에서 손해배상 청구권한을 허용했지만 돈을 요구하는 손해배상 청구는 극히 제한적이다.

미국은 1937년 집단소송제를 입법화한 뒤 1938년부터 이 제도를 널리 실시하고 있다. 미국의 상장기업 가운데 20% 정도가 집단소송을 경험했을 정도다. 고엽제 소송, 자궁 내 피임기구 소송, 유방성형 소송, 석면 소송, 자동차관련 소송, 담배 소송, 회계법인 언스트&영에 대한 분식결산 책임소송 등이 집단소송의 형태로 제기된 대표적인 사례이다. 미국에서는 집단소송 또는 대표당사자소송, 독일에서는 단체소송(Verbandsklage)이라는 용어로 쓰인다.

이러한 집단소송제는 소비자들의 권익을 보호하고 기업의 투명성과 회계의 신뢰성을 고취시킨다는 장점이 있다. 반면 불필요한 재판이 많아질 우려가 있고 그에 따른 재판업무의 지연 등이 생길 수 있다는 것이 단점이다.

비슷한 다른 제도

우리나라에서는 집단소송제와 비슷한 제도로 병합심리제도, 공동소송제도, 선정당사자제도 등이 있다.

'병합심리제도'는 개별적으로 제기한 소송을 법원이 병합심리할 수 있도록 한 것이다. 병합이 되고 나면 당사자나 청구내용이 여러 개가 될 수 있다.

가령 버스가 충돌하여 승객 50명이 부상당한 경우를 생각해 보자. 50

명이 각기 따로 버스회사를 상대로 손해배상 청구소송을 제기할 수 있다. 이럴 경우 청구내용이 같거나 비슷하다면 법원이 병합심리를 할 수 있다는 얘기다. 별건으로 제기된 소송을 소송진행중에 합쳐서 하나의 절차로 심리하는 것이 병합이다. 민사소송법에는 같은 소송절차에 의해 심리될 수 있는 것으로 병합의 요건을 제한해 놓았다.

'공동소송제도'는 원고 또는 피고의 한쪽 또는 쌍방이 2인 이상으로 되어 있는 소송형식을 말한다. 원고가 2인 이상이면 공동원고, 피고가 2인 이상이면 공동피고라고 부른다. 이들이 공동으로 소송을 제기하면 하나의 절차를 밟아 권리를 실현하게 된다. 그러나 공동소송인은 각자가 자기명의로 판결을 받으며 독립하여 상소하거나 확정할 수 있다. 앞서 언급한 버스사고에서 피해자 50명이 함께 소송을 제기한다면 그것이 바로 공동소송이다. 피해자 50명이 공동원고가 되고 버스회사가 피고가 된다.

'선정당사자제도'는 피해자가 다수인 경우 다른 피해자로부터 선정된 대표에게 소송수행권이 주어지는 것을 말한다. 이때 제소를 통한 판결의 효과는 대표를 선정한 다른 피해자에게까지 미치는 제도이다. 선정당사자제도는 소송에서 이길 경우 재판절차를 밟은 당사자들만이 피해에 대해 구제를 받는다는 점에서 집단소송제와 다르다. 집단소송제는 함께 재판을 걸지 않더라도 같은 피해를 본 사람이면 모두 그 판결의 효력을 볼 수 있어야 한다.

선정당사자제도와 집단소송제의 차이를 좀더 자세히 살펴보자. 월남전에 참가했다가 돌아온 군인들 가운데 고엽제로 인해 피해를 본 사람이 많았다. 이들 중 일부가 고엽제를 만든 회사를 상대로 재판을 신청했다. 고엽제 피해자는 수만 명이지만 재판에 참여한 후유증 환자는 수천 명이었다. 그 수천 명 중에 실제로 법정에 나가 재판하는 사람은 10명에

<손해배상 청구소송 유형>

구분	원고 · 피고	소송수행권	소송절차	소송결과의 효력	알약왕고의 별도소송권
병합심리 제도	개별소송원고 →복수원고	복수의 원고	청구내용이 비슷한 경우 소송 도중에 하나의 절차로 심리	복수원고에 국한	있음
공동소송 제도	복수원고 또 는 복수피고	복수의 원고	동일한 심리절차	복수원고에 국한	있음
선정당사자 제도	복수원고 또는 복수피고	복수의 원고 가 뽑은 선 정당사자	원고 모두 재판에 참여 (선정당사자 중심으로 심 리절차를 밟음)	선정당사자와 선정당사자를 뽑은 복수원고에 국한	없음
집단소송 제도	50명 이상 복수원고와 1인 또는 다 수 피고	피해자 집단 이 뽑아 법 원이 인정한 대표소송자	대표소송자만 심리절차를 밟음	재판에 참여하지 않 았으나 같은 내용의 손해를 입은 모든 피 해자까지 포함	없음

불과했다. 이 소송에서 원고가 이겼다면 재판절차를 밟은 10명뿐 아니라 10명을 선정당사자로 뽑은 수천 명의 참여자가 모두 피해를 보상받는다. 만약 10명이 집단소송의 대표였다면 재판에 참여한 수천 명이 아니라 피해를 본 수만 명 모두 고엽제로 인한 피해만 입증되면 손해를 배상받을 수 있게 된다. 즉 피해를 구제받는 범위가 다른 것이다.

집단소송제의 장점과 단점

좀더 자세하게, 그리고 객관적으로 집단소송제의 장단점을 따져보자. 피해자인 원고, 가해자인 피고, 그리고 사회적인 측면에서 살펴볼 필요가 있다.

가장 큰 장점은 원고 입장에서 소액피해자를 구제할 수 있다는 점이다. 가령 분식회계가 밝혀짐에 따라 해당기업의 주가가 하락했다고 치자. 주당 100원 정도의 소폭 하락이면 그 피해가 소액이기 때문에 소송을 하려는 생각을 하지 않을 것이다. 주식보유자가 100만 명이고 이들이 100주씩만 가지고 있어도 전체 피해금액은 100억원이 된다. 반대로 따지면 가해자의 이익이 100억원이라는 이야기다. 그런데도 개개인의 피해금액은 1만원밖에 안 되므로 소송을 하기 어렵다. 피해자 개인 입장에서는 피해금액이 소송비용보다 커 배보다 배꼽이 더 큰 꼴이 되기 때문이다. 그러나 집단소송제가 도입되면 1만원이든 100원이든 수만 또는 수십만 명이 손해를 입었다면 소송이 가능하다. 또 손해를 입고도 법을 잘 몰라 소송할 생각을 하지 않았던 사람도 구제받을 수 있다.

집단소송은 또 분쟁을 빨리 해결할 수 있는 방법이기도 하다. 피해자들이 대표로 뽑은 사람의 힘이 강해져 재판을 받기 전에 합의 또는 화해에 이르도록 할 수 있기 때문이다. 변호사로서는 개별소송보다 집단소송에서 보다 많은 수임료를 받는다. 피해자들도 소송비용을 나눠서 부담하기 때문에 소송하기가 더 수월하다. 피해자 입장에선 재판을 받을 때 여러가지 사례를 들 수 있으므로 피해를 입증할 증거의 폭이 넓다. 구체적인 사례를 들어가면서 재판에 대응할 수 있다는 이야기다.

가해자인 피고 입장에서도 개별소송으로 각각 대응할 경우 시간과 비용이 많이 든다는 불편을 없앨 수 있다. 집단의 대표당사자와 단일 협

〈집단소송제의 장단점〉

구분	장점	단점
원고 (피해자)	-소액피해 구제 -소송시간 · 비용 절약 -합의 · 화해 도출이 용이	-소송전략 노출 -개별대응 불가
피고(가해자)	-불법행위 책임금액 확정 효과	-배상액 부담 증대 가능성
사회적 측면	-개별소송의 중복 방지 -비슷한 범죄 예방효과 -법치주의 확립	-상거래 기업활동 위축

상창구를 통해 화해나 합의를 이끌어낼 수 있다는 장점이 있다. 미국의 경우 손해배상을 청구하는 집단소송에서 돈으로 배상하기보다는 똑같은 제품으로 배상한다든지 앞으로 사용할 수 있는 쿠폰을 주는 것으로 해결하는 경우가 많다. 특히 불법행위 하나에 대해 피고가 책임져야 할 전체금액을 계산할 수 있다는 점도 장점이다. 개별소송이 잇따라 이루어지면 도대체 얼마의 돈을 배상해야 하는지 알 수가 없기 때문이다.

사회적으로도 집단소송은 개별소송의 중복을 막을 수 있다는 순기능이 있다. 사법행정이 효율적으로 이루어질 수 있다는 이야기다. 특히 집단소송에서 문제가 된 사건들은 하나의 본보기가 돼 비슷한 범죄가 예방될 수 있다. 시민사회단체가 활성화되고 법을 지켜야 한다는 법치주의가 확립될 수 있다.

반대로 단점을 살펴보자. 피해자인 원고 입장에서 볼 때 일단 개별적인 대응이 어렵다. 개인이 아닌 집단이 당사자이기 때문에 소송전략도 쉽게 노출된다. 집단소송으로 보상을 받더라도 변호사 수임료가 너무 커질 수 있어 부담이 될 수 있다. 미국의 경우 보상액의 30% 이상이 변호사 수임료로 돌아가고 있다.

가해자인 피고 입장에선 개별소송에서는 큰 부담이 되지 않을 수 있는 사안이 집단소송에서는 소액다수의 피해자가 청구함에 따라 배상액 등 책임이 막대해질 수 있다는 단점이 있다. 이것은 또한 기업들이 소송에 대한 부담으로 기업공개를 기피하거나 자발적 또는 능동적 공시를 꺼리게 되는 결과를 가져온다.

사회적 측면에서도 집단소송에서 패소할 경우 기업은 막대한 배상금액을 감당하지 못하고 파산할 수 있는 가혹한 결과를 낳을 수 있다. 결과적으로 상거래나 기업활동을 위축시킬 수 있다는 우려다.

〈집단소송제 흐름도〉

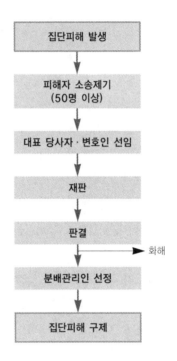

집단피해 발생

↓

피해자 소송제기
(50명 이상)

↓

대표 당사자 · 변호인 선임

↓

재판

↓

판결 ────→ 화해

↓

분배관리인 선정

↓

집단피해 구제

집단소송에도 문제는 있다

"집단소송공정법은 자유를 손상시키지 않으면서 미국의 법체계를 단순하고 공정하면서 효율적으로, 그리고 정의를 세우는 방향으로 개정 돼야 한다."

2002년 4월 8일, 미국 의회 법률개혁연구소 소장 제임스 우톤 씨는 미국규제협회 초청 강연에서 이렇게 힘주어 말했다. 그는 이 강연에서 집단소송제와 관련된 집단소송공정법이 개정돼야 한다고 주장했다. 미 국 집단소송제의 문제점을 낱낱이 지적하면서 자유를 수호하고 정의를 세우는 방향으로 법을 개정해야 한다는 것이 그의 지론이었다.

미국에서는 무엇 때문에 집단소송제에 대한 문제점이 제기될까. 제임스 우톤의 말을 들어보면 이해될 수 있다. 미리 말하지만 제임스 우톤은 집단소송제 폐지를 주장하는 것이 아니라 미국의 현행 제도를 개선해야 한다고 역설하고 있다. 다음은 우톤의 강연내용 요약이다.

"지난 수십 년 동안 집단소송제는 다수의 피해자가 관련된 소송을 효율적으로 해결해 왔다. 그러나 최근 10년 동안 집단소송제는 잘못된 방향으로 흐르고 있다. 피고인 기업에 엄청난 우발채무를 안겨줬고, 사소한 피해에도 소송이 남발돼 집단소송제가 확산되는 양상을 낳았다.

지난 10년 동안 집단소송은 주로 연방법원에 제기됐다. 그러나 최근 몇 년 동안에는 주(洲)법원에 집단소송을 제기하는 사례가 많았다. 그 이유를 살펴보면, 첫째는 법정선택(Forum-shopping)이 가능하다는 점이다. 여러 개 주법원이 있으므로 원고는 마음대로 법원을 선택할 수 있다. 집단소송의 남발을 강력하게 단속하는 주를 피해 다른 주법원에 소송을 거는 경우가 많았다. 두 번째는 법규를 이용해 연방법원을 회피하는 사례다. 원고집단이나 피고가 여러 주에 걸쳐 있거나 7만5,000달러 이상의 소송이면 연방법원으로 이송해야 한다. 이 때문에 변호사들은 원고집단을 하나의 주에 있는 피해자로 국한시키고, 피고도 해당주에 설립된 사무소나 지방법인을 상대로 소송한다. 세 번째는 주마다 법이 다르다는 점이다. 이 때문에 집단소송을 하려는 원고들이 법규가 자신에게 유리한 쪽을 택하게 된다. 네 번째는 대부분 주법정이 집단소송 경험이 없고 복잡한 집단소송을 통제할 능력이 없다는 점이다. 심지어 다른 주에 연고를 둔 피고에게 불리한 판결을 내릴 수 있다.

연방법원을 피해 주법원으로 집단소송이 몰리는 현상은 매우 심화되고 있다. 소송대리인을 맡은 법무법인이나 변호사들이 이를 조장하기 때문이다. 실제로 위법행위로 피해를 입은 집단이 제대로 손해배상을 못 받는 경우도 많다. 하찮은 요구를 집단소송하도록 부추기는 경우도 있고, 피해자와 변호사가 공모해서 합의에 이르는 케이스도 발생한다. 배상금이 확정되더라도 변호사들이 제대로 통지하지 않아 피해구제를 받지 못하는 경우도 더러 생긴다. 따라서 기업의 자유로운 경영활동을 보장하면서 주주와 소비자의 이익을 보호하기 위해서는 집단소송은 남발을 방지하는 쪽으로 개정되어야 한다."

5 재경부가 추진하는 집단소송제

현재 계류중인 집단소송법안

이제 우리나라의 집단소송법을 살펴보자. 현재 계류중인 법안은 지난 2001년 12월 27일 재정경제부[재경부]가 발의한 증권관련 집단소송법안이다. 재경부는 집단소송의 범위를 증권시장에서 발생하는 기업의 분식회계, 부실감사, 허위공시, 주가조작, 내부자거래 등으로 제한했다. 증권시장에서 소액투자자들의 집단적인 피해를 효율적으로 구제하면서 기업경영의 투명성을 높이자는 취지다.

법안의 주요골자는 이렇다. 우선 증권관련 집단소송을 유가증권 거래과정에서 다수인에게 피해가 발생한 경우 1명 또는 여러 명이 대표당사자가 되어 수행하는 손해배상 청구소송으로 규정했다. 또한 유가증권 신고서나 사업설명서의 허위기재, 사업보고서나 반기보고서 또는 분기보고서의 허위기재, 미공개 정보의 이용, 시세조작 그리고 감사인의 부실감사를 원인으로 하는 손해배상 청구에 한해 법이 적용되도록 했다.

이 중 미공개 정보의 이용이나 시세조작을 제외한 나머지의 경우는
자산총액 2조원 이상인 법인에만 적용하도록 했다. 해당되는 기업이 상
장사 80개, 코스닥등록기업 8개(2001년말 기준)에 불과하지만 이는 소송
남발을 막기 위한 장치라고 재경부는 설명한다. 또한 집단소송을 하려
면 반드시 변호사를 선정해야 하는 변호사 강제주의를 채택하고 있다.

집단소송의 절차

재경부안에 담겨 있는 집단소송의 절차를 알아보자. 피해자들은 변
호사를 선임하고 소장과 소송허가신청서를 법원에 제출한다. 집단소송
허가제도를 두겠다는 것이다. 이때 피해집단의 구성원은 50명 이상이
어야 한다. 소장이 제출되면 법원은 제소 사실을 공고한 뒤 피해자 중에
서 대표당사자를 선정토록 한다. 이때 최근 3년 동안 3건 이상 증권관련
집단소송의 대표당사자 또는 소송대리인(변호사)으로 관여한 사람은 더
이상 당사자나 대리인이 될 수 없도록 했다. 집단소송만 전문으로 하는
브로커들을 없애겠다는 취지다.

집단소송의 허가결정, 피해자 집단 총원범위의 변경, 소취하 또는 화
해, 청구포기, 상소취하 및 판결 등은 구성원에게 개별통지할 뿐 아니라
일간신문에 게재토록 하고 있다. 또 이 소취하나 화해, 청구포기, 상소
취하는 모두 법원의 허가를 받아야 효력이 발생하도록 했다.

손해배상 판결이 나고 배상금액이 확정되면 법원은 직권 또는 대표
당사자의 신청에 따라 분배관리인을 선임한다. 분배관리인은 법원의 감
독을 받아 손해배상 금액의 분배업무를 담당하게 된다. 권리신고기간을
정해 그 기간 내에 피해자 집단이 분배관리인에게 권리를 신고하도록
했다. 신고된 피해자는 자신의 피해사실이 입증되면 배상금을 나눠 가
질 수 있게 된다.

집단소송제, 과연 실현되는가

끊임없이 이어지는 회계부정. 어떻게 하면 막을 수 있을까. 감독 당국이 갖가지 대책을 내놓지만 분식회계와 부실감사는 계속되고 있다. 전문가들은 미국처럼 집단소송제를 도입해야 한다고 목소리를 높이고 있다. 회계부정을 저지르면 엄청난 민사소송에 휘말릴 수 있다는 것을 기업과 회계법인이 알아야 한다는 주장이다.

우리나라에서 집단소송제가 거론된 것은 10여 년 전부터였다. 1990년 법무부가 민사특별법제정분과위원회를 설치해 1996년 12월 집단소송법 시안을 만들었다. 몇 차례 의원입법도 시도됐지만 재계의 반대에 부딪혀 질질 끌다가 회기가 만료됨에 따라 자동폐기되곤 했다. 그러나 분식회계를 막기 위해 집단소송제를 도입해야 한다는 점은 수차례 거론됐다. 이헌재 초대 금융감독위원장은 "경영자나 공인회계사에 대해 주주나 채권자가 손해배상 청구소송을 활성화하도록 함으로써 분식회계나 부실감사를 방지해 나가겠다"(1998년 4월 16일 한국회계학회 초청강연, 서울대 호암교수회관)고 말했다. 손해배상 청구소송을 활성화해야 회계부정을 막을 수 있다고 인식한 것이다.

〈집단소송제 추진일지〉

1990년	법무부 인사특별법 제정분과위 설치
1996년 12월	법무부 집단소송법 새안 작성
1998년 11월 24일	증권관련 집단소송제 관련 법률안 발의(송영길 등 의원 12명 발의) → 15대 국회 임기만료로 자동폐기
2001년 11월 2일	법무부 주최 증권집단소송제도 공청회
2001년 12월 27일	재경부, 증권관련 집단소송법안 발의(계류중)
2003년 2월 21일	대통령직 인수위 〈자유롭고 공정한 시장질서 확립〉 보고서 확정(증권관련 집단소송제 연내 실시)

오랜 의견개진 등을 통해 2003년 2월 21일 대통령직 인수위원회는 '자유롭고 공정한 시장질서확립' 최종보고서를 확정했다. 보고서에는 분식회계와 부실감사, 주가조작, 허위공시 등 증권분야 집단소송제를 2003년 하반기중 도입키로 한다는 내용이 포함돼 있다.

그러나 한나라당과 재계가 집단소송제 도입에 부정적인 입장이다. 2003년 4월 한나라당이 집단소송제를 전격적으로 수용했지만 분식회계와 부실감사 분야에 대한 집단소송 시행을 미루자는 의견을 제시했다. 정부 여당에서도 이같은 의견을 수렴하고 조정할 것으로 보인다. 특히 '과거 부실의 대청소 작업'과 연관시켜 분식회계와 부실감사 분야에 대한 집단소송제가 좀더 미루어질 공산도 큰 상태다. 여야 합의로 집단소송제 법안이 만들어진다면 당초 재경부안과는 상당히 다른 모습이 될

〈재정경제부의 증권관련 집단소송제〉

(2001년 12월 27일 발의)

구분	내용
소송범위	-유가증권신고서, 사업설명서, 사업보고서, 반기·분기보고서 허위기재 -미공개 정보 이용 -시세조작 -부실감사
대상기업	자산총액 2조원 이상 법인(상장 80개, 코스닥 8개사)
소송원고	50명 이상(변호사 강제주의, 집단소송허가주의)
소송대리인 대표당사자	피해자 집단이 선정한 뒤 법원이 승인(3년 내 3건 이상 경험자 제외)
소송공고	법원이 집단소송 사실을 공고
구성원 개별통지, 일간신문 게재, 법원 허가사항	집단소송의 허가결정, 피해자 집단 통권 범위의 변경, 소 취하, 화해 청구포기, 상소 취하, 판결
배상금액 분배	법원 직권 또는 대표당사자 신청에 따라 분배관리인 선임
분배과정	피해자는 권리신고기간 동안 분배관리인에게 권리신고, 피해사실 입증되면 배상금 수령

것으로 보인다.

어쨌든 이 집단소송제가 도입되면 허위공시나 주가조작, 분식회계 등으로 피해를 본 특정 주주나 채권자가 집단소송에서 승소할 경우, 모든 소액주주나 채권자가 피해사실을 입증하기만 하면 배상을 받을 수 있게 된다.

시장이 심판한다 – 집단소송제

물론 집단소송제 도입을 앞두고 논란도 많이 벌어진다. "시기상조다" 또는 "재벌 길들이기다"는 이야기가 들린다. 그러나 곰곰이 생각해보자. 집단소송제는 법을 지키자는 단순한 원칙에서 출발하는 제도이다. 모든 사람이 법을 잘 지키도록 하자는 것이다. 기업이나 회계법인의 불법행위로 피해를 입은 소액주주들을 보자. 힘도 없고 돈도 없고 시간도 없어 소송을 못한다. 그들에게 소송비용을 적게 하고 자신이 피해를 입었다는 사실만 입증하면 불법행위로 인한 손해배상을 받을 수 있도록 하는 것이 집단소송제이다. 집단소송제를 반대한다는 것은 법을 지키지 않겠다는 변명 또는 억지밖에 되지 않는다.

물론 회계법인은 손해배상 규모가 커질 것을 우려해 집단소송제 도입을 못마땅하게 생각할 수도 있다. 집단소송제보다는 감사인의 독립성 강화, 감사수임료 현실화, 상시감사체제 도입 등이 선행돼야 한다고 주장할 것이다. 그러나 가장 효과적이고 가장 확실한 분식회계 방지대책이 집단소송제라는 점은 두말할 나위가 없다. 집단소송제는 시장을 상대로 한 사기행위에 대해 시장이 심판할 수 있는 효율적인 제도이기 때문이다. 시장의 각 주체들이 피해를 입었다면 모든 당사자가 가해자를 상대로 심판에 나서야 마땅하다. 공정하고 자유로운 시장경제를 세우기 위해서는 먼저 경쟁의 룰과 시장의 룰을 바로잡아야 한다. 집단소송이 남발되는 것도 문제이지만 재경부의 입법안처럼 그것은 보완장치로 통제가 가능하다. 집단소송제야말로 시장에 의한, 시장을 위한, 시장의 제도인 것이다.

6 회계제도 개혁 움직임

우리 정부의 분식회계 근절책

분식회계와 부실감사를 뿌리뽑기 위한 정부의 노력이 없었던 것은 아니다. 2001년 11월 7일, 재정경제부와 금융감독위원회는 '기업의 투명성 제고를 위한 회계제도 개혁안'을 발표했다. 대주주와 경영진의 책임을 강화하고 외부감사의 공정성과 책임을 강화하는 한편 회계감독 기능의 효율성을 높인다는 내용이다. 2001년 7월 미국 상원이 회계감독권을 강화하는 내용의 개혁입법, 일명 사베인스-옥슬리 액트(Sarbanes-Oxlsy Act)를 내놓은 데 영향을 받아 우리나라도 개혁안을 발표하게 된 것이다.

정부 개혁안의 주요내용을 살펴보자. 2004년부터 공시서류의 허위표시에 대한 경영진의 책임을 강화하기 위해 사업보고서 등에 최고경영자(CEO)와 최고재무책임자(CFO)의 인증서약을 의무화했다. 내용을 알지 못했다고 발뺌하는 것을 막아 고의나 과실 책임을 명확히 하기 위해서이다. 또 회사가 주요주주나 임원에게 돈을 빌려주거나 담보를 제공할 때는 이사회의 승인을 거쳐 이자율과 대여조건을 상세히 공시하도록 했다. '회사돈이 내 돈'이라는 잘못된 인식을 바꿀 수 있을 것으로 기대된다. 또 내부회계 관리세도와 내부고발자 보호제도도 법제화하기로 했다.

현행 개별재무제표 중심의 공시방식을 미국처럼 연결재무제표 위주로 바꾸기로 한 것도 큰 변화다. 연결재무제표 제출시한도 사업연도 말부터 4개월 이내에서 3개월 이내로 앞당겼다. 특히 연말사업보고서뿐 아니라 분기와 반기보고서도 연결재무제표로 작성해 제출토록 하는 방안도 추진중이다.

외부감사와 피감회사와의 유착관계도 근절시키기로 했다. 회계법인이 피감회사에 대해 감사업무를 수행하면 컨설팅업무와의 '방화벽'을 설치토록 했다. 감사업무와 컨설팅업무가 서로 이해상충되는 측면이 많아 감사의 공정성을 해치기 때문이다. 정부와 금융 당국은 더 나아가 회계법인이 외부감사를 맡은 기업에 대해서는 컨설팅업무를 하지 못하도록 하는 방안을 추진중이다. 회계감사준칙에 규정돼 있는 감사조서 보존의무(5년)와 벌칙을 법률에 명시한다는 방침도 세웠다.

회계감독 기능도 강화했다. 당초 미국처럼 회계감독위원회 신설을 검토했으나 그 대신 금융감독위원회 산하 증권선물위원회의 회계감독 기능과 전문성을 강화하고 회계관련 조직과 인력을 늘렸다. 금융감독원 내에 1개 국(회계감리국)이었던 회계관련 조직을 회계감독 1국과 2국 등 2개 국으로 확대 개편하기도 했다.

미국의 회계제도 개혁

우리 정부의 회계제도 개혁안에 영향을 미친 미국의 개혁안을 살펴보자. 미국은 법안에 사람이름을 붙인다. 회계제도 개혁법안에도 사람 이름이 붙어 있다. 그 과정을 알아보자. 2002년 4월 24일 미국 하원은 회계제도 개혁법안인 '기업회계개혁 및 투자자보호법(The Public Company Accounting Reform and Investor Protection Act of 2002)'을 통과시켰다. 3개월 뒤인 7월 15일 미국 상원은 이 법안을 만장일치로 가결했다. 이어 상하 양원협의회를 거쳐 상원 담당위원회 위원장인 폴 S. 사베인스와 하원의 재정금융위원장인 미카엘 G. 옥슬리 의원의 성을 하나씩 따서 사베인스-옥슬리(Sarbanes-Oxlsy Act)로 이름을 붙여 대통령에게 넘겼다. 사베인스- 옥슬리 액트(Sarbanes-Oxlsy Act of 2002)는 기업회계감독위원회(Public Company Accounting Oversight Board) 설립 등의 내용을 담고 있다.

기업회계감독위원회는 감사보고서를 작성하는 회계법인의 등록과 감사보고서 작성과 관련된 규칙 등을 감독한다. 또 회계법인이 제대로 감사하고 있는지 여부를 눈여겨보는 감사품질관리와 윤리교육, 독립성 등에 관한 기준을 제정한다. 쉽게 말해 회계법인에 대한 감사와 회계법인 및 그 관계인에 대한 조사 제재업무, 감사의 질 개선, 회계법인과 그 관계자의 직업윤리를 증진하기 위해 필요한 기능, 그리고 회계법인 등 관련 법규의 준수 여부를 감독하는 기능을 수행한다.

기업회계감독위원회는 증권거래위원회(SEC)가 연방준비제도위원회(FRB)와 재무부의 자문을 거쳐 선임한 5명의 위원으로 구성된다. 2명은 회계분야, 3명은 일반분야 경력자로 선출되는데, 임기 5년이 보장되며 1회 연임이 가능하다. 이들은 비상근이 아닌 상근위원으로 활동하게 되며 SEC로부터 인사와 예산이 독립되어 있다. 또한 이 기업회계감독위원회에는 회계법인에 대한 감독과 처벌권, 회계규정 제정권이 부여되어 있다.

구분	미국	한국
회계감독기관 설립 및 감독 강화	회계법인에 대한 감독기관을 설립	공적 규제기관인 증권선물위원회의 감독을 받고 있음
	회계감독기관이 감사기준, 윤리규정 등 제정	공인회계사회가 감사기준과 윤리규정 등을 제정하고 있음
	회계감독기관이 회계법인을 감사	증권선물위원회가 회계법인에 대한 감리를 수행하고 있음
경영진의 동의 및 책임강화	사업보고서 제출시 CEO, CFO 인증 의무화	제도 도입예정
	주요 주주, 임원에 대한 대여금 제한	제도 도입예정: 금전 대여 또는 담보 제공시 이사회 승인을 의무화하고, 회사 차입이자율과 시장이자율 비교 등 상세내역을 공시하도록 의무화
	감사위원회 전문성 강화	제도 도입예정
	내부고발자 보호제도 마련	제도 도입예정
감사인 독립성 제고	감사인의 피감기업에 대한 컨설팅 업무 금지	제도 도입예정
회계부정 처벌 강화	증권법상 사기 최고 25년 징역형 부과	불공정거래와 관련된 회계부정은 무기징역까지 가능
	감사조서 파기시 형사처벌	현행 회계감사준칙상 감사조서 보존 의무 및 벌칙을 법률로 규정
기타(미국개혁안 내용에는 없으나 도입예정인 사항)		허위기재에 대하여 사실상 업무지시 자에 대한 민사책임 부과 내부회계관리제도 항구 법제화 연결재무제표 중심의 공시제도 감사인에 대한 감사증명제도 보완

기업범죄에 대한 처벌을 강화하는 내용도 담고 있다. 아더앤더슨처럼 문서를 파기하는 것을 막기 위해 주요문서의 보존기간을 5년으로 의무화하고, 문서조작 또는 파기를 할 경우 내려지는 최고 5년의 징역형을 최고 20년으로 연장했다. 기업범죄의 공소시효를 3년에서 5년으로

늘렸고, 증권사기범에 대해서는 최고 25년의 징역형을 내리도록 정해 놓았다.

회계의 투명성을 높이기 위해 최고경영자(CEO)와 최고재무책임자 (CFO)는 회계 결산자료가 사실임을 인증하도록 했다. 회계법인은 감사를 하는 회사에 대해 감사 이외의 컨설팅업무 등을 겸하지 못하게 했고, 법적으로 허용된 비감사 업무도 사전에 허가를 얻도록 명문화했다. 또 기업은 의무적으로 5년마다 외부감사를 담당할 회계법인을 교체하도록 했다.

7 회계부정 소송 5계명

회계부정을 뿌리뽑을 수 있는 방법 가운데 하나가 투자자들의 손해배상 청구소송을 활성화하는 것이다. 집단소송제가 도입되고 갖가지 회계제도가 개혁되는 것도 중요하지만 투자자들이 권리의식을 갖고 적극적으로 소송하는 것도 중요하다. 시장에 대한 사기행위는 시장의 심판을 받아야 하기 때문이다. 분식회계나 부실감사에 대한 소송을 할 때 명심해야 할 점을 몇 가지 살펴보자.

분식회계나 부실감사의 입증자료를 확보하라

가장 중요한 것은 분식회계나 부실감사를 입증할 수 있는 자료를 확보하는 것이다. 장부조작의 근거서류나 감사를 엉터리로 했다는 증거자료가 있으면 유리하다. 가령 공인회계사가 채무잔액조회를 직접해야 하는데 피감회사를 시켜서 간접적으로 확인했다든지, 모든 장부와 전표는 원본을 확인해야 하는데 복사본으로 확인했다면 그것은 감사소홀을 입증하는 것이 된다.

　물론 소액주주 입장에서 이같은 서류를 찾기는 힘들 것이다. 그러나 공시된 서류도 중요한 증거가 된다. 감사보고서와 사업보고서를 자세히 뒤져보고 분식혐의가 될 만한 근거들을 제시하면 좋다. 만약 그렇지 못하다면 금융감독원이 분식회계나 부실감사로 해당기업을 처벌한 적이 있다는 사실이 확인된 서류를 확보하면 된다. 금감원의 처벌은 정부 당국이 분식회계나 부실감사 혐의를 두고 조사해 처벌한 것이므로 피해를 보상받을 매우 중요한 근거가 된다. 대부분 분식회계나 부실감사로 인한 피해는 대규모 회계부정 사태 이후에 발생하고 곧이어 금융감독원이 감리에 착수한다. 따라서 금감원의 감리결과가 나오면 이를 근거로 해당회사나 회계법인이 분식회계나 부실감사를 했다고 주장하면 된다.

선의의 투자자임을 강조하라

　1부에서 살펴본 홍양의 판례처럼 차명계좌를 이용했다든지, 다른 나쁜 의도로 매매를 했다면 소송상대인 기업이나 회계법인의 분식회계나 부실감사를 확인했더라도 피해를 보상받기 어렵다. 증권거래법에 '선의의 투자자'라는 요건이 있기 때문이다. 엉터리 감사보고서를 진짜로 믿고 주식투자나 대출을 해줬다가 손해를 본 사람만이 선의의 투자자인 것이다.

　특히 분식회계나 부실감사 사실을 알고 난 뒤에 사들인 주식에 대해서는 손해배상을 전혀 받을 수 없다는 것도 주의해야 한다. 엉터리 재무제표인 줄 알면서도 투자했다가 손해를 봤다면 그 손실이 엉터리 재무제표로 인한 것이 아니기 때문에 인과관계가 입증되지 못한다. 잘못된 재무제표를 믿고 투자해 손해를 본 케이스만이 구제대상인 셈이다.

감사보고서를 참고했다는 증거를 제시하라

기업과 회계법인의 분식회계나 부실감사가 사실로 판명됐다 하더라도 그로 인해 피해를 입었다는 상관관계도 입증해야 할 중요한 사항이다. 재무제표가 주가에 미치는 영향이 워낙 크기 때문에 지금까지 판례에서는 감사보고서를 보고 주식투자 또는 대출을 해줬다는 점을 인정하는 추세다. 한국강관 등 대부분 판례에서 원고가 감사보고서를 읽었는지 여부에 대해 꼬치꼬치 캐묻지 않은 것은 감사보고서의 결과가 주가에 미치는 영향이 크기 때문이다.

실제로 감사보고서를 꼼꼼히 살펴본 뒤 주식투자를 하는 사람은 많지 않다. 그러나 최소한 감사보고서에 나타난 재무제표 중 매출액과 영업이익, 경상이익, 순이익 등을 참고로 해서 투자했음을 밝혀야 한다. 적어도 상장회사 기업분석책자에 적혀 있는 재무제표를 보고 투자했음을 입증해야 소송에 유리하다. 부실감사 결과를 믿고 투자했고, 그로 인해 손해를 봤다는 인과관계가 더욱 명확하게 입증되기 때문이다.

소송시효에 주의하라

앞서 살펴봤듯이 적용법률이 증권거래법이냐 민법이냐에 따라 소송시효가 달라진다. 증권거래법에 따르면 분식회계나 부실감사를 안 날로부터 1년, 감사보고서가 발행된 후 3년 이내에 손해배상 청구소송을 제기할 수 있도록 돼 있다. 그러나 민법에서는 분식회계와 부실감사로 피해를 입은 날로부터 10년 이내로 돼 있다.

문제는 두 법에 큰 차이가 있다는 점이다. 피해보상을 요구하는 원고의 입장에서는 증권거래법을 적용받는 편이 훨씬 유리하다. 피해사실의 입증책임이 원고에게 없기 때문이다. 오히려 피고가 자신의 잘못으로 원고가 피해를 입지 않았다고 입증해야 할 의무를 두고 있다. 이에 반해 민법에서는 피해사실의 입증책임을 원고에게 두고 있다. 원고로서는 민법을 적용받으면 소송에서 제시해야 할 입증자료 등 필요한 깃들이 더 많아지게 된다.

외국 회계법인을 상대로 소송할 수 있다

부실감사를 한 회계법인이 배상능력이 없다면 어떻게 해야 할까. 답은 간단하다. 그 회계법인과 멤버십 관계를 맺고 있는 외국 회계법인을 상대로 소송을 걸면 된다. 앞서 언급했듯이 멤버십 관계인 회계법인은 감사품질계약을 맺어 똑같은 품질의 감사보고서임을 보증하는 관계인데다 손해배상 청구소송에 대비해 각종 보험까지 공동으로 들어놓는다. 따라서 해당 멤버십을 가진 외국 회계법인을 상대로 소송을 거는 것도 방법이다.

더 나아가 외국 회계법인을 상대로 소송을 걸 때, 한국에서 소송을 거는 것이 나은지, 해당 회계법인의 본부가 있는 나라에서 소송을 거는 것이 유리한지 여부도 변호사에게 자문을 구해볼 만하다.

부록❶
재무제표 쉽게 읽는 법

회계를 처음 접하는 사람에게 재무제표는 다소 생소할 것이다. 회계를 전공하지 않았거나 잘 모르는 독자를 위해서 재무제표에 대한 설명을 덧붙인다. 최소한 이 책을 읽을 수 있는 정도로 간략하게 정리했다.

경영실적과 재무상태

재무제표는 기업의 경영실적과 재무상태를 나타낸다. 대차대조표, 손익계산서, 이익잉여금 처분계산서, 현금흐름표를 통틀어 재무제표라고 한다. 회계사가 재무제표에 달아놓은 주석도 넓은 의미의 재무제표에 포함된다.

대차대조표는 기업의 건강상태, 즉 재무상태를 보여준다. 회계연도 말 시점에서 자산, 부채 그리고 자본 규모를 표시한 것이다. 자산은 부채(타인자본)와 자본(자기자본)의 합계다. 자기 돈 또는 빌린 돈으로 회사의 자산이 형성된다는 점을 생각하면 쉽게 이해할 수 있다.

손익계산서는 주식투자자들이 가장 많이 보는 것이다. 손익계산서에는 경영실적이 담겨져 있기 때문이다. 1년 동안 기업의 매출액과 이익이 전년도에 비해 얼마나 변했는지 보여준다. 손익계산서는 매출액에서 각종 비용을 뺀 손익으로 표시된다. 영업→경상→특별→세전순손익→세후순손익 등의 순서로 손실 또는 이익이 산출된다.

잉여금처분계산서는 매년 쌓인 이익잉여금과 당기순이익의 합계를 어떻게 처리했는지 요약해 놓은 보고서다. 잉여금은 주주에게 배당하거나 사내유보 또는 특정목적으로 사용된다.

현금흐름표는 영업·투자·재무활동에 따른 현금의 유출입을 기록한 것이다. 투자활동에 따른 현금흐름에는 돈의 쓰임새, 재무활동에 따른 현금흐름엔 차입금, 유·무상증자 등 자금의 원천에 대한 정보가 담겨 있다.

대차대조표는 '재무상태표'

대차대조표는 '재무상태표'라고도 불린다. 결산시점에 기업의 자금 운용(자산)과 조달상태(부채, 자본)를 보여주기 때문이다. 왼쪽부분인 차변에는 자산이, 오른쪽인 대변에는 부채와 자본이 각각 표시된다. 따라서 '자산 = 부채 + 자본'이라는 등식이 성립된다.(표 대차대조표 요약계정식 참조)

자산은 쉽게 말해 기업이 갖고 있는 모든 재산이다. 운용을 나타내는 차변에는 자산이 표시된다. 자산 중에서 유동자산은 1년 내에 현금화가 가능한 것을 일컫는다. 현금, 예금, 매출채권, 유가증권, 단기대여금, 재고자산 등이 여기에 포함된다. 1년 안에 현금화가 어려운 자산은 고정자산으로 분류된다. 투자유가증권, 투자부동산, 토지, 건물, 기계장치, 영업권, 산업재산권 등이 고정자산이다.

344

〈대차대조표 요약계정식〉

제×기20××년 ×월×일 현재
제×기20××년 ×월×일 현재

회사명 (단위 : 원)

	제×(당)기	제×(전)기		제×(당)기	제×(전)기
자산			부채		
Ⅰ. 유동자산	×××	×××	Ⅰ. 유동부채	×××	×××
1. 현금과 예금			1. 매입채무		
2. 유가증권			2. 단기차입금		
3. 매출채권			3. 유동성장기부채		
4. 단기대여금			4. ……		
5. 재고자산			Ⅱ. 고정부채	×××	×××
6. ……			1. 사채		
Ⅱ. 고정자산	×××	×××	2. 장기차입금		
(1) 투자자산			3. 장기성매출채무		
1. 정기성예금			4. 퇴직급여충당금		
2. 투자유가증권			5. ……		
3. 장기대여금			**부채총계**		
4. 장기성매출채권					
5. 투자부동산			자본		
6. ……			Ⅰ. 자본금		
(2) 유형자산			Ⅱ. 자본잉여금		
1. 토지			1. 자본준비금		
2. 건물			2. 재평가적립금		
3. 구축물			Ⅲ. 이익잉여금		
4. 기계장치			(또는 결손금)		
5. 건설중인 자산			1. 이익준비금		
6. ……			2. 기타적립금		
(3) 무형자산			3. 이월이익잉여금		
(4) 이연자산			(또는 이월결손금)		
			Ⅳ. 자본조정		
			자본총계		
자산총계			**부채와 자본총계**		

기업이 이같은 자산을 갖고 있기 위해 돈을 어떻게 조달했는지를 보여주는 것이 대변이다. 대변은 기업 외부에서 빌려 조달(부채 또는 타인자본)한 것이냐, 자본금과 잉여금 등 내부에서 조달(자본 또는 자기자본)

했느냐로 분류돼 표시된다. 부채 가운데 1년 이내에 갚아야 하는 빚은 유동부채, 1년 뒤에 갚아도 되는 빚은 고정부채로 분류된다.

자본은 주주들이 출자한 자본금과 자본잉여금(자본준비금, 재평가적립금), 이익금 가운데 배당을 하지 않고 쌓이놓은 이익잉여금 등으로 구성된다.

대차대조표는 재무상태로 본 기업의 건강상태

대차대조표는 기업의 건강상태를 나타낸다. 따라서 대차대조표를 통해 기업의 재무구조가 튼튼한지 여부를 볼 수 있다. 성장성 지표인 총자산증가율은 기업의 재산이 매년 얼마나 늘었는지를 보여준다. 계산식은 '총자산증가율=(당기총자산－전기총자산)÷전기총자산×100'이다.

총자산증가율만 높다고 좋은 기업은 아니다. 재산을 늘리되 돈을 빌려서 늘렸다면 좋지 못한 것이다. 기업활동을 한 결과 이익을 늘리고 그이익을 쌓아놓아 재산을 늘려야 튼튼한 기업이다. 다시 말해 부채가 아닌 자기자본으로 자산이 늘어나야 건강해졌다고 볼 수 있다.

이를 가늠하는 것이 자기자본증가율이다. 계산식은 '자기자본증가율=(당기 자기자본－전기 자기자본)÷전기 자기자본×100'이다. 자기자본증가율이 높아진 기업은 한해 동안 기업이 튼실해졌다고 볼 수있다.

부채비율도 안정성을 가늠하는 잣대 중 하나다. 계산식은 '부채비율＝(유동부채＋고정부채)÷자기자본×100'이다. 만약 기업이 돈을 빌려 재산을 늘렸다면 총자산증가율이 높아지지만 부채비율도 높아지고 그만큼 재무구조는 불안정하게 된다. 부채비율은 낮을수록 좋다.

기업의 안정성에 관한 또하나의 지표가 유동성비율이다. 1년 이내에 현금화할 수 있는 자산(유동자산)이 1년 안에 지급해야 하는 부채(유동부채)보다 얼마나 많은가를 나타내는 지표다. 계산식은 '유동성비율 = (유동자산 ÷ 유동부채) × 100'으로 200%를 넘어야 적정한 수준으로 평가된다.

경영성과를 나타내는 손익계산서

주식투자자들이 가장 관심을 갖고 봐야 하는 재무제표가 손익계산서다. 회사가 1년 동안 장사를 제대로 해서 이익을 냈는지, 헛장사로 적자를 냈는지를 보여주기 때문이다. 손익계산서는 다음과 같이 5단계로 구분된다.

① 매출총이익 = 매출액 − 매출원가
② 영업손익 = 매출총이익 − 판매비와 관리비
③ 경상손익 = 영업손익 + 영업외수익 − 영업외비용
④ 법인세 차감전 순손익 = 경상손익 + 특별이익 − 특별손실
⑤ 당기순손익 = 법인세 차감전 순손익 − 법인세비용

손익계산서 첫머리에는 매출액이 나온다. 흔히 기업의 외형이 늘었다거나 줄었다는 것은 바로 매출액의 증감 여부를 따지는 것이다. 매출액에서 생산에 필요한 재료비, 인건비 등 매출원가를 뺀 것이 매출총이익이다. 매출총이익은 순수하게 생산활동을 통해 얻어진 이익이다.

매출총이익에서 판매비와 관리비를 빼면 영업활동을 통해 얻어지는 영업이익이 산출된다. 여기에서 재무활동으로 생긴 투자유가증권 또는 투자부동산 처분손익, 배당수입, 임대수입, 외환차손익 등 영업외손익을 반영하면 경상이익이 나온다. 경상이익에서 화재나 홍수 또는 금액이 큰 유형자산의 처분 등 특별손익을 가감하면 세전 순이익이 나오고 여기에서 법인세를 빼면 당기순이익이 계산된다.(표 손익계산서 요약식

참조)

경영성과로 본 수익성 지표

기업의 수익성은 손익계산서를 통해 파악된다. 기업의 수익성을 따질 때 흔히 당기순이익을 잣대로 삼는다. 그러나 특별이익이나 영업외이익이 발생해 당기순이익이 크게 늘어나는 경우가 있다. 이 때문에 수익력을 재는 잣대는 영업이익이나 경상이익으로 따지는 것이 좋다.

특히 회사 본연의 영업활동 결과로 나온 영업이익이 가장 중요하다. 물론 영업이익을 많이 내도 차입금이 너무 많아 이자비용이 너무 많다면 경상이익이 크게 줄어든다. 영업이익이 기업의 영업성적이라면, 경상이익은 기업의 재무성적까지 포함한다고 볼 수 있다.

기업의 수익력을 총괄적으로 표시한 것이 매출액 경상이익률이다. 10% 이상이면 양호하고, 5% 이하면 불량한 것으로 해석된다. 매출액 영업이익률은 영업의 효율성을 가늠할 수 있는 지표이다. 매출액 영업이익률이 높은데 매출액 경상이익률이 낮다면 차입금이 많다는 것을 나타낸다.

그러나 가장 많이 쓰이는 수익성 지표는 자기자본 이익률이다. 주주가 기업에 투자한 자본에 대한 수익성을 나타낸다. 이 비율이 실세금리보다 높아야 효율성이 있다고 볼 수 있다.

매출액 경상이익률 = (경상이익 ÷ 매출액) × 100

매출액 영업이익률 = (영업이익 ÷ 매출액) × 100

자기자본 이익률 = (당기순이익 ÷ 자기자본) × 100

이익잉여금 처분계산서는 '자본변동표'

이익잉여금 처분계산서는 영업활동의 결과로 얻은 이익을 회사 밖으

348

〈손익계산서 요약식〉

제×기20××년 ×월×일 현재 제×기20××년 ×월×일 현재		
회사명		(단위 : 원)
	제×(당)기	제×(전)기
Ⅰ. 매출액	×××	×××
Ⅱ. 매출원가	×××	×××
Ⅲ. 매출총이익(또는 매출총손실)		
Ⅳ. 판매비와 관리비	×××	×××
1. 급여		
2. 퇴직급여		
3. 복리후생비		
4. 임차료		
5. 접대비		
6. 감가상각비		
7. 세금과공과		
8. 광고선전비		
9. 경상연구개발비		
10. 대손상각비		
11. ……		
Ⅴ. 영업이익(또는 영업손실)		
Ⅵ. 영업외수익	×××	×××
1. 이자수익		
2. 배당금수익		
3. 임대료		
4. 외환차익		
5. 외화환산이익		
6. ……		
Ⅶ. 영업외비용	×××	×××
1. 이자비용		
2. 이연자산상각비		
3. 외환차손		
4. 외환환산손실		
5. 기부금		
6. ……		
Ⅷ. 경상이익(또는 경상손실)	×××	×××
Ⅸ. 특별이익	×××	×××
1. 자산수증이익		
2. 채무면제이익		
3. 보험차익		
4. 전기오류수정이익		
5. ……		
Ⅹ. 특별손실	×××	×××
1. 재해손실		
2. 전기오류수정손실		
3. ……		
Ⅺ. 법인세비용차감전 순이익(또는 법인세비용차감전 순손실)		
Ⅻ. 법인세비용	×××	×××
ⅩⅢ. 당기순이익(또는 당기순손실)		

로 유출할 것인가, 아니면 회사 내에 유보할 것인가를 보여주는 재무제표이다. 사외유출로 쓰이는 부분은 주주에게 주는 배당금이 가장 많다. 내부유보는 이익잉여금으로 쌓아놓는 것을 말한다.

이익잉여금이 자본계정에 속하므로 이익잉여금 처분계산서를 '자본변동표'라고도 한다. 장부에 표시되는 잉여금은 4단계로 구분된다. 우선 직전 사업연도에서 쓰고 남은 잉여금(전기이월 이익잉여금)에 당기순이익을 더하면(적자의 경우 당기순손실을 빼면) 처분전 이익잉여금이 나온다. 여기에서 과거에 회사가 임의로 적립했던 돈 가운데 일정부분을 빼내 처분전 이익잉여금에 보탤 수 있다.

그런 다음 이익준비금, 기업합리화적립금, 재무구조개선적립금 등 법정적립금과 임의적립금, (지급예정)배당금 등 이익잉여금 처분액을 빼고 나면 다음 결산연도로 넘어갈 이월이익잉여금이 나온다. 따라서 이익잉여금 처분계산서는 투자자에게는 배당금에 대한 정보를 제공해 준다.

이익잉여금과 자본잉여금이 많을 수록 유보율이 높아진다. 자본잉여금은 주식을 액면가 이상으로 할증발행할 때 발생하는 주식발행초과금과 자산재평가차액 등이다. 잉여금이 자본금의 몇 배인가를 나타내는 유보율은 '{(총자본 − 자본금) ÷ 자본금} × 100'으로 계산된다.

현금흐름표로 흑자도산의 위험을 알자

'흑자도산'이라는 말이 있다. 장부상에는 흑자인데 현금이 없어 부도를 낸 경우다. 손익계산서에 아무리 이익을 많이 낸다 하더라도 당장 결제할 현금이 없으면 회사는 망한다. 손익계산서는 발생주의와 수익비용 대응의 원칙에 따라 작성되므로 현금흐름과는 다를 수 있다. 외상으로 제품을 팔고, 물품구입을 외상으로 하는 경우가 많기 때문이다. 따라서 손익계산서상의 수익·비용은 현금흐름표상 수입·지출과는 정확하게 일치하지는 않는다.

현금흐름표는 영업활동에 따른 현금흐름, 투자활동에 따른 현금흐름, 재무활동에 따른 현금흐름으로 구분된다. 영업활동에 따른 현금흐름은 제품판매나 원재료 구입 등 일상적인 영업활동에 따른 현금 유출입을 나타낸다.

투자활동에 따른 현금흐름은 기업의 재테크 활동에 따른 현금유출입이라고 보면 된다. 유가증권, 투자자산, 유무형자산, 자산을 취득·처분할 때 발생하는 현금흐름이다. 반면 재무활동에 따른 현금흐름은 기업의 자금조달과 관련된 현금흐름을 나타내준다. 현금의 차입이나 상환, 신주발행이나 배당금 지급 등 기업의 자금조달 원천에 대한 정보를 제공한다.

현금흐름표는 실제로 유출입되는 현금을 기초로 작성되므로 주관적인 평가나 오류가 없다. 따라서 다른 재무제표 요소에 비해 가장 믿을 수 있는 부분이다.

모자회사간 거품을 없앤 연결재무제표

기업의 경영실적에는 거품이 있을 수 있다. 대표적인 사례가 자회사와의 거래다. 가령 A기업이 제품을 생산해 자회사인 B기업에 팔았다고 치자. 그런데 정작 B기업은 실제 소비자에게 판매를 하지 못할 수 있다. 이렇게 되면 모회사인 A기업의 매출과 이익이 늘어나지만 자회사인 B기업은 재고만 쌓여 실적이 악화된다.

이같이 지배회사(모회사)와 종속회사(자회사) 간의 거래에서 일어난 거품을 없앤 재무제표가 연결재무제표이다. 연결재무제표에선 모회사와 자회사를 묶어 하나의 회계처리 단위로 본다. 따라서 자회사와의 거래에서 발생하는 매출이나 이익은 경영실적에서 빠지게 된다. 매출·매입관계뿐 아니라 채권·채무관계와 내부이익도 상계처리된다. 심지어 모회사가 갖고 있는 자회사 주식(투자유가증권)도 자회사의 자본금이므로 서로 상계된다. 쉽게 말해 자회사외의 모든 거래는 없었던 것으로 처리하는 셈이다.

자산규모 70억원 이상인 외부감사 대상기업은 모두 자회사의 실적까지 포함된 연결재무제표를 작성해야 한다. 연결대상은 지분 50% 이상을 보유한 자회사와 이사회가 구성인원 과반수 임명권 등을 가져 실질적으로 지배하는 회사 등이다.

재벌집단의 거품을 빼낸 결합재무제표

결합재무제표는 자산규모 2조원 이상인 대규모 기업집단이 작성한다. 연결재무제표와 마찬가지로 계열사간 '내부거래'를 제거한 재무제표다. 계열사간 출자나 매매거래 또는 금전의 대여·차입 등 모든 거래는 상계처리된다. 따라서 결합재무제표에 나타난 매출과 이익, 부채와

〈연결재무제표와 결합재무제표〉

구분	연결재무제표	결합재무제표
작성범위	지배·종속관계인 회사 -소유지분 50% 이상 자회사 -실질적으로 지배하는 회사	결합대상 기업집단(공정위 지정 30대 그룹) 결합대상 계열회사(증선위 지정 국내외 계열사)
지배력 범위	법인지배력안 포함	법인과 개인(그룹 총수) 재배력 포함
작성주체	지배회사	그룹사 중 증선위가 지정
주요이용자	지배회사 이해관계자	기업집단의 모든 이해관계자
내부거래	매출·매입, 채권·채무, 상호출자상계처리	매출·매입, 채권·채무, 상호출자상계처리
국제기준	국제적으로 통용	한국에만 존재(IMF의 요구로 작성)

자본 등은 기업집단 외부와의 거래만 반영한 수치다.

연결재무제표와 비슷하지만 통합의 범위가 더 넓다. 대기업 계열사뿐 아니라 해당 대기업 대표가 개인적으로 지배하는 기업까지 모두 하나로 묶어 회계처리를 한다. 결합재무제표는 개인 대주주가, 연결재무제표는 기업이 실질적으로 지배하는 기업을 묶는다. 또 결합재무제표는 자산규모 2조원 이상인 대기업이, 연결재무제표는 외부감사를 받아야 하는 기업(자산규모 70억원 이상)이 작성한다는 점에서 다르다.

결합재무제표를 작성해야 할 대규모 기업집단과 계열사, 작성회사 등은 매년 증권선물위원회가 선정한다. 대기업의 전반적인 재무상태를 알기 위해 1999년부터 도입되었는데, 우리나라에만 있으며 국제적으로 통용되는 재무제표는 아니다.

〈발생주의와 수익비용 대응의 원칙〉

'발생주의(Accrual basis)'는 현금의 수입이나 지출과 관계없이 기업의 손익에 영향을 미치는 거래가 발생하면 그 발생시점에 그 사건을 회계처리하는 것이다. 주고받는 현금의 지출이나 수입이 없을 경우라도 순자산을 증가시키거나 감소시키는 요인이 발생하면 자본거래가 아닌 한 손익거래가 있는 것으로 기록하는 것이다. 손익을 현금의 수입이나 지출이 있을 때만 기록하는 현금주의와는 상반된 개념이다. 발생주의는 현금주의에 비해 미래의 현금흐름을 보다 정확하게 예측하게 하는 데 도움을 준다.

'수익비용 대응의 원칙(Matching principle)'은 발생주의 아래 수익과 비용을 인식(기재)하는 방법이다. 이익창출활동과 관련해 결정적인 사건이나 거래가 발생될 때 수익을 인식하고, 비용은 발생된 원가를 그와 관련된 수익이 인식되는 회계기간에 비용으로 보고하는 방법이다.

부록❷
'진흙'과 '진주'를 구별하는 법

엔론 파산 이후 미국에선 투자자들 사이에 기업실적에 대한 불신이 깊어갔다. 그런 가운데 〈월스트리트저널〉은 투자자들이 유의해야 할 기업실적 분석방법을 소개해 눈길을 끌었다(2002년 1월 24일자). 〈월스트리트저널〉은 기업들의 재무제표를 통해 '진흙'과 '진주'를 구별하는 방법을 제시했다. 〈월스트리트저널〉이 권유한 재무제표분석 요령을 살펴보자.

손익계산서상의 외상매출금과 받을어음 항목, 재고자산 항목의 변화에 유의하라

외상매출금과 받을어음이 크게 늘어났다면, 눈여겨봐야 한다. 단기적으로 거래상대방의 자금에 문제가 생기거나 지나치게 많은 제품을 외상으로 팔아 자금에 문제가 생길 수도 있기 때문이다. 한마디로 자금회전의 리스크가 증가할 가능성이 높아진다. 1998년 받을어음 비율을 지나치게 높였던 선빔은 매출로 잡았던 외상매출에서 문제가 발생하면서 대규모 상각을 실시, 이전 6분기의 순이익을 모두 까먹어야만 했다.

현금흐름에 집중하라

현금흐름표는 손익계산서나 대차대조표에 나타나지 않는 기업의 문제점을 알려준다. 보통 미국증시에서 이용하는 대표적인 지표 에비타(EBITDA:이자, 법인세, 감가상각비 등을 제외하기 전의 순익)가 늘어나고 있더라도 영업활동으로부터 증가하는 현금이 줄어드는 경우 기업자금에 큰 문제가 닥쳐올 수 있다.

이익보다 '총자산이익률(ROA)'을 주목하라

무조건 규모가 큰 이익보다는 각 기업들의 총자산이익률 변화를 주목할 필요가 있다. 인수 · 합병 등을 통한 이익확대가 언제나 가능하기 때문이다. 현금, 재고자산 등을 포함한 총자산 대비 순익이 어떻게 변화해 왔는지는 기업의 사업성패를 나타내줄 수 있다.

사업부문별로 실적을 체크하라

대부분의 재무제표는 기업의 매출과 이익을 사업부문별로 나누어서 나타내준다. 이를 주의깊게 살펴보면 해당 기업의 순이익이 주로 어느 부문에서 나오는지 어느 부문이 취약한지 알 수 있다.

관계사와 관계자 거래항목에 주의하라

기업 내부의 자금이동은 관계사와 관계자 거래항목을 통해 드러난다. 감사보고서나 사업보고서 가운데 이 항목을 잘 살펴보면 기업과 연계된 사람이나 관계회사들에게 지출된 자금내역을 알 수 있다. 이들 자금의 일부는 내부관계자와 관계회사들이 주식을 매입하는 자금으로 쓸 수 있다는 점에서 주의해야 한다.

경상손익과 특별손익을 반드시 살펴라

미국기업들은 구조조정 관련비용과 합병 등으로 발생하는 비용을 특별손실로 처리하고 있다. 어떤 경우에든 이들 특별손익이 한번에 그치지 않고 계속 나타나곤 한다. 때로는 영업권 상각과 같은 현금지출이 없는 특별손실도 있으니 특별손익의 성격을 주의해서 관찰해야 한다.

회계감사법인에 대한 컨설팅 비용을 체크하라

이것은 엔론사태와 관련해서 문제가 됐던 점이다. 외부감사인인 회계법인의 컨설팅 수수료를 주의깊게 봐야 한다. 컨설팅 수수료가 급증했다면 이상한 뒷거래가 있을 가능성이 있다.

기업순이익을 액면 그대로 받아들이지 말라

재고자산상각과 감가상각 등 각종 상각에 대해 보수적인 입장을 보인 애널리스트가 있다. 한때 공격적인 투자의견을 내놓기로 유명했던 아비 조셉 코헨이다. 코헨은 2002년 1월이 공식적인 '경기침체' 기간이라는 점을 지적하면서 기업이익을 과감하게 깎아내서 평가해야 한다고 강조했다. 코헨은 미국을 대표하는 S&P500지수 편입종목의 주당 평균 영업이익을 47달러에서 34달러로 대폭 낮추어 잡았다.

부록❸
분식회계의 단서 찾아내는 법

일반인들이 분식회계를 감지할 수 있는 방법은 없을까? 전문가들은 어느 정도 회계지식만 있으면 일반인도 분식회계를 감지해 내는 것이 가능하다고 말한다. 물론 공시자료를 꼼꼼하게 잘 살펴야 하고, 때로는 공시된 수치를 가공해서 체크해 보아야 한다. 계정과목별로 일반투자자가 장부조작의 단서를 찾을 수 있는 방법을 살펴보자.

매출액
가짜 매출액

매출액이 부풀려졌다는 의심이 들 수 있다. 이 경우 월별 매출액 추세와 전년도 매출총액을 비교해 봐야 한다. 업계 전체의 매출액 증가율과 회사의 생산능력을 감안하면 매출액이 적당한지 여부를 가늠할 수 있다. 매출액 총이익률과 매출채권 회전율 등 매출관련 재무비율을 전년도와 비교하는 것도 방법이다. 이러한 방법을 통해 재무제표에 나타난 매출액이 타당한지 여부를 검토할 수 있다.

매출액 총이익률 = (매출총이익 ÷ 매출액) × 100

매출채권 회전율 = 매출액 ÷ {(기초 매출채권 + 기말 매출채권) ÷ 2} × 100

매출기간 조작

올해에 잡아야 할 매출액을 내년에, 또는 내년에 잡아야 할 매출액을 올해에 잡는 장부조작이 있을 수 있다. 이때 역시 월별 매출액 추세와 전년도 매출총액을 비교하면 결산월 매출액이 타당한 수준인지 알 수 있다. 위탁 또는 할부, 예약판매 등의 회계처리에 대해서 의문이 나면 이에 대한 회계처리방식을 회사에 직접 물어보는 것도 괜찮다.

해외지사 내부거래

관계회사나 해외지사에 밀어내기식으로 매출을 기록하고 다음해 초 본사에 재판매하는 방법이 있을 수 있다. 이때 본사와 지사의 계정을 잘 살펴봐야 한다. 의심이 간다면 연결재무제표를 살펴본다. 연결재무제표에는 해외 자회사 등과의 거래를 상계처리하기 때문에 개별재무제표와 비교하면 해외지사와의 내부거래 규모를 파악할 수 있다. 일반투자자는 확인할 수 없지만 감사인이라면 외상매출금 보조부에 해외·국내지사가 포함돼 있을 경우 해당 해외지사의 재무제표를 대조하기도 한다.

인도하지 않은 매출

주문은 받았지만 아직 물건을 넘기지 않은 상태에서 매출액으로 잡는 분식 케이스다. 이때 역시 월별추세를 검토하면 매출금액의 타당성을 확인할 수 있다. 공인회계사라면 출하지시서와 인수증, 세금계산서까지 대조하면 매출인식을 잘못한 케이스를 잡아낼 수 있다.

반환조건부 판매

나중에 되사는 조건으로 물건을 팔아 매출액을 부풀리는 경우가 종종 있다. 이때도 월별 매출액 추세를 분석해야 한다. 특히 다음연도 첫 월의 매출액도 함께 포함시켜 매출환입과 에누리 등의 금액을 추산해 본다. 결산일 직후에 매출환입 규모가 많다면 반환조건부 판매를 의심해야 한다. 결산일에 닥쳐서 물건을 판 뒤에 다음 회계연도 초에 되사는 경우에는 매출환입 규모가 커지기 때문이다.

받을어음과 외상매출금(매출채권)

가짜 매출채권

매출거래 이외의 거래에서 발생한 채권을 매출채권으로 기록하는 경우가 있다. 이럴 때는 받을어음이나 외상매출금 계정의 당기말 금액과 전기말 금액을 비교해 본다. 통상적인 규모를 벗어나면 분식회계를 의심해 봐야 한다. 단기대여금과 미수금계정의 규모를 동시에 파악하는 것도 도움이 된다. 공인회계사라면 매출채권을 해당 거래처에 일일이 확인할 수밖에 없다.

받을어음 · 외상매출금 부풀리기

당기말 금액과 전기말 금액을 비교해 본다. 매출채권(받을어음과 외상매출금)을 매입채무 금액과 비교해 보고 그 차이가 클 경우 이유를 검토한다. 매출채권 회전율을 계산해 전기와 비교하고 그 비율을 해당업종 평균과도 비교해 본다. 매출채권 회전율은 매출액에 대한 매출채권의 비중이다. 기초 매출채권과 기말 매출채권을 더해 2로 나누면 평균 매출채권이 나오며, 매출액을 평균 매출채권으로 나누면 매출채권 회전율이 된다. 보통 6 이상이면 양호하고 4 이하면 불량한 것으로 평가된다.

대손충당금 줄이기

부실한 매출채권에 대해 대손충당금을 적게 설정하는 경우가 있다. 부도났거나 파산된 거래처에서 매출채권을 받을 가능성이 없는데도 받을 수 있다고 기록해 비용을 줄여 이익증대효과를 내는 분식회계다. 이때는 판매제품별로 대손추산율을 산출해 연도별로, 그리고 업종 평균과 비교해 본다. 쉽게 말해 경쟁업체의 평균 대손추산율과 비교하면 된다.

할인된 받을어음의 주석기재 누락

받을어음이 이미 할인됐거나 아니면 배서해서 양도된 사실을 숨길 수 있다. 이렇게 되면 이미 돈을 받았는데 받을 돈이 있는 것처럼 기록돼 매출채권이 이중으로 계산된다. 감사보고서의 주석사항을 잘 살펴봐야 한다.

재고자산의 담보제공 사실 숨기기

재고자산이 이미 담보로 제공돼 현금으로 융통했거나 보험가입 또는 처분이 제한된 경우엔 반드시 주석사항에 기재해야 한다. 이를 누락한 케이스가 있다. 주석사항을 살펴보고, 관련 소송이 법원에 계류됐는지, 재고처분금지 가처분 소송이 제기됐는지를 눈여겨봐야 한다.

외상매입금과 지급어음(매입채무)
상거래 매입채무가 아닌 것이 포함된 경우

상품이나 원재료의 매입 등에서 발생한 매입채무가 아닌 것은 단기

차입금이나 미지급금으로 처리해야 한다. 그런데 이를 외상매입금이나 지급어음으로 처리하는 경우가 있다. 이럴 땐 당기말 금액과 전기말 금액을 비교해 대체로 비슷한 수준인지를 검토해야 한다. 단기차입금과 미지급금에 대한 별도의 주석사항 기재 여부도 확인해야 할 대목이다.

매입채무 줄이기

부채를 줄이기 위해 매입채무를 누락시킬 수 있다. 이런 사실이 의심될 경우 매입채무 금액을 전기말과 비교하여 차이가 클 경우 그 원인이 타당한지 따져봐야 한다. 매출채권 금액과 비교해서 차이가 크면 매입과 매출조건의 차이가 심한 이유도 짚고 넘어가야 할 일이다.

매입채무와 매출채권의 상계 제거

줘야 할 돈과 받아야 할 돈을 가감 처리한 경우이다. 외상매입금을 외상매출금과 상계처리하거나 지급어음을 받을어음과 맞바꿔 처리하는 경우가 이에 해당된다. 이럴 땐 좀 복잡한 방법을 써야 한다. 이른바 '분석적 검토'이다. 회계사들이 많이 쓰는 방법이지만 알고 보면 쉽다. 우선 매출채권 회전율과 매입채무 회전율을 비교한다. 매입채무 회전율이 경쟁업체 등 동종업종 평균비율과 비슷한지 여부를 비교한다. 매입채무와 매출채권의 총자산대비 구성비율을 계산해 과거 3~4년부터 그 추이를 분석한다. 매출관련 재무비율을 분석한 결과, 갑자기 매입채무나 매출채권이 늘어나는 등 의문사항이 발견되면 회사 담당자에게 직접 질문해서 확인한다.

가짜 매입처의 설정과 거래누락

가짜로 매입처를 만들어 그곳에서 물품을 구입한 것처럼 해놓고 실

〈대차대조표의 분식회계 가능성〉

유동자산	재고자산	• 가짜기록 • 불량 · 하자품 재고기록 • 수량 · 단가 높여잡기 • 예치품 · 수탁품의 재고기록	**부채**		• 미래에 제공해야 할 용역을 수익으로 기록 • 부채회수분을 이익으로 기록
	외상매출금	• 부실 외상매출금 기록		부외부채	• 빌린 돈을 받아 수익으로 기록 • 어음상호교환(지급어음은 기록하지 않고 받을어음만 기록) • 미지급어음을 미기록 → 이자비용 줄임 • 차입금을 외상매출금의 입금으로 기록 → 매출액 증대효과
	매출채권	• 할인, 양도된 매출채권 기록			
고정자산		• 고가에 평가 • 비싼값에 팔아 수익으로 기록 • 저평가된 자산을 처분해 이익 부풀리기 • 되사는 조건으로 비싼값에 매각 • 감가상각비를 조정 • 충당금 조작 • 수선비를 고정자산으로 • 고정자산 취득관련 비용을 자산에 포함 • 미래에 상각해야 할 것을 일시상각(역분식)	**자본**		• 가짜 납입

※ 현금흐름표: 결산일 전후 현금유출입 빈번여부
※ 주석: 예상되는 채무, 우발채무, 이행의무 등

제로 돈을 빼돌려 쓰는 케이스다. 매입전표 등을 철저하게 위장하므로 일반인이 감지하기는 어렵다. 공인회계사의 경우 매입처 원장을 받아 거래횟수가 많은 매입처를 표본추출하여, 주문→입고→대금지급시까지 관계 증빙서류를 확인한다.

기타 계정과목
개인사채 지급이자를 장기대여금으로 처리한 경우

대표가 개인적으로 돈을 빌려놓고 그 이자를 장기대여금으로 회사 장부에 기록하는 경우가 있다. 이럴 땐 회사의 자금사정 등을 재무상태 변동표(대차대조표)를 통해 파악해야 한다. 자금사정이 어려운 데도 뚜렷한 이유없이 장기대여금이 증가하고 있다면 의심해 봐야 한다. 구체적인 명세서를 구해서 보다 세부적으로 들여다볼 필요가 있다.

기록되지 않은 차입금의 존재(부외부채)

돈을 빌려놓고 장부에 기록하지 않은 경우가 부외부채이다. 이 부외부채가 의심되면 전기와 당기말 차입금 잔액과 재무상태 변동표(대차대조표)상의 차입금 증감내역을 감안해 차입금 평잔을 계산한다. 그런 다음 주석사항에 표시된 해당기업의 평균 이자율로 곱해 손익계산서상에 나타난 지급이자 금액과 비교해 이상 유무를 확인하면 된다.

자본만 증가시켜 놓고 돈을 납입하지 않은 경우

증자 전에 차입금이 발생했고 증자 후 차입금이 상환되지 않았는가를 검토한다.

〈주석사항〉

기업회계기준에 따른 재무제표 이외에 필요한 사항을 보충해서 설명하는 것을 말한다. 주석사항에는 필수적 주석사항과 보충적 주석사항이 있는데, 필수적 주석사항에는 사용이 제한된 예금, 투자 부동산의 내용, 대손충당금이나 감가상각액을 일괄적으로 표시하는 경우, 자본금의 변동내용, 전기오류수정의 발생원인과 그 내용, 선물거래와 관련해 위험회피 대상이 된 자산과 부채의 내용, 회계처리기준과 회계추정의 변경이 재무제표에 미치는 영향 등을 담도록 되어 있다. 보충적 주석사항에는 회사의 개황, 주요 영업내용, 경영환경 변화와 주요정책 변경, 관계회사의 명칭과 주요거래 내용 등이 담겨 있다.

주석사항은 재무제표를 보다 자세하게 설명하는 것이다. 따라서 우발채무 등을 회계정보 자에게 알기 쉽게 전달하기 위해 전문가인 회계사가 쓰도록 되어 있다. 그러나 상당수 감사보고서에 주석사항이 부실하게 기재되고 있다. 금융감독원의 감리 결과 주석사항 미기재로 적발된 건수가 전체 감사부실의 절대다수를 차지한다. 회사가 위험에 처할 수도 있는 상황인데 이를 숨기기 위해 고의로 주석사항을 기재하지 않는 경우도 있다. SK의 사례처럼 복잡한 선물옵션거래를 해놓고 그에 따른 투자위험이 어떤 것인지 주석사항에 기재하지 않은 경우가 이에 해당된다.

뒤집어보는 경제 회계부정 이야기

지은이 최명수

펴낸이 정혜옥 | 편집책임 기복임, 권미진 | 디자인 강승구 | 홍보 · 마케팅 강정숙, 김미정
펴낸곳 굿인포메이션 | 출판등록 1999년 9월 1일 제1-2411호
주소 135-280 서울시 강남구 대치동 938 삼환아르누보빌딩Ⅱ 720호
전화 929-8153~4 | 팩스 929-8164
홈페이지 www.goodinfobooks.co.kr | E-mail ok@goodinfobooks.co.kr

초판1쇄 펴낸날 2003년 6월 15일 | 초판6쇄 펴낸날 2008년 11월 30일

ISBN 89-88958-31-4 03320

■ 잘못된 책은 본사나 구입하신 서점에서 바꾸어 드립니다.

동아닷컴 사상 최고 인기 칼럼! - 150만 네티즌을 울리고 웃긴 매훈의 뉴욕發 통신!

'까놓고 얘기하기' 때문에 저 같은 애독자가 맞는다는 거 잘 아실 겁니다. "뉴스보다 (뉴욕일기를 쓰게 하는 사람들의 모임)를 찾아하고 싶은 어느 애독자가 읽으면 항상 저 동아닷컴이 되고, 제가 살고 있는 세상에 대해서 다시 생각하게 되고 혼자 읽기 아까워서 친구들에게 권하고 싶은 했습니다. 때론 당신의 새빨은 미국에 대한 글들은 읽어나 생활하면지… 미국이란 환상에서 사로잡혀 있는 사람들이 눈을 번쩍 게 할 것인요. 이상규 매주 (뉴욕일기)가 올라를 때마다 신규들에게 스스로를 읽어주고 "밌다"… 정말 딱이야! 정말 딱이어! 김민중

그녀의 글을 읽으며 어떤 때 땐 신규했으며, 때론 맛든 것을 배웠다. 김연중
그래는 남이 도움 없이도 능히 다른 모든 이야기를 발고 울러질 수 있는 능력과 담력을 갖고 있는 이너다. 김기청
가슴속에 비밀스레 품고 있는 말을 다른 사람이 인어맛집을 당하는 난처함과 민중함을 느꼈다. 이영형(KAIST 섬게교수), 동아일보
빨가지 한국산業 40대 직장여성 이런 감사각에 딱 집은 임상은, 저자의 화끈을 드어먼 받고 나면 이내 이틀빼를 드러낸다. 중앙일보
'조기유학 인제 보내야 좋을까' '지식기우기가 최대의 비즈니스다'는 미국교육에 대한 환상까기의 경정하이다. 동아일보
빵동과 지진, 인권과 복지의 천주으로 이해되는 미국을 가진없는 필지의 눈에 비친 미국의 모습이 다양하게 비쳐진다. 주간동아
저별이 일상화된 우리사회에서 여자도, 아기지로 살아보는 저자의 눈에 비친 미국의 모습이 다양하게 비쳐진다. 오이어뉴스
가시롭은 생산 미국을 독자들이 딱기 좋도록 발려놓았다. 파이낸셜스

김순덕 지음 / 352面 / 9,800원

김순덕은……
지방대 고학 영문과를 졸업하고, 한양대서 언론정보대학원에서 방송과 대중문화를 전공했다. 현재 동아일보 논설위원.
신문은 동아일보로 83회 여자서 첫 여성 논설위원이라고까지. 여성이더라도 하고 보수길 바란다.
미국 여수중 동아닷컴에 올린 〈김순덕의 뉴욕일기〉는 1,000여 통의 독자메일을 받으며 폭발적인 인기를 얻었으며,
취미는 도빌, 십분의 평화보다 나다고 생각하고 있다.